一本书读透

Martech
智慧营销

吴俊 李焱 党莎

著

机械工业出版社
China Machine Press

图书在版编目（CIP）数据

一本书读透 Martech 智慧营销 / 吴俊，李焱，党莎著 . —北京：机械工业出版社，2020.5
（2022.3 重印）

ISBN 978-7-111-65573-2

I. 一… II. ① 吴… ② 李… ③ 党… III. 企业管理 – 市场营销学 IV. F274

中国版本图书馆 CIP 数据核字（2020）第 081246 号

一本书读透 Martech 智慧营销

出版发行：	机械工业出版社（北京市西城区百万庄大街 22 号　邮政编码：100037）
责任编辑：	孙海亮
责任校对：	殷　虹
印　　刷：	涿州市京南印刷厂
版　　次：	2022 年 3 月第 1 版第 2 次印刷
开　　本：	147mm×210mm　1/32
印　　张：	13.75
书　　号：	ISBN 978-7-111-65573-2
定　　价：	99.00 元

客服电话：（010）88361066　88379833　68326294　　投稿热线：（010）88379604
读者信箱：hzjsj@hzbook.com

版权所有 · 侵权必究
封底无防伪标均为盗版

推荐语

技术是服务于营销的工具。作者创造性地将技术和 Martech 当成一座桥梁，连通供需双方。这使得 Martech 承载了 VUCA 环境接口的功能，可以借助"客户参与"所释放的巨大力量，驱动新业态不断进化。

——杜义飞　电子科技大学战略管理教授/博士生导师

中国高等教育已进入发展快车道，越来越重视理论和实践的结合。本书有助于学生了解数据分析理论和模型理论在不同营销场景中的应用，从而提升其学习理论知识的兴趣并找到实际应用的方向。书中关于职场方向的选择建议对大学生进行职业规划也有一定的帮助。

——周文安　北京邮电大学电子工程学院/副教授

作为一家为客户提供线下场景营销的 4A 代理公司，我们总结出客户最在意的三件事：如何优化广告效果；如何保证广告投放精准并可追踪；如何用技术创新触发用户的兴趣和关注。企业目前最迫切的需求就是数字化转型和提升营销效率。这本书解开了企业与用户持续高效沟通的密码。

——王雪　博视得中国总经理

吴俊老师的《程序化广告实战》已经成为广告人入行必备的教科书，也帮助我们公司的 DSP、SSP、DMP 团队大幅提升了专业技能水平。吴俊老师的这本新书是广告和营销行业从业者的福音，从产品、运营、内容、数据、流量、用户等多个角度全方位介绍了 Martech 从业者必备的知识和技能。

——杨洋　ADmobile CEO

随着互联网广告行业的发展，品牌营销和效果类营销都在发生巨大变化，互联网广告行业正在从 Adtech 转向 Martech。本书从营销到流量，从技术到数据，深入浅出地对 Martech 进行了介绍，特别适合负责市场、运营以及传统行业数字化转型的人阅读。

——张富　佳投科技/白菜盒子创始人

掌握 Martech 技术无异于在数字化营销中掌握先机。本书为读者提供了一个全面认知、学习和探索智能营销的机会。本书注重实战，书中援引的解决方案和实战案例都来自一线。无论是新手入门，还是营销行家温故知新，本书都很有价值。

——林逸飞　TalkingData 执行副总裁

Martech 是 Marketing、Technology 和 Management 的跨界、融合。不确定的环境、技术的快速发展以及管理的挑战都要求今天的市场营销人员对技术、数据及其应用有更深刻的了解，同时对管理战略和用户变化具备更高的敏感性和更深刻的洞察力。市场营销人员急需一本全面介绍 Martech 行业全景和实践应用的书籍，本书解了燃眉之急。

——Simon　唯品会前产品运营副总裁

随着用户行为的细分和变迁，企业在市场营销和用户运营方面越来越依赖技术和数据。本书为相关从业者打开了一扇通往智慧营销的大门。愿您能通过精读本书成为 Martech 的实践者，并尽快进入"服务找人""产品找人"的智慧营销新阶段。

——刘勇军　前小米商业化运营中心总经理/前百度信息流团队流量运营负责人

数字化转型的根本是以顾客为核心进行转变，关键是对顾客数据的掌握和应用。本书非常清晰地阐述了 Martech 的关键所在，即通过 Martech 识别顾客、量化顾客行为和关系、提升顾客的消费体验。本书系统全面地对 Martech 进行了介绍，是了解和深入学习 Martech 的佳作。

——刘岩　新意互动副总裁

广告行业的基础建设和流量红利时代结束了，现在已经进入深度运营、精细营销的时代。而深度运营、精细营销离不开技术的加持。欢网是一家技术驱动型公司，我们不断将 Martech 应用于智能营销的各个场景中，并取得了一些成绩。感谢吴俊老师为 Martech

乃至整个行业所做的贡献。

——吴盛刚　欢网科技CEO

MB、OTT、PC等多屏终端形态不断变换，服务内容不断升级与迭代，从而使得用户的消费行为、信息获取渠道发生了翻天覆地的变化。围绕企业追求业务增长的核心需求，在智慧屏、5G、物联网等迅猛发展的背景下，建立以用户为核心的智慧营销体系将成为不可逆转的趋势。勾正数据作为一个支持智慧家庭设备互联的大数据平台，在成立之初，就以为客户提供最高频服务为宗旨，即在智慧营销的方向上提供数据、技术与解决方案的支持。本书为企业主、媒体方、数据服务方指明了融屏时代营销变革的新方向。

——喻亮星　勾正数据董事长兼CEO

吴老师是我见过的懂互联网技术的人中最懂营销业务的，有丰富的实战经验。继《程序化广告实战》后，本书是又一本营销人员的"工作手册"，非常系统地介绍了Martech从概念到实施、从技术到业务场景的一系列内容，值得每一位营销人员学习。

——孙静　蒙牛集团市场部数字化营销经理

数字营销来到了服务个体与科技创新的交叉路口，希望本书如路灯一般，为你照亮前方。

——孙维　卡车之家数据资产中心总监

数据已成为整个社会的新生产要素，本书解构了数字经济时代的企业新营销体系，同时介绍了个人隐私保护、数据安全合规等内容。在 DT 时代，个人隐私保护、数据安全合规既是严峻的挑战，也是难得的机遇。

——白小勇　北京炼石网络技术有限公司创始人/CEO

每次和吴老师交流都有醍醐灌顶的感觉，吴老师对 IT 技术和互联网行业有深入的研究和不同凡响的见解。如果想利用大数据和互联网技术大幅提升营销效果，本书不失为一个明智的选择。

——胡奇　京东物流供应链产业交易平台首席架构师

本书是作者多年来在数字化营销领域的经验总结和深度思考，旨在帮助从业者梳理数字化营销的关键节点，针对不同节点给出专业建议，启发读者建立自己的解决方案。在当下这个营销行业面临大变革的时期，本书提供了不同的思考模型，相信每一位读者都能从中有所收获。

——余兰　搜狐集团精准销售部总经理

吴俊老师和他的著作《程序化广告实战》曾引领一众同行深入 Adtech 的世界。随着大环境的快速变化，营销行业也在飞速发展，技术和数据驱动的智慧营销将会成为至关重要的增长驱动力。吴俊老师的新作系统地讲解了智慧营销在产业链各个环节落地和深化的要点，是加速产业转型、帮助从业者实现自我升级的力作！

——员外　豆瓣程序化广告业务负责人

近几年，随着数字广告的获客成本越来越高，营销人员对 Martech 越来越关注。本书对 Martech 进行了系统梳理，为效果营销的投资回报优化指明了新方向，也为企业数字化转型、私域流量变现提供了指导。

——冯全春　Ochoose 创始人 & 总经理

吴俊与李焱都是我在深演智能（前称：品友互动）的战友和同事，是我的良师益友，他们在 Martech 上既有理论高度，又有实战经验。本书由浅至深、由面到点介绍了 DMP、CDP、CMP 与 Adserving 等专业知识，有基础概念也有实操系统设计，我极力推荐希望学习 Martech 的读者阅读本书。

——李国华　深演智能 JBP 总裁

把产品和服务卖个好价钱是企业主不断追求的梦想。作为逐梦利器，营销的理念和技术层出不穷，让企业主和决策者敬畏且迷茫。吴俊老师作为业界资深专家，通过本书抽丝剥茧般给我们讲述了两件事：什么是有用的营销和如何让营销因智慧而高效。

——寒松　互联网广告老兵

自工业时代以来，每一次革新的动力都来自"效率提升"，广告和营销行业同样如此。从 Adtech 到 Martech，是一群数字行业的聪明人和一群广告、营销行业的聪明人互相碰撞的结果。基于人类对效率提升这一目标的永恒追求，数字行业对营销行业的影响必将更加深远。在这一背景下，对营销行业的无数同仁来说，本书无疑是一本很好的教材，让我们能够快速掌握 Martech 相关的知识，进而更好地进行实践。

——牛国柱　快看漫画商业化负责人

今天的营销从业者如果不能对Martech的基本概念、常见模式和应用场景有所了解，工作起来可能会举步维艰。正如吴俊老师的上一本书《程序化广告实战》一样，本书也是一本内容翔实的数据营销技术的实用指南。对于那些想要全面了解Martech行业全貌，或有意深入学习相关知识的读者来说，本书值得一读。

——方亮　爱奇艺广告商业化高级总监

与吴俊老师因《程序化广告实战》一书而结缘。《程序化广告实战》作为Adtech领域介绍程序化广告的专著，其影响力延续至今。相较前一本书，本书的关注点不仅从Adtech升级到了Martech，更将视野从在线广告拓展到了整个数字营销行业。虽说讲的话题更大了，涉及的领域更广了，但是本书依然延续了"明义"和"践行"的文风，将系统的理论知识与丰富的实战经验相结合，非常清晰地阐述了Martech的行业全景与实践应用，相信对每位从业者的日常工作和职业规划都非常有帮助。愿每位营销人都可以读到本书！

——张新　阿里妈妈产品运营专家

流量红利时代接近尾声，营销的核心已经从流量的争夺进阶为技术的竞赛，而这正是Martech得以落地和生长的土壤。虽然Martech在全球范围内已经是一个规模超过千亿美元的成熟市场，但是在中国尚处于发展的初期。中国本土化的商业模式与国外相比存在差异，对于中国的营销从业者来说，我们急需一份系统化、标准化且适用于中国营销市场的Martech参考资料，本书正好解决了这一需求。本书系统且翔实地对Martech各个环节所涉及的概念与技术进行了梳理，并提供了大量实操指导和生动案例。如果你想通过一本书就了解 Martech 的理论知识与实战方法，本书值得选择。

——赵士路　新数网络

吴俊老师的《程序化广告实战》是我们部门日常工作的工具书，人手一本。新书先将数字营销的知识全景图清晰地展现在读者面前，再深入浅出地对原本晦涩的 Martech 知识体系进行详细剖析，可以帮助读者尽快掌握相关知识。本书是广告和营销行业的从业者必读的实用参考书。

——张帆　商汤科技广告事业部产品总监

工欲善其事，必先利其器。在数字营销中，Martech 可帮助我们更科学、高效地进行数据分析。吴俊老师的这本诚意之作值得期待。

——齐云涧　《广告数据定量分析》作者

前言

为什么要写这本书

自2017年笔者的《程序化广告实战》一书出版,已过去快3年了。在这近3年的时间中,市场环境在快速变化,人口红利、互联网流量红利消失,短视频直播带货等营销方式日益火爆,全民营销大潮澎湃。

在增量红利消失的存量经济大背景下,众多有先见的企业开始精益化挖掘潜在客户,即运用大数据及相关技术手段从现有存量中精细化挖掘局部增量的机会。这导致企业数字化转型的需求不断增强,营销成为数字化转型的首要引擎。

正是在这样巨大的推动力作用下,整个营销行业高速发展,数字化和技术化也在不断深入。企业从几年前对程序化广告(Adtech)的关注,逐步扩大到在业务中对其进行应用实践,同时对Martech的关注也与日俱增。

Martech 是 Marketing 和 Technology 融合在一起得到的一个新词汇，特指利用技术实现营销目标的所有举措和工具。通过 Martech 可对营销进行规划、执行、分析、组织和优化。也有的专家认为，凡是可以帮助营销人员接触潜在客户的每一项技术都可以归为 Martech。

随着技术供给侧的爆发式发展，技术需求侧——品牌端的需求也在发生深刻变化：随着全球经济形势的变化，企业营销部门的压力不断增加，企业越来越重视通过数字化的手段来提升营销的效率，并希望通过与消费者长期沟通和互动来提高企业的盈利增长能力。可以说，数字化转型是目前绝大多数企业面临的重大问题。

但是，由于市场营销部门的从业人员往往没有技术背景，对新技术的评估能力和接受能力相对较弱，因此造成业内认识水平不统一、技术应用效率不高等问题。基于这种情况，我们觉得有必要编写一本从供需两方面对各种概念和技术细节进行深度梳理的书，帮助从业者梳理思路，辨析技术的关键点并做出有效取舍，以加快整个行业数字化转型的进程。如果本书在这方面对大家有所帮助，将是我们最大的收获。

读者对象

本书的主要受众是整个互联网行业的从业者、所有存在数字化转型需求的传统企业的从业者，以及对企业数字化转型、营销数字化转型感兴趣的朋友们。具体如下：

1）各行业市场部门、运营部门、数据部门、IT 部门的人员，以及传统行业数字化转型相关的决策及实施人员。

这类人员需要具备一些技术能力和结合业务场景进行技术梳理及判断的能力，同时还需要对数据市场的底层现状、数据分析技术、数据挖掘技术等有一定的了解。本书可以在理论和实操两个层面指导这类人员完成日常工作。

2）**与 Martech 相关的互联网公司的产品经理和运营人员。**

对于这类人员来说，本书可以帮助其建立全局观，快速搭建专业能力体系，少走弯路，减少时间成本。

3）**大数据从业人员。**

对于专业的大数据从业人员来说，本书可以为他们提供更广阔的业务视角，帮助他们将数据和应用场景结合到一起，了解更多的行业应用，辅助其进行产品设计。

4）**对营销技术及大数据在营销领域的应用感兴趣的人员。**

对于这类人员，本书可以帮其扩大知识面，了解更多的行业知识。

本书特色

1）从基础概念到实操系统设计，内容全面、系统。本书专注于剖析 Martech 智慧营销业务，从产业大趋势、营销核心作业流程到主要技术栈模块、数字化转型对企业及个人的能力要求等均有详细介绍。书中对重点内容的介绍完全从业务、技术及大数据角度展开。

2）主要素材均来自实践。笔者及另外两位作者以顾问的形式辅导了大量企业，其中包括深演智能、触脉咨询、勾正数据、欢网科技、admobile 等众多营销行业上下游的企业。营销主、代理公司、媒体如何一起推动实际业务？他们填过哪些坑？这些被大家经常咨询的问题都在本书中有所介绍。

3）笔者及另外两位作者均有 20 年左右的技术底子，所以剖析问题时会从基础到业务再到技术，这种介绍方法会让大家对相关知识点理解得更透彻、全面。

本书主要内容

本书分为 9 章：

第 1~2 章从宏观趋势和需求变化开始，引出与 Martech 相关的基本概念，目的是帮助没有任何基础的读者建立基本认知。大家通过对基础知识的学习，可为实际工作和本书后续章节的学习打下扎实的基础。

第 3~7 章重点介绍了 Martech 的模块产品及案例实战，系统地梳理了 Adserving、DMP、DSP、CDP、CMP、SSP/ADX 等重点知识。

第 8 章对 Martech 的核心——大数据生态的方方面面进行了深度解读，包括数据采集、Mapping、模型、应用场景、案例分析和数据交易等精彩内容。

第 9 章介绍了行业发展趋势及从业者的职业规划策略。

希望大家能根据自己的情况选取相应的章节来学习。

勘误和支持

由于笔者们的水平有限，编写时间仓促，书中难免会出现一些错误，恳请读者批评指正。为此，我们专门开设了名为"营销分子"的微信订阅号，ID 为 Mar_Tech，欢迎通过该订阅号来与笔者互动，期待能够得到你们的真挚反馈。

另外，限于篇幅，部分扩展内容无法放入书中，如关于常用术语、常见缩略语的介绍以及其他推荐的学习资源等，大家可以在微信订阅号"营销分子"中下载。

致谢

首先要对一直关注"程序化广告实战"微信订阅号及系列课程的朋友们致以诚挚的谢意！若没有你们一直以来的大力支持和长久陪伴，笔者也不会有源源不断的动力，坚持不懈地整理、传播、分享与营销技术相关的内容。正是在你们的簇拥和强烈呼吁下，笔者才专门邀请一直奋斗在大数据行业一线、实战经验丰富的李焱博士和党莎老师一起来撰写本书。

其次，感谢亲爱的家人和朋友们的支持，感谢你们的理解和爱护，并时时刻刻给予我们信心和力量！

谨以本书献给我们最亲爱的、致力于数字化转型和营销数字化转型的朋友们！

吴俊
2020 年 2 月

目录

推荐语
前言

引子　企业数字化转型迎来全员营销时代　001

第 1 章　从 Adtech 到 Martech　007

1.1　营销需求侧的变化　008
    1.1.1　营销方法论的变化　008
    1.1.2　消费者的 4 个变化　015

1.2　营销领域技术供给侧的变革　021
    1.2.1　Adtech、Salestech、Martech 的
          概念及其应用范围　021
    1.2.2　Martech 技术栈　024
    1.2.3　从营销核心业务看 Martech
          技术栈全貌　025

1.3　从 Adtech 技术栈到 Martech 技术栈　029
    1.3.1　Adtech 技术栈　030
    1.3.2　运营 / 销售相关 Martech 技术栈　052
    1.3.3　关键数据和基础　080

第 2 章　Martech 与数字化营销转型　093

2.1　企业数据能力成熟度评估模型　094
2.1.1　采集能力　094
2.1.2　处理能力　096
2.1.3　激活能力　097
2.1.4　组织支持　099

2.2　企业营销数字化能力成熟度评估模型　100
2.3　企业营销数字化转型不同阶段的 Martech 要点　102
2.4　Martech 时代对营销人员的能力要求　104
2.4.1　对生态圈的理解和谈判能力　104
2.4.2　对技术的理解和评估能力　106
2.4.3　大数据打通、处理能力　110
2.4.4　业务理解，行业经验积累　113
2.4.5　跨部门推动力　114
2.4.6　快速验证及迭代优化，全业态把控能力　117
2.4.7　基于数据分析的精细化运营能力　117
2.4.8　数据的合规使用　118

第 3 章　Martech 实战——Adserving 要点　119

3.1　Adserving 基础知识　120
3.1.1　Adserving 广告请求执行流程　122
3.1.2　Adserving 智能流量管理决策流程及框架　123
3.1.3　Adtech 程序化广告 4 种典型模式的定义　126
3.1.4　Adserving 与 "传统采买"　129
3.1.5　媒体支持和市场大趋势　130

3.2　Adserving 主要应用场景　131
3.2.1　媒介的主要关注点和优化指标　132

XVII

		3.2.2 Adserving 升级新应用：联动激活 DMP/CDP	139
		3.2.3 多重数据＋多种投放模式，一站式闭环持续优化	143
	3.3	Adserving 主要投放流程	152
		3.3.1 传统广告投放流程	152
		3.3.2 升级后的程序化广告投放流程	154
		3.3.3 Adserving 项目工作流程执行检查表	157
		3.3.4 需求简报模板要点	161
	3.4	本地化趋势	161

第 4 章　Martech 实战——DMP 要点　163

	4.1	DMP 基础知识	164
		4.1.1 DMP 的分类	164
		4.1.2 DMP 的数据源	169
	4.2	DMP 的主要数据处理流程	173
		4.2.1 数据 ETL	174
		4.2.2 数据处理	184
		4.2.3 数据分析	197
		4.2.4 数据策略激活	215
	4.3	DMP 的主要应用场景及案例	221
		4.3.1 持续迭代优化的闭环精准营销	221
		4.3.2 带有业务场景的客群细分	223
		4.3.3 潜在高意向客户挖掘	224
		4.3.4 流量方 DMP 云动态扩容	225
		4.3.5 跨界营销	225
		4.3.6 "羊毛党"识别	227
	4.4	如何选择 DMP 服务商	228

4.4.1 非技术要求 228
4.4.2 技术要求 229
4.4.3 应用要求 229

第5章 Martech 实战——CDP 要点 231

5.1 CDP 的定义 232
5.1.1 几种常见的权威定义 232
5.1.2 CDP 的主要能力解读 235

5.2 是什么让 CDP 与众不同 237
5.2.1 CDP 出现的痛点 237
5.2.2 CDP 的能力特点 238
5.2.3 CDP 的数据内容 239
5.2.4 CDP 建设的好处 239
5.2.5 CDP 的数据应用方向 240

5.3 CDP 逻辑架构 241
5.3.1 CDP 基本能力概括 241
5.3.2 CDP 的逻辑架构 241

5.4 CDP 与 Martech 领域其他技术栈的比较 250
5.4.1 CDP 与营销自动化的比较 250
5.4.2 CDP 与营销云的比较 252
5.4.3 CDP 与第一方 DMP 的比较 253
5.4.4 CDP 与 CRM 的比较 254
5.4.5 CDP 与企业数据湖的比较 256
5.4.6 CDP 与其他技术栈的横向对比总结 257

5.5 CDP 主要场景 258
5.5.1 全域营销 CDP 如何赋能营销 258
5.5.2 CDP 对私域流量池运营的重要作用 260

5.5.3	客户旅程分析	262
5.5.4	数字化客户体验管理	265
5.5.5	AI 技术在 CDP 中的应用	266

5.6 CDP 项目实施中最可能遇到的数据问题　　268

5.7 选择正确的 CDP 平台　　270

    5.7.1 什么时候投资建 CDP 平台　　270

    5.7.2 如何选择正确的 CDP 平台　　271

第 6 章　Martech 实战——CMP 要点　　274

6.1 谈论内容营销时我们在说什么　　274

6.2 与客户互动的内容形式和媒体　　275

6.3 与客户互动的内容策略　　277

    6.3.1 通用内容策略特征　　277

    6.3.2 应对"内容疲劳"　　277

    6.3.3 制定有效的内容策略和传播策略　　278

6.4 衡量内容互动的效果　　280

6.5 内容营销策略如何制定　　281

    6.5.1 制定的原则　　281

    6.5.2 制定的步骤　　282

6.6 内容营销对技术的要求　　285

6.7 CMP 核心能力　　287

    6.7.1 内容创建及优化　　288

    6.7.2 内容管理　　290

    6.7.3 内容营销自动化　　291

    6.7.4 内容分发　　294

    6.7.5 效果跟踪及分析　　294

6.8 内容营销场景案例　　296

		6.8.1	内容策略 + 渠道整合营销场景	296
		6.8.2	内容策略 + 传播策略场景	298

第 7 章　Martech 实战——流量变现要点　299

  7.1　流量池化、平台化　300

    7.1.1　流量池化、平台化概述　301

    7.1.2　混合域流量营销平台　303

    7.1.3　流量供需角色持续转化　306

  7.2　广告流量交易模式升级　309

    7.2.1　"传统排期"的交易模式　309

    7.2.2　联盟模式　310

    7.2.3　实时竞价模式　311

    7.2.4　私有程序化模式　312

    7.2.5　小结　313

  7.3　ADX 交易标准化及技术栈要点　314

    7.3.1　ADX 交易标准化　314

    7.3.2　ADX 中 SSP 系统的基础功能　315

    7.3.3　ADX 中 DSP 买方自助操作基础功能　317

    7.3.4　卖方流量优先级和交易模式管理　319

    7.3.5　透明化和卖方诉求　322

    7.3.6　基于数据指导的人群定向智能营销　325

第 8 章　Martech 实战进阶——大数据生态的深度解读　326

  8.1　各种数据源的采集要点　326

    8.1.1　运营商　327

    8.1.2　互联网第三方服务商　334

    8.1.3　互联网应用平台　339

    8.1.4　操作系统插件服务商　340

　　　　8.1.5　硬件服务商　　　　　　　　　　　　　341
　　8.2　ID Mapping　　　　　　　　　　　　　　　341
　　　　8.2.1　设备标识与用户标识　　　　　　　　342
　　　　8.2.2　ID Mapping 的 3 种方法　　　　　　345
　　　　8.2.3　ID Mapping 的 6 个注意事项　　　　348
　　8.3　常见的增值数据模型　　　　　　　　　　　354
　　　　8.3.1　数据挖掘算法模型　　　　　　　　　354
　　　　8.3.2　第一方标签构建及模型　　　　　　　359
　　　　8.3.3　客户运营领域的几个关键模型　　　　370
　　　　8.3.4　销售线索评估模型　　　　　　　　　376
　　　　8.3.5　风控模型　　　　　　　　　　　　　380
　　8.4　6 大模型：应用场景和案例分析　　　　　　391
　　　　8.4.1　高价值客户挖掘模型　　　　　　　　391
　　　　8.4.2　客户营销响应模型　　　　　　　　　392
　　　　8.4.3　客户流失预警模型　　　　　　　　　393
　　　　8.4.4　休眠客户唤醒模型　　　　　　　　　393
　　　　8.4.5　购物篮分析　　　　　　　　　　　　394
　　　　8.4.6　征信风险控制模型　　　　　　　　　394
　　8.5　数据交易　　　　　　　　　　　　　　　　395
　　　　8.5.1　常见的 3 种大数据交易类型　　　　　395
　　　　8.5.2　大数据交易与多方安全计算　　　　　397

第 9 章　说在后面的话　　　　　　　　　　　　　403

　　9.1　关于 Martech 的 9 个预测　　　　　　　　403
　　9.2　Martech 领域从业者职业规划策略　　　　　409
　　　　9.2.1　职业规划原则　　　　　　　　　　　409
　　　　9.2.2　Martech 领域的岗位要求　　　　　　413

引子
企业数字化转型迎来全员营销时代

从宏观上看,未来是过去、现在的延展,预判未来可以帮助我们更好地把握企业战略发展的机会点。信息化、互联网、大数据、人工智能、物联网等新技术正在推动整个商业生态及全产业快速向数字化转型。回顾这30年来中国产业发展升级的大趋势,发现其大致经历了3个阶段。

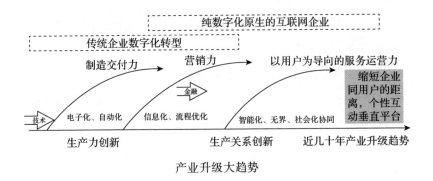

产业升级大趋势

在商品短缺的年代，谁具备规模化的生产能力，谁就是王者，所以制造交付力是企业的关键竞争力。那时 IT（Information Technology，信息化技术）主要被运用于生产力创新，通过电子化、自动化的方式解决企业生产中人、财、物的衔接低效、库存高、生产资金周转率低等问题，进而提升制造交付力，这也是传统企业数字化转型的重心所在。

随着生产力不断发展，各个领域的商品极大丰富，营销成为企业的关键竞争力。谁能把分销渠道、零售渠道建好，谁就能成为市场的领导者。那时 IT 已开始被运用于提升企业营销力，着力于企业及社会资源的全面信息化和流程优化，如客户关系管理（Customer Relationship Management，CRM）、分销渠道管理、电子商务、供应链金融创新等。随后涌现出越来越多的纯数字化原生的互联网企业，如阿里巴巴、京东等，它们都是用 IT 数字化平台优化和提升营销力的典型代表。

随着互联网的高速发展，商品极大丰富之后，消费者的需求在变化，消费习惯也在跟着变化。在这个阶段，用户不仅希望企业有好的产品，还希望企业能给他好的体验。这时企业的关键竞争力就上升为产品服务创新能力及客户运营能力。

至此，营销进入了一个全新的阶段——全民营销时代。互联网永远在线的特点及各种技术的支持，让全民营销成为可能。数字化把企业和企业所服务的每一个消费者连接起来。通过数字化，企业能够与消费者很好地沟通和协同，从而更好地满足消费者的个性化要求。客户运营已不再是简单的营销，而是新时代产品服务提供商与客户协同的一种全新方式。当今，全世界最优秀的企业都是在产品创新和客户运营上做得最成功的企业。

如下图所示，客户导向正在逼迫组织重塑组织形态，为基层员工带来更大的能动性，这样企业才能在第一时间对市场做出高效响应，而不是像传统的组织形态那样自上而下发命令。一线基层员工离客户最近，时时刻刻在与客户互动，他们最清楚客户想要什么，痛点在哪里。他们也是提升客户体验最有效的终端。

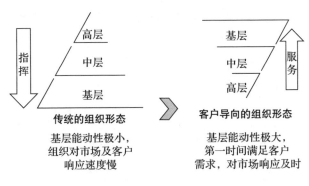

客户导向逼迫重塑组织形态

若基层员工都能快乐工作，能针对客户的需求即刻给出解决方案，这样可确保极高的客户体验和客户满意度，而高层及中层管理者要做的就是为一线基层员工提供足够的资源和服务支撑。这对全员的营销和服务能力及运营意识都提出了十分高的要求。这就是客户导向的新的组织形态。在这种组织形态下，IT技术及标准化的管理模式被大量运用，如阿里的大中台体系，就是通过IT技术和大数据体系为瞬息万变的前端客户需求提供支持。

"以用户为中心""以用户为导向来提升服务和运营能力"，已不再是空喊的口号。IT和大数据技术不仅在企业内部被用来重塑数据、信息、人力、物力、财力等关键资源的配置和流转体系，还被大量运用于打破企业内外部的各种边界和信息壁垒、实现社会化协同、智能化降低人耗等方面。目的是推动生产关系创新，缩短企业与用户间的距离，依托垂直场景为用户提供个性化的互动服务平台。携程（商旅垂直领域）、滴滴（出行垂直领域）、孩子王（母婴垂直领域）等是这方面的典型代表。随着用户与企业间的距离持续缩短，企业全员都可成为营销（服务）的重要贡献者，都可为最终用户提供价值，都能通过数据及技术手段与终端用户随时互动，为其提供服务，并收集体验数据，帮企业不断优化产品及供应链，最终实现服务的快速交付和升级，并使这个不断优化的过程形成闭环。

整个产业的商业价值链在快速升级，由传统的 B2C 向 C2B 转变，此时竞争重点由传统的追求商品供给量和生产交付，升级为追求产品和服务的质量及最终用户的体验和满意度。

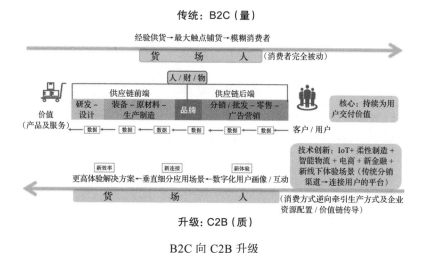

B2C 向 C2B 升级

传统形态下，企业的产品面向的目标消费者比较模糊，那时没有量化数据的支撑,都是靠人的经验,先把货品生产出来,然后再进行分销,尽量铺到更多渠道,以便销售给更多的用户。当然,在此过程中也会配合一定的营销和广告,例如:在各种媒体大规模投放广告,进行各种地面推广活动等。但这些都是由企业单方面推进的,整个过程中消费者处在最末端,完全是被动接受。他们根本无法参与和亲身感受到对产品和服务体验不断优化改造的过程(最多通过售后热线反馈意见,但这已是产品销售生命周期的最末环节了),毫无个性化可言,更无深度体验可言。同时,企业与消费者在各个触点的数据都无法及时回收,更无法及时进行产品创新和用户体验优化。对于营销,大家都知道"以用户为中心"十分重要,但由于缺乏大数据及IT的支撑,大多流于形式和口号。

而随着IoT、柔性制造、智能物流、电商、新金融、新线下体验场景等新技术、新模式的出现,传统的分销渠道逐步升级为连接用户的深度服务平台。通过垂直细分应用场景与用户建立新的连接,通过闭环智能化以更高效率优化产品创新,利用数字化的用户画像及互动触点为用户提供高体验的解决方案。

由此可见,传统组织形态下的消费者处在服务及营销的末端,而在全民营销时代,在向C2B转变的过程中,消费者成为企业数字化转型的核心推进器。

上述这种时代趋势和背景可用下图示意。总结起来就是:**需求的改变+技术的革新,需要配合各种跨业融合和价值链重构才能带来新的商业创新**。如何用好大数据等技术做好数字化转型,是企业当下要面对的重大课题。

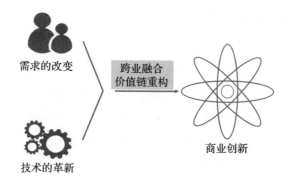

"人+技术"驱动商业创新

综上所述,我们认为数据驱动的智慧营销和用户连接服务,是当代企业数字化转型的重要驱动引擎。无论你的企业处在什么行业,处在什么发展阶段,数据驱动的智慧营销对所有企业的发展都至关重要。

第 1 章

从 Adtech 到 Martech

因为营销是人类社会最基本的经济活动，人类发明的各种新技术和新方法总是最先在这个领域应用并发挥价值，所以自市场营销行业诞生以来，就汇聚了一群最聪明、能洞悉变化并快速做出反应的营销从业人员。那么，在新的市场营销环境中，营销技术都有哪些新的发展？都得到了哪些实际应用？

这一章我们将为大家梳理营销技术发展和变化的脉络。技术从来不是孤立存在的，一定是伴随着需求而产生的，并随着价值的输出获得应用和发展的机会。Martech 与其说是一种技术，不如说是一种新的市场营销理念，即以消费者为核心，以技术为基础，以信息和数据为载体，通过信息和数据的流动，实现价值传递和增值，从而为消费者带来正收益，最终帮企业实现业绩增长。

综上，我们不会直接从技术发展本身来进行讲述，而是先从市场营销需求侧，即品牌所处的生态环境变化来分析我们目前所处的时代市场营销需求侧最典型的变化和挑战；再继而分析供给侧，即在技术领域取得的相应突破分别能解决营销需求的哪些痛点，从而进一步梳理与营销技术对应的发展和解决方案，最终得出适合新一代智慧营销的技术栈。

1.1 营销需求侧的变化

1.1.1 营销方法论的变化

在分析营销需求侧的变化之前，我们先来看一下营销的基本概念，以及营销方法论的发展和变化过程。

所谓营销，指企业发现或挖掘准消费者需求，从整体氛围营造及自身产品形态营造的角度去推广和销售产品的过程。营销活动主要通过深挖产品的内涵来切合消费者的需求，从而让其深刻了解该产品进而购买该产品。

市场营销（Marketing）又称市场行销，MBA、EMBA等经典商管课程中均将市场营销作为对管理者进行管理和教育的重要模块。市场营销是指在创造、沟通、传播和交换产品的过程中，为客户、合作伙伴以及整个社会带来经济价值的活动、过程和体系。营销人员针对市场开展经营活动、销售行为是市场营销的主要体现形式。

市场营销可以通过对一系列营销要素，例如产品、价格、区域市场、促销、广告、地缘等，以及一系列连续的市场营销策略的调整，对外传递品牌的价值定位，进而影响消费者的认知，最终积累品牌的资产，如下图所示。

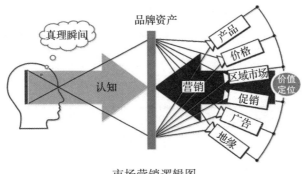

市场营销逻辑图

市场营销的方法论有过几次比较大的变化:

1)4P 理论——满足市场需求。4P 是指产品(Product)、价格(Price)、促销(Promotion)、渠道(Place),这四个要素构成营销学最基础的分析框架。4P 理论由密西根大学教授杰罗姆·麦卡锡(E. Jerome Mccarthy)在 1960 年提出。比较早期的 4P 方法论的核心是"产品",在经济发展水平不高的大前提下,拥有能够满足消费者核心需求的、富有竞争力和差异化的产品,就掌握了营销的核心。

2)4C 理论——追求顾客满意。4C 理论相对于 4P 理论一个非常大的变化是,营销从以产品为中心转变为以消费者(Consumer)为中心,相应的,其他几个要素也进行了调整:价格转变为消费者购买商品所愿意付出的成本(Cost)、促销转变为与消费者的双向沟通(Communication)、渠道(Place)转变为消费者的购买便利性(Convenience)。

从 20 世纪 90 年代 4C 理论诞生到现在没有新的主流营销理论产生,因为以消费者为中心进行营销这个核心并没有发生变化。但是随着经济的发展,我们面对的消费者却在发生着快速变化,这导致由 4C 理论衍生出了很多操作层面的理论。我们在下面的图表里面与 4P、4C 理论相呼应,列举了一些与营销相关的新内容。

营销理论的发展

4P	4C	衍生方法论
产品	客户	定位、体验
价格	成本	打赏、为兴趣付费
渠道	便利	场景、社群
促销	沟通	病毒传播、KOL、COL、内容营销

这些衍生方法论并没有改变以消费者为中心这一点,只是在战术方面有了新突破。例如,由美国著名营销专家艾·里斯(Al Ries)与杰克·特劳特(Jack Trout)于 20 世纪 70 年代提出的定位理论就是针对消费者进行企业品牌营销的方法,即在预期客户的头脑里给品牌定位,确保品牌在预期客户头脑里占据一个真正有价值的地位。

近些年,由于消费者线上社交行为增多,在原来 4P 理论中的渠道上增加了场景营销、社群营销等衍生方式;在传统 4C 理论的沟通上,也增加了更多与消费者沟通的新方式,包括病毒传播、KOL、COL、内容营销等。

营销是一门针对人的学科,属于社会科学的范畴。与自然科学不同,社会科学很难预测,主要原因是反身性原理,即人的心理会对个人和群体未来的行为产生影响,从而改变未来的结果。这也是营销人需要对人性进行洞察的原因。对于营销来说,虽然变化是唯一不变的内容,要预测营销未来的发展趋势是很难的,但是营销方法论的底层逻辑,即道和法层面是相对稳定的,变化的仅是术和器层面。我们要做的是把握住营销的本质，了解和应用新时代不断涌现的新技术，将这些技术纳入我们的营销知识体系中，在实践中不断应用和检验，找出针对不同行业、不同场景、不同条件的最合适的落地方法。

这就是本书推荐的智慧营销方法论。下面从道、法、术、器四个层面分别展开介绍。

道	以消费者体验为中心
法	人性为本，技术为用
术	品牌+渠道+销售+运营
器	Martech

智慧营销方法论

1）**道**："以消费者体验为中心"，营销人应该始终把握这个原则，一切营销活动均需要围绕消费者的体验展开。从时间角度来说，体验分为短期体验和长期体验；从内容角度来说，体验分为满足产品功能需求的体验，以及更高层面的尊重体验、价值体验等。

2）**法**：人性为本，技术为用。对于营销这门社会科学来说，我们强调对人性的洞察，所以对消费者的了解始终是根本，技术的演进可以帮助营销人员更好地记录、分析和洞察消费者，或者帮助营销人员快速观察消费者对不同营销策略的反应，从而让营销人员更快速地做出调整。技术从来不会超越人而存在。有些营销人员会问 AI 会不会全面取代营销人员，答案是不会，AI 只会替营销人员做某些低级、重复的工作（AI 在这方面非常擅长，但是其对人性的洞察却有很多不足），从而使营销人员可以专注于更有价值的工作。

3）术：在营销的术的层面，可以说针对不同的行业领域、不同的区域、企业发展的不同阶段都有不同的术，这需要营销人员进行大量探索和沉淀，暂时还没有一套现成的普适的方法论。例如，对于快消类大众消费品，其客单价低，产品目标受众广，即使有很多精细化营销、运营、销售的技术，市场人员在采用时也要把握一个度，找到最合适自己企业的方式。对于某些客单价高或者小众品牌，则可以探索客户深耕的方式。如何根据企业自身特点和发展阶段，制定市场营销战术？这是营销人员考虑的主要问题。但只要是术，就有其适用范围，那些语不惊人死不休类的文章，除了通过增加焦虑博取流量之外，没有任何益处。其实，这也是此类文章利用人性弱点进行的一种自我营销。

4）器：所谓器，就是营销人员可以使用的技术和工具。营销技术近年来已有非常大的发展，正如本章标题所述，营销技术已经从 Adtech 演进到 Martech，营销人员可以利用的工具范围更加广阔。其实，Martech 中有非常多的技术并不是刚刚开始出现，那为什么现在才开始被重视？主要原因如下：

- **技术本身的原因**：根据 Gartner 技术成熟度曲线可知，很多技术刚出现的时候都停留在概念层面，没有与具体场景相结合的应用层面的设计，因此很难在具体的商业环境中被使用。当这些技术的成熟度达到一定水平的时候，会被纳入 Martech 的范围。评判成熟度的高低要对应用效果和成本等多方面进行考量。
- **营销变革的需求**：最近多家企业取消了 CMO 职位，取而代之的是 CGO，即把营销业务、用户服务和商业领导战略整合到一起由一个角色负责。这个事件具有划时代的意义，因为这说明企业原来的分割式的增长模式遇到瓶颈，由 CMO 转为 CGO 是一种蜕变式的自我革新。

"增长"这个概念来源于"增长黑客"，最早起源于硅谷，在 2010 年由在线市场调研服务公司 Qualaroo 的创始人兼 CEO 肖恩·埃利斯提出。**增长黑客指一群以数据驱动营销、以市场指导产品，通过技术手段贯彻增长目标的人。**

增长黑客的目标是增长，而且是用最低的成本、最快的速度获得最大的增长。很多公司（例如 Facebook、Linkedin、Airbnb 等互联网公司，以及宝洁、乐购、Asda、沃达丰、Visa、可口可乐等传统公司）都设立了类似的岗位，由最初的增长黑客延伸到增长团队、增长经理、增长 VP，直到 CGO。

增长黑客的核心思想如下图所示。

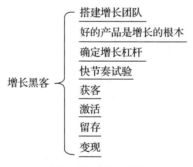

增长黑客的核心思想

对于增长黑客的几点说明：

第一，这是一个起源于互联网的概念，因此其涉及的方法大多数是针对 2C 企业，对于 2B 企业，营销会更依赖传统销售方式，不能直接套用该方式，但是其思想方法还是可以借鉴的。

第二，对于增长黑客，一个非常重要的条件就是企业具有自身的数字化 2C 产品平台，如网站或 App，且可以快速进行制定增长策略、改版、试验、回收数据、多次迭代等操作。对于传统企业而言，要实践增长黑客思想，首先需要进行企业的数字化转型，将企业的产品、消费者、触点等都数字化之后，才能进行增长黑客模式的探索。

第三，增长黑客中一个非常重要的方法论就是"快节奏试验"，在试验时间足够少和金钱成本足够低的前提下，一切用数字说话，根据试验结果决定下一步的改进方向，而不是根据专家或领导的经验或拍脑袋来决定，这是一个非常大的进步。Facebook 曾经做过一次很大规模的改版，从经验或审美等角度来看，改版后客户满意度应该会有很大提升，但最后的数字并不支持该观点，所以 Facebook 彻底放弃了这次改版。只有企业将数字化思维贯彻到这种程度，才能真正实现增长。

介绍完增长黑客，我们再来看 CGO。CGO 可以看作在 CMO 的基础上增加了其他部门的支持，可以调动更多的资源完成持续增长的目标。各个企业设立 CGO 岗位的原因基本都是为了满足消费者不断变化的消费需求，以及寻求与消费者之间的互动和沟通的新方式。

通过这些企业的诉求可以看出，由于新的技术所带来的消费者行为和习惯的变化，以及信息的透明化导致消费者决策能力的变化，让原来的卖方市场变为现在的买方市场，所以企业必须适应这种变化，在营销的"道"和"法"不变的情况下，借助 Martech 提供的新的营销技术，探索新的营销模式，即营销的"术"，以保持业绩持续增长。

在这个高速发展的时代，企业也像童话故事《爱丽丝梦游仙境》里红后和爱丽丝说的那样："在我们这里，你只有不停地奔跑，才能停留在原地。"

1.1.2 消费者的4个变化

消费者发生的变化归纳下来主要有以下几点。

1.消费者获取信息的渠道跟以往相比有很大不同

现在消费者获取信息的主要渠道已经全面转移到移动端，从人均拥有移动设备数量和手机网民占比看，移动端渗透率已经接近100%，可以说是全民覆盖了。所以对于品牌来说，迅速调整与消费者的沟通触点是必须的。我们可以看到，很多品牌在移动端的广告投放比例已经超过70%，这也是一个随着消费者触媒习惯变化而出现的趋势。

2.消费者注意力集中在有限的头部应用，消耗也已接近极限

从下图的统计可以看出，用户人均单日使用移动产品的时长已达到近5个小时，可以说除了吃饭、睡觉（10小时）和工作（8小时）之外，其他时间有超过80%是在移动端消耗的。用户安装App的数量也已到达极限，常用的App就那么几款，能满足日常生活的绝大部分需求，而用户的使用习惯是有黏性的，后来者进入的难度在不断增大。

因此，客户端的流量在汇聚，用户基本都被头部的App垄断了，这势必会造成流量红利的消失。对品牌来说，如何应对这种情况，如何维持新客户的覆盖率是一个需要重视的课题。

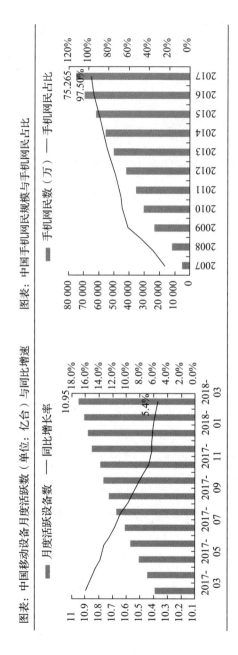

第 1 章 从 Adtech 到 Martech

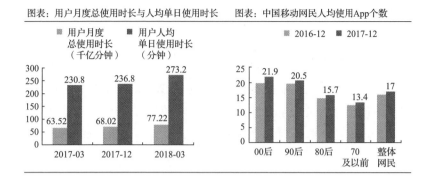

用户人均单日使用移动产品的时长及使用 App 款数

3. 消费者在内容上的注意力在分散，同时对营销的容忍度在下降

由于新一代线上消费者的生活节奏在加快，大家都在利用碎片时间进行购物、休闲和娱乐，如下图所示。

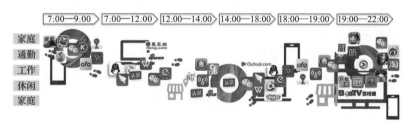

碎片化的移动时代

因此消费者对于内容的容忍度在下降，通常来说，如果内容不能在几秒内抓住他们的眼球，他们马上就会离开。同时，与 2000 年左右互联网刚兴起时相比，消费者对广告的态度变化也是非常大的。那时由于互联网营销是个新生事物，所以消费者对网上广告的点击率可以达到百分之十几甚至百分之几十；现在消费者对广告的关注度已经极大降低，通常的广告点击率只有百分之几甚至还不到百分之一。更有甚者,很多内容平台除了通过广告流量变现之外,也在推广会员制免广告这种变现的方式,这将进一步降低广告对终端消费者的触达率。

基于这种情况,品牌方需要加深对消费者的洞察,为不同消费者推送符合其需求和所处场景的内容,同时尽量提升内容的质量,从而使得营销变得没有那么"硬",更容易被消费者接受。对于普通消费者来说,在适当的时机接收到适当的内容推荐,他们可能会感到品牌方的贴心,而不会产生被打扰的想法,这也就是最近比较热的场景营销的概念,但这也要求背后有强大的大数据能力和平台技术的支持。

4. 消费者的消费习惯在改变

消费习惯是一个比较大的话题,会受经济形势、代际变化、区域等多方面因素的影响。消费习惯每天都在发生变化,主要表现在如下几个方面:

(1) 消费场所的变化

消费者的消费行为很大比例已经转移到线上了,线上购物的便捷和物流的快速已经可以提供很好的客户体验。

(2) 消费生命周期的变化

根据经典的客户生命周期理论,消费者在购买某一品牌的某一产品的过程中,通常会经历产生认知、发生兴趣、进行购买、形成忠诚度、流失这样的生命周期。但是,在目前消费者信息来源极大丰富的情况下,消费者随时会受到各方面因素的影响。我们常常会看到消费者生命周期环节发生跃迁的情况,比如根据熟人的推荐直接转化为购买、使用后不满意直接流失等。

在这种情况下,完整还原消费者的转化路径,发现驱动消费者转化的主要推动力，从而优化关键路径的客户体验，成为各个品牌的重要能力。

同时，品牌方需要对消费者之间存在的超级连接与影响力模式有深入洞察，亚马逊 CEO 杰夫·贝佐斯说过："在线下世界，如果一个客户不满意，他会告诉 6 个朋友。在互联网世界，他会告诉 6000 个人。"消费者之间的超级连接极大地提升了影响力模式的重要性，而个人的声音通过网络放大就会影响市场动态。当每个人都能随时与别人连接时，影响力模式的兴起就具备了成熟的条件。

快速发现并维系消费者关系网络中的关键节点（意见领袖），将消费者运营作为市场营销的一项非常重要的工作，也越来越被品牌方重视。

（3）消费力的变化

在消费力变化方面，我们看到几个非常有意思的趋势同时出现：

1）一二线城市的理性消费趋势。随着一二线城市被高房价绑架了消费潜力，同时随着生活节奏的加快，消费者个人的生活时间和空间被极大压榨，很多新一代消费者在反思过度消费的生活方式，开始出现趋于理性的消费观。断舍离、FIRE 运动这样的新型生活方式涌现就充分说明了这样的趋势。

理性消费不意味着消费降级，对于理性消费者来说，不必要的消费可以避免，但是其认定的必要的消费，往往对产品本身及其附加价值的要求反而更高，也愿意付出更多消费溢价。同时，理性消费者更具备判断力，偏好真诚的沟通方式，反感过度包装。这些都是品牌可以进行深入研究的点。

2）三四五线城市的消费升级趋势。另外一个变得越来越重要的消费市场是三四线城市。虽然平均收入比一二线城市低一些，但是由于生活成本也较低，因此，三四线城市的消费者可支配的收入反而更加充裕，从而出现新的消费力增长点。随着 90 后和 00 后成为消费主力，中国人传统的重储蓄、轻消费的观念在这一代人身上已经完全看不到了，这一代人会用未来的收入支撑今天的消费，一些电商平台的成功正是因为迅速抓住了这一趋势。

3）**消费多样化分级趋势**。在目前这个碎片化的社会中，随着消费者多样化需求的不断凸显，某些个性、颜值高、性价比低的小众产品或轻奢产品可能会获得更多市场。这也使得个性化品牌具备了更多的生存空间和发展机会。

以上对几个变化趋势的总结也许不能涵盖消费者的所有变化，但是我们可以得出一个基本事实：已经不可能再用一种通用方式去打动消费者；消费者彻底改变了，对于品牌来说，只有跟随变化而变化才能活下去。美国标普 500 指数中，公司的生命周期从以前的 65 年变为现在的 15 年，由此可以看出，美国最强的 500 家公司的更迭速度在加快，如果不能跟上消费者变化的脚步，就会被市场淘汰。这个变化在中国也正在发生，可能发生的速度还会更快。这就要求企业必须找出新的促进增长的手段。借用"互联网女皇"的话作为本节的结尾："**如果用户停止了增长，我们就必须通过数据创造增长。**"

扩展思考：

如果站在消费者的角度来分析他在一次典型的消费过程中的投入产出比，就会有一些有意思的洞察：对于消费者来说，投入的成本无非两个方面，即时间成本和金钱成本。根据马斯洛需求层次理论可知，消费者所得收益可能是多方面的，比如生理层面的、安全层面的、情感和归属层面的、尊重层面的、自我实现层面的。对于生理层面的，我们可以理解为绝大多数产品给消费者带来的价值（当然，内容类的产品带来的可能是更高层面的价值，这也是内容类产品可以产生更高溢价的原因）。品牌方需要做的，就是保证客户收益/投入达到最大化。

1.2 营销领域技术供给侧的变革

1.2.1 Adtech、Salestech、Martech 的概念及其应用范围

在讨论营销领域供给侧的技术变革之前，我们要先明确几个概念。

- **Adtech**（Advertising Technology，广告技术）：越来越多的互联网技术应用在广告领域，从而诞生了一个新的行业——广告技术行业。这一行业因程序化广告的兴起而被推向顶峰。DSP、SSP、AdExchange、DMP、Trading Desk 都是典型的 Adtech 的服务机构或平台。

- **Salestech**（Sales Technology，销售技术）：这是企业营销领域发展比较早的技术，常见的 CRM（Customer Relationship Management，客户关系管理）、ABM（Account based marketing，在 toB 服务商业客户的行业中，重点关注客户的财务贡献价值和目标大客户的营销管理。简单讲就是谁给企业财务贡献大就优先服务好谁）都属于这个范畴。Salestech 主要辅助销售部门聚焦核心目标客户，达成销售目标。

- **Martech**（Marketing Technology，营销技术）：是一系列服务于互联网营销、营销运营与优化的技术解决方案的总称。

这些技术解决方案包括但不限于获客相关的技术解决方案、潜客培育和转化解决方案、数据获取和打通（On-boarding）解决方案等。

与传统 Adtech 相比，Martech 的优势十分明显，它可以解决企业从集客、培育、转化、销售达成、二次传播到品牌推广整个生命周期中工作流程实施层面的问题，可大幅度提升各项转化率；打通企业的营销触点，采集并处理数据，针对不同触点提供相应的内容交互能力，允许企业对客户旅程进行个性化设计和自动化执行，通过实时的数据分析形成营销闭环。

对于 Adtech、Salestech、Martech 三者之间的关系，市场上有几种不同的理解。

Martech Today 认为：Martech 是营销和技术的融合。事实上，任何涉及数字营销的人都在处理 Martech，因为数字本质上是基于技术的。基于这个理解，Martech 涵盖的领域非常广泛，这从 Martech Today 每年发布的 Landscape 也可以看出来，Martech 涵盖了 Adtech 和 Salestech 的范畴（本书观点与此一致），其逻辑关系如下图所示。

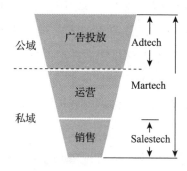

Adtech、Martech 和 Salestech 三者的关系

企业不同部门的从业人员和相关的技术厂商对这三个概念的划分往往有非常明晰的界线。我们知道，在传统企业内部，市场、运营和销售三种职责往往由不同的部门承担（当然，不同行业的实际情况会有所不同，会存在部分融合的情况），为了支撑这些部门的运作，在相应细分领域也有对应的 IT 技术服务公司为其提供服务，并且由于组织管理的壁垒，各个 IT 支撑系统之间很难交叉融合。在这些传统从业者看来，Martech 是基于原来的 CRM 技术发展而来的一类技术，用于处理已进入企业私域流量池的客户数据分析、客户沟通等一系列存量客户生命周期价值挖掘、私域流量运营及服务的工作。只不过随着技术的发展，进入企业私域流量池的客户范围会更加巨大，例如新的泛会员、圈层等客户概念的提出，社交、场景等新沟通手段的提出，都导致这个领域的创新有非常快速的发展。同时，由于前端广告流量进入了滞涨（价格上涨，效果不升反降）的新常态，导致运营受到的关注日益提高。很多国内品牌主采用的"鱼池理论"，即通过广告营销，将消费者引入私域（通常是社交平台）进行管理，通过精细化分析和持续沟通，带来客户的转化和忠诚。上述现象正是这种趋势的体现。在这种理解下，三种概念的逻辑关系如下图所示。

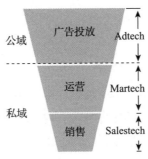

Adtech、Salestech、Martech 三者的关系（另一种理解）

我们认为，任何一种理解都有其产生的背景、适用的范围和合理性，但这都不妨碍我们理解三者背后的技术，并通过判断为我所用。对于一个新的领域，存在一定的争论和不同意见反而是有益的，如果大家的理解都整齐划一，那说明这个领域已经非常成熟了，没有什么大的发展前景了。而且，技术的融合一定是大势所趋，以某个阶段的思维限定技术的概念和发展也是不可取的。

注：所谓私域是相对于"公域"而言的，其强调用户流量（注意力）的所有权及控制权。私域流量是那些对品牌、产品、解决方案等已有一定印象和好感，甚至已成为其会员，并订阅相关内容的用户。可通过持续深度运营（例如，通过再次传递相应感兴趣的内容信息等）、转化漏斗及消费者生命周期销售管理的规律提升销售转化率。

1.2.2 Martech 技术栈

由于 Martech Today 对 Martech 技术的总结更加全面，因此，本小节对 Martech 技术的全景介绍将借助 Martech Today 总结的 Landscape 展开。

2011 年 Scott Brinker 发布了首版以西方市场为主的 Martech 市场布局图（Martech Landscape），其中包括网站管理、早期的广告技术，以及搜索营销和邮件营销等技术，当时上榜的公司仅有 150 家。其后，布局图保持了几乎每年更新一次的频率。

2019 年最新版的 Martech Landscape 仍然分为广告与促

销、内容与体验、社交和关系营销、商务和销售、数据、管理这 6 大门类，以及包括移动营销在内的 49 个子类别、7040 款产品/解决方案。可以说，Martech 的技术发展已逐步趋于稳定。

要进一步分析中国的营销技术的发展，就不得不提及中国经济发展的大背景。自改革开放以来，中国市场可以说一直是红利不断，经济发展带来了消费红利、流量红利等，这也导致市场一直以来对精细化营销的需求不是非常旺盛。其实这也可以理解，既然简单粗放的营销模式就可以带来非常不错的增长，为什么要花大力气搭建企业的数字化基础设施并进行迭代优化呢？

随着中国的商业逐步进入更加成熟的竞争状态，企业在商业上的比拼逐步转移到提供给消费者的附加值上。比如，同一类消费品，产品功能是近似的，此时怎么给消费者提供附加值就变成了营销人员要解决的核心问题，所以企业开始重视营销，同时意识到营销不仅仅是买广告，还有很多其他事情需要考虑。这意味着我国的营销技术进入了一个快速发展期。

1.2.3　从营销核心业务看 Martech 技术栈全貌

从营销业务角度来看，营销的核心是确定在什么场景下对谁讲什么，目的是促进交易转化。所以可将 Martech 栈按这些要素划分为几大环节：关键的数据大脑、灵活的多形式多渠道触达、个性化贴近用户需求的内容，以及确保业务开展的配套辅助环节（如管理类、生态辅助等）。

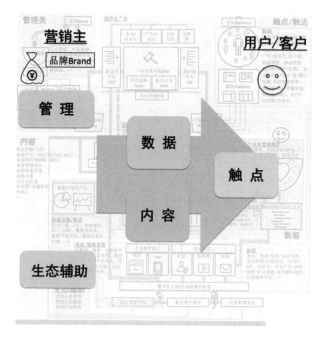

Martech 营销核心业务宏观视图

我们对上图进行放大,可得到下图。

1. 数据

数据功能模块包含精细化业务运营(基于数据分析洞察/自动化、客户关系管理维护)、数据的采集/集成、基础设施这几大部分。

精细化业务运营功能包含基于数据的分析洞察和自动化、客户关系管理维护。

基于数据的分析洞察和自动化功能主要包含市场和社交洞察、内容评估、营销和效果分析、广告监测和验证、媒体预算管理、数据分析平台、归因及效果分析、人工智能、线索管理、A/B 测试等。

第 1 章 从 Adtech 到 Martech

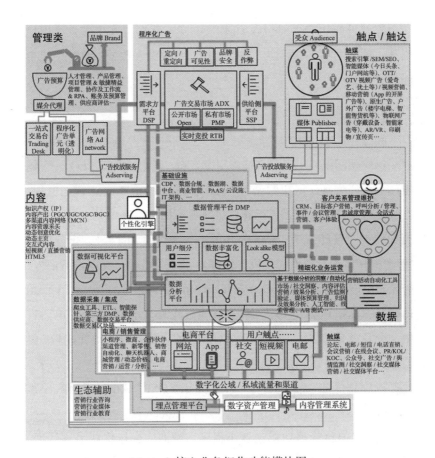

Martech 核心业务细化功能模块图

客户关系管理维护功能主要包含客户关系管理 CRM、目标客户营销（toB 服务商业客户行业）、呼叫中心（分析/管理）、事件和会议管理、忠诚度管理、会话式营销、客户体验等。

数据的采集和集成功能模块主要包含爬虫工具、ETL、智能探针、第三方 DMP、数据供应商、数据交易平台、数据交易区块链等。

基础设施功能主要包含 DMP、CDP、数据可视化平台、用户细分、数据丰富化、模型、数据合规、数据湖、数据中台、商业智能、云设施、IT 架构等。

2. 触点 / 触达

触点 / 触达功能模块包含触媒、程序化广告、电商 / 销售管理。

触媒功能模块主要包含搜索引擎营销 / 优化（SEM/SEO）、智能媒体（今日头条、门户网站等）、OTT（Over The Top）、智能电视、在线视频（Online TV）、视频广告（腾讯视频、爱奇艺、优土等）、视频营销、移动营销（App 的开屏广告等）、原生广告、户外广告（楼宇电梯广告、智能售货机广告等）、物联网广告（穿戴设备广告、智能家电广告等）、AR（Augmented Reality，增强现实）/VR（Virtual Reality，虚拟现实）、印刷物 / 宣传页、论坛、电邮 / 短信 / 电话直销、会议营销 / 在线会议、PR/KOL/KOC、公众号、社交广告 / 舆情监测 / 社交洞察 / 社交媒体营销 / 社交媒体平台等。

程序化广告功能包含 Trading Desk、DSP、ADX、PMP、Ad-serving、SSP、RTB 等，这部分主要是 Adtech 栈。

电商 / 销售管理功能包含小程序、微商、合作伙伴渠道管理、新零售、销售自动化、聊天机器人、商城管理、动态价格、电商营销 / 运营 / 分析等。

3. 内容

内容功能模块包含个性化引擎、数字资产管理、内容管理平台、知识产权（IP）/ 文化、内容产出（PGC/UGC/OGC/BGC）/ 多渠道内容网络（MCN）、内容资源采买、动态创意优化、动态主页、交互式内容、短视频 / 直播营销、HTML5 等。

4. 管理类

管理类功能模块包含人才管理、产品管理、项目管理和敏捷精益管理、协作及工作流、RPA（Robotic Process Automation（机器人流程自动化）、财务及预算管理、供应商评估等。

5. 生态辅助

生态辅助功能模块主要包含营销行业内相关的咨询、媒体、教育等技术平台及服务。

这些技术部件及其细节我们将在下一节，按从 Adtech 到 Martech 为主要线索逐一进行介绍。

1.3 从 Adtech 技术栈到 Martech 技术栈

从 Adtech 与 Martech 宏观视图的视角可将 Martech 技术栈划分为广告投放相关的 Adtech 技术栈、精细化运营和销售转化管理相关的技术栈、关键数据/基础三部分，如下图所示。下面我们将以这个视角为主线索对 Martech 的主要部件逐一展开介绍。

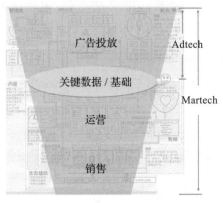

Adtech 到 Martech 宏观视图

1.3.1 Adtech 技术栈

如下图所示，首先对广告投放相关的 Adtech 栈（又称传统 Adtech 技术栈，即未融入 Martech 的传统 Adtech 技术栈）进行细化。营销主希望通过广告让受众在心中对品牌、产品或服务形成一定印象（广告可分为品牌广告和效果广告两种，品牌广告的目的以留下品牌印象为主，效果广告的目的以促销的形式促进用户购买为主），并在需求产生时进行购买。

广告需要通过一定的媒体对目标受众进行展示，而这些媒体通过自己的内容或服务获取用户的注意力，这些注意力即我们常说的流量。媒体在自己的内容页面开辟出一些位置供营销主们投放广告，通过售卖广告流量（受众注意力）赚取收益，并进一步通过追加投入，不断提升所提供的内容和服务的质量，从而提升用户体验，保证广告的效益。这是广告促进整个互联网商业模式良性成长，不断自由开放的重要基石。

当然，在整个广告流量的供给、采买上下游生态中也有很多中间商，营销主会对品牌营销广告不断投入，其中很多预算是交由媒介代理的。营销主通过一站式交易台（Trading Desk）、透明化程序化广告单元（Programmatic Buying Unit，PBU）等方式，对接各种媒体方及独立第三方的需求平台 DSP（Demand-Side Platform），对广告交易市场 ADX（Ad Exchange）中的公开交易（公开竞价）及私有交易（Private Marketplace，PMP）市场中的广告流量进行实时竞投（Real Time Bidding，RTB），并交由程序化广告投放服务 Adserving 统一管理媒体广告流量曝光机会，展示相关广告素材。

传统的广告网络（Ad Network，广告联盟）也是获取中小媒体流量的重要方式之一。媒体方通过供给侧平台 SSP（Supply-Side Platform）将流量接入广告交易市场并以竞价方式进行售卖。当然 DSP 及 Adserving 会根据业务需要进行定向（黑白名单、地域、时段等）或重定向（对特定人群包再次进行广告投放），并对广告流量进行反欺诈、反作弊、品牌安全、广告可见性验证、价值预估、竞投等技术操作。整个过程中大数据管理平台（Data Management Platform，DMP）是重要的数据指导大脑，而个性化引擎是为用户投放更贴近其需求的内容的关键。

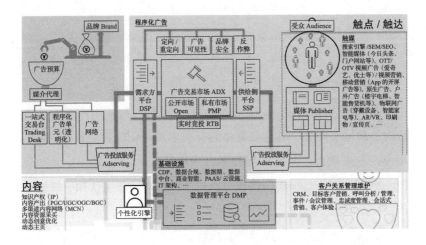

Adtech 部件细化视图

如下图所示，营销主的产品在进入市场时肯定是先进行品牌宣传，再通过效果广告拉动交易转化。在不同的市场阶段，针对客户对品牌/产品的不同认知，会采用不同的智慧营销策略和技巧。关于 Adtech 的更多内容可参考《程序化广告实战》一书。

以下仅就相关的主要概念进行简要说明。

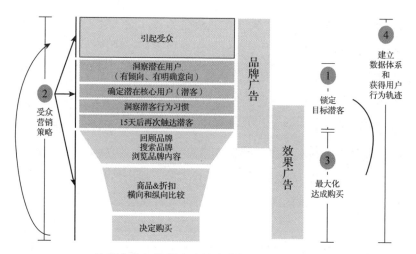

品牌广告与效果广告的大数据营销组合节奏

1. 品牌广告

品牌广告（Brand Advertising）的主要目的是让用户观看广告后对品牌留下印象，并在心智中对品牌形成可信度和美誉度（降低用户在未来选择产品及解决方案时的抉择成本），从而建立品牌资产。也就是说，品牌广告是让受众对品牌及产品产生认知、情感连接，甚至联想。

品牌广告的内容可以是产品内容，也可以是娱乐化的内容。有时我们会称营销主为品牌主 Brand、广告主 Advertiser、客户 Client（甲方 / 买方 / 出钱方）等。

2. 效果广告

效果广告（Performance Advertising，又称直接反应广告，即 Direct Response Advertising），主要以推动生意增长为导向，目的是推动观众产生即时反应动作，如点击广告、在网站上注册成为会员、留下销售线索甚至购买等。

通常情况下，广告主只在如下情况下付费：

- 按每次点击付费（Cost per Click，CPC）；
- 按每个线索留资付费（Cost per Lead，CPL）；
- 按每个产生的销售付费（Cost per Sale，CPS）。

效果广告的内容通常用于行动呼吁、促销或发布特别优惠。自动化和算法有助于推动产生最佳效果，是 Adtech 的典型应用之一。

3. 一站式交易台

一站式交易台（Trading Desk，TD）即程序化购买的一站式交易操作台，随着分工不断精细化及专业化，比如 SSP、Ad Network、ADX、DSP、DMP 等的出现，大大增加了程序化广告下单执行及监控数据的复杂度，广告主（或代理公司）希望能通过一个平台一站式操控程序化广告交易。

Trading Desk 一站管理

Trading Desk 就是基于广告主的这一需求出现的，其主要功能包括排期、下单、投放数据回收、报表展示等。除了这些，Trading Desk 还可利用技术合作伙伴提供的额外服务，如验证、创建和交付富媒体、动态创意优化、受众衡量等。

Trading Desk 依据使用方的不同可分为代理商、广告主内部、独立三种：

- 代理商 Trading Desk（Agency Trading Desk，ATD）：使用方为广告代理公司，专门为多个广告主提供服务。代理商通过得到广告主授权而全权代表广告主进行程序化广告购买和投放。
- 广告主内部使用的 Trading Desk：目前国内的一些大型广告主正在建立自己的 DMP + TD 来管理自己的广告投放。
- 独立 Trading Desk：主要为广告公司或广告主提供 TD 技术服务。

4. 透明化程序化购买单元

透明化程序化购买单元（Programmatic Business Unit，PBU）又称私人交易台（Private Trading Desk）或程序化购买单元（Programmatic Buying Unit），是代理商或品牌主内部主要负责管理特定媒体购买、优化和报告的团队。

随着行业分工越来精细化及专业化，需要大量技术、数据、业务、运营等方面的专家组成团队并嵌入现有的客户团队中，以应对程序化广告执行、技术问题解决、数据分析和运营中日益升级的、分散的难题。宏观上看，透明化是趋势，无任何竞争力及价值的中间商终将被淘汰。

5. 实时竞投

实时竞投（Real Time Bidding，RTB）是程序化广告的核心基础,也是程序化购买的关键。

如下图所示,RTB 的竞价过程类似于股票交易:卖方和买方都到一个市场中进行交易。广告流量卖方通过程序化的方式将广告流量接入广告交易平台(Ad Exchange,ADX)中,并设定底价。每当有用户浏览媒体的内容页,且其中有一个广告位需要展示广告时,卖方会将该广告的曝光机会通过广告交易平台向各程序化买家(Demand-Side Platform,DSP,即需求方平台)发起竞价请求,各程序化买家根据对该广告曝光机会的评估背对背出价。广告交易平台收到各个程序化买家的出价后,进行比价,找出出价最高的买家,将出价最高的买家的广告素材给到媒体并进行展示,同时将竞价成功的结果返回给胜出的程序化买家。整个过程都是通过程序化的方式在 100 毫秒内完成的。

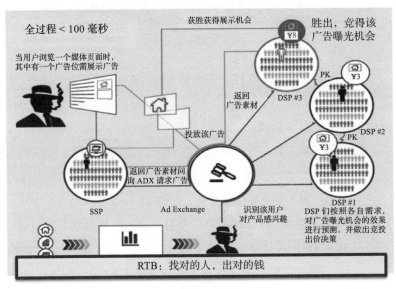

RTB 竞价过程示意

相关的常见概念有公开竞价（Open Auction）、公开交易市场（Open Exchange/Open Marketplace）等。

6. 需求方平台

需求方平台（Demand-Side Platform，DSP）是网络广告中程序化买方操作的软件平台，通过这个平台，买方可以根据自己的业务需求，精准地对目标人群的每一次广告机会进行实时竞投。

DSP是一个"程序化购买广告"的工具，广告主运用这个工具实现"精准"购买及广告投放，并持续优化后续效果。其中包括各种丰富的精准定向规则（黑白名单、地域、时段等），以及根据大数据及其算法对每次广告曝光机会的价值进行预估、出价和竞投的方法。持续闭环优化逻辑如下图所示。

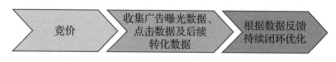

DSP闭环优化示意

目前市场中，常见的DSP主要有3类：独立（第三方）DSP、依附于流量方（媒体、广告交易平台、广告网络）的DSP、独有DMP数据和算法能力的DSP。

- 独立（第三方）的DSP：独立DSP因不拥有资源，故只能不断地向广告主证明"程序化购买"这个持续优化工具本身的效率。对于流量程序化购买，它们站在一个相对公立的立场。
- 依附于流量方（媒体、广告交易平台、广告网络）的DSP：这类DSP因其拥有流量资源，故在市场上有一定的竞争力。但在针对多种媒体流量资源做跨DSP联合频控时会比较难实现。越来越多的媒体流量方对外提供DSP平台，供广告主自主投放。

❏ 独有 DMP 数据和算法能力的 DSP：这类 DSP 在流量上相对公立，并具备独有的数据和算法能力，以为广告主创造价值为核心。

越来越多的 DSP（尤其是流量方的 DSP）开始对外开放接口（Marketing API），以方便 Trading Desk 或其他营销需求方的技术平台进行技术对接。可通过 API 方式自动化完成在该 DSP 上的下单、定向、投放、生成数据报告等操作。关于 DSP 的更多内容可参考《程序化广告实战》中的介绍。

7. 重定向

重定向（Re-targeting，又称访客找回），即对特定人群进行再次广告投放，有时又称再营销（Remarketing）。这是一种根据用户先前的数字体验或行为（例如，他们在品牌网站上的活动或之前接触过广告）重新吸引用户的策略。

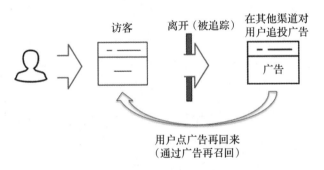

访客重定向召回示意

广告主希望能重新定向那些将商品加入购物车后又放弃的用户，通过一些特别的广告，诱使他们回来购买。比如，对要重新定向的人群投放视频贴片广告、展示广告、信息流广告等，最好能进行多种形式的组合并按一定顺序展示,形成故事。这些是国际上较为典型的应用模式。很多时候,对于大多数产品,尤其是一些快消品,重定向广告的访客找回效果特别好。因为用户一旦对某产品或服务形成了使用习惯,就不会频繁更换,所以广告主常常会通过各种手段来收集访客的各种维度的数据,以提升既有产品访客的广告转化效果。

常见的访客数据维度包括:

❑ **访客的行为**:包括浏览商品、加入购物车、下单、付款、评价、分享等,一般将访客分为全站访客、单品访客。对于全站访客,应重点关注访问深度、订单金额等。

❑ **广告曝光相关的用户互动行为**:包括曝光、点击、后续访问官网、站内多跳、转化等。

❑ **行为的时间特征**:第一次、总次数、最近一次、找回周期(一般为 15 天内,这个周期是可以调节的)、频次、停留时间等。

还有一种很有意思的找回模式是针对"沉睡用户"的。所谓沉睡用户是指因某次推广活动而使用了产品或安装了 App,之后很长时间(如 1 年)未打开过 App 或未使用过产品的用户。这些用户之前能使用 App 或产品,说明已对 App 或产品有了一定的认知,对这些用户做再营销,能再次唤起其好奇心,进而促成转化。

按访客人群类型进行重定向投放时,Look-alike(相似用户)扩量投放也是一种常见的方式。这种方式主要是为了扩大潜在用户及增加投放量:根据种子用户的网络行为,对占比较大的那些类似的行为特征进行聚类分析,然后在更大范围内寻找那些具有相似网络行为特征的用户,圈出这些人并进行广告投放。

以经典的尿布和啤酒的故事为例：我们发现经常买尿布的客户中，同时购买啤酒的比例高于购买其他商品，故可将购买啤酒和尿布的客户作为相似群体，尝试对那些浏览啤酒页面的用户投放一些尿布的促销广告。

8. 广告交易平台

广告交易平台（ADX）是衔接流量卖方、买方，使程序化广告交易得以进行的重要交易场所。如果没有广告交易平台，则无法进行程序化广告交易，可见广告交易平台在程序化广告中的特殊地位。很多时候，广告交易平台起到了标准化和润滑剂的作用：连接卖方及买方，充分撮合买卖双方需求，减少信息不对称。

从商业模式及行业规范的角度来看，RTB 用一套标准化的流程和方法来撮合程序化广告交易各方的需求。如下图所示，ADX 起到了对交易"五要素"（交易方、交易物、交易方式、交易价格、交易数量）进行标准化的巨大作用。

ADX 交易"五要素"

RTB完全以市场化自由竞争的方式来满足各方的需求，盘活剩余的广告库存（Inventroy），提升数字营销的效率和效果，达成多方共赢。

媒体方在流量接入时可设定相应的媒体属性（媒体所属分类等信息）、广告位属性（尺寸、可投物料规格）、价格诉求（底价、交易方式等）、广告主行业渠道的诉求（允许或禁止投放不同行业渠道等）、禁投某些广告主及某些业务保护设置等，目的是将媒体方的需求标准化。

程序化买方DSP在系统中可设定广告主属性、创意物料、用户体验目标、针对不同ADX的优先媒介策略、不同交易模式（如公开竞价、私有交易市场等）、计价方式（如CPM、CPC等）、出价的高低、需求量等，目的是将广告主的需求标准化。

在双方需求都充分表达并标准化的基础上，可由ADX通过公平竞价机制，将整个交易过程标准化、货币化、数字化。

9. 私有交易市场

私有交易市场（Private Marketplace，PMP）代表私有程序化流量交易相关模式。大型的营销主既要通过技术及大数据手段智能化地挑选流量，以高效触达用户，提升媒介效率；同时还要保证流量的质量。越来越多聪明的营销主直接找流量方通过PMP（私有程序化PDB、优先交易PD、PA等）模式私有化一定规模的流量，然后通过程序化方式进行广告投放，如下图所示。

这是一种较高级的、被越来越多营销主采用的模式。私有交易市场是一种促进跨媒体或特定媒体组实现自动化购买的手段。交易是在实时拍卖环境中进行的，但交易Deal条款是由买卖双方预先协商好的（如价格、库存类型、受众等）。这使得广告主和媒介代理能够根据他们的需求设计一个私有交易市场。同样，媒体也可以选择接受哪些广告主的广告投放。

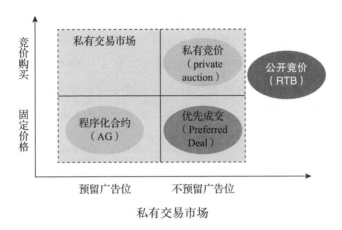

私有交易市场

PDB、PD、PA 部分介绍：

PDB（Programmatic Direct Buy）即程序化直接购买模式。大的品牌主更注重品牌形象，对流量媒体环境有一定要求，所以他们往往会包断黄金流量进行程序化模式投放。这种模式是传统排期采买模式通过最简单的程序化升级得到的，但两者的采买流程和环节基本一样。PDB 模式与传统排期采买模式在商务流程及利益链条方面并没有触碰，PDB 模式仅在品牌主包断的黄金流量方面运用了程序化广告的手段进行管理，在一定的限制条件下做到了在合适的时间、合适的场景中对合适的人展示合适的广告。PDB 模式也是业内俗称的保价保量采买模式。

PD（Preferred Deal）即优先交易模式，在该模式下买方可无限制地根据大数据得出的判断任意挑选流量。这种模式也不存在竞价环节，且买方和卖方是一对一的。只是卖方的库存是没有保障的，而价格也是事前线下约定好的，买方也不承诺消耗量。业内俗称这种模式为保价不保量采买模式。

PA（Private Auction）即私有竞价模式，在国内不多见。流量卖方希望相对好一些的流量能卖个好价钱，同时希望好一些的广告主来投放。故一些符合条件的优质广告主会组成一个"VIP竞价俱乐部"，同台竞争一些较为优质的流量资源。这种模式会存在竞价，买方有多个，且只有"VIP俱乐部"成员才有权利参与竞价。业内俗称这种模式为不保价不保量采买模式。

10. Adserving

Adserving，纯从字面理解即广告伺服（国外较常见的一种定义），是一种第三方广告素材代码服务。使用这种第三方广告素材代码服务可调取数字广告物料，并在获得请求的时候将广告展现在广告位上。通过Adserving还可以收集一些例如"广告可见性""品牌安全"等需要在广告展示页面中通过代码收集的数据；可以在不更换素材代码的情况下，在服务端更换素材；还可以在广告展示的时候，根据品牌安全及频次约束来动态更换素材。

Adserving一般既不是由广告主自己提供的，也不是由媒体提供的（尽管有些媒体确实也提供相关服务，传统广告投放时Adserving就是由媒体完成的），而更多由第三方服务机构提供的。但是，现在也有广告主希望建立第一方私有化的Adserving平台。Adserving是智能化广告投放的重要基础设施。

在国内，Adserving常被视为程序化广告投放服务（系统）的代名词。如下图所示，传统媒介投放可升级为Adserving。通过Adserving可管理广告主所有媒体广告的投放（PDB、PMP及公开

第 1 章 从 Adtech 到 Martech

交易等多交易模式及多形式组合)。所有媒体广告流量通过统一的管理平台按广告主千人千面的投放策略智能分发到每个用户,从而实现在合适的时间、合适的场景对合适的人传递合适的广告信息的目标。抢占用户心智,使用户在萌发需求的第一时间就想起广告主的产品及解决方案,由此促进购买转化。

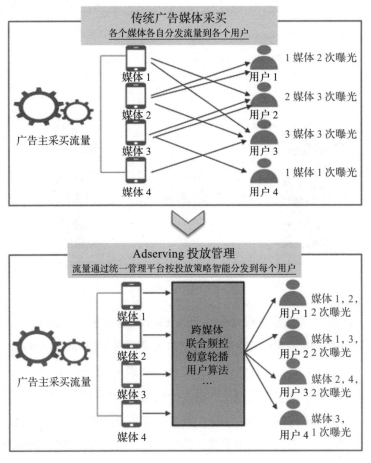

传统媒介投放升级为 Adserving

Adserving可统一实时管理广告主的流量,并做到跨媒体的联合频控、对用户投放的广告按故事线顺序进行创意轮播,也可根据大数据的指导,针对用户所处转化周期的不同阶段通过算法进行更有针对性的广告沟通。

11. 广告网络

广告网络(Advertising Network,Ad Network)即在线广告联盟。在广告业内,这是一个流传较为广泛的概念,是一种连接想出售广告的众多媒体与想在众多媒体上刊登广告的广告主的平台,如下图所示。

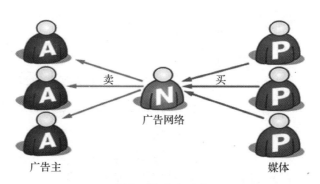

广告网络中介示意

广告网络从多个媒体和广告交易所收集数字广告流量,并打包出售给品牌主和代理公司。通常的售卖模式有:按目标受众类型(如18~35岁女性)打包售卖、按媒体类别(如体育网站)资源包售卖、以连续网站资源包形式售卖、按跨广告网络资源包售卖等。

在数字广告的早期,由于允许媒体在数百个网站上获取流量库存,所以广告网络模式更主流。但由于这种方式缺乏透明度,因此存在很大挑战。大多数机构和品牌现在都不采用广告网络,因为他们可以通过授权 DSP 平台的方式接入广告交易所来获取媒体流量的库存池。

随着用户时间的碎片化及互联网上内容和服务的分化越来越严重，让市场上大量垂直类的小微媒体获得生存空间，所以还会有少部分广告网络的流量采买模式继续存在。

12. 供给侧平台

供给测平台（Supply-Side Platform，SSP）主要指的是给流量卖方使用（接入）的平台，是流量卖方用来接入媒体广告流量并自动销售的软件系统。SSP 系统常见的功能如下图所示。

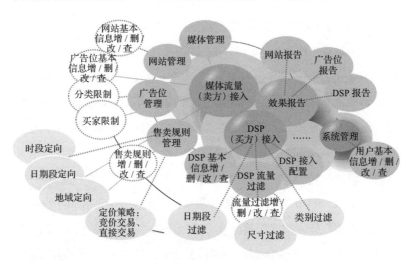

SSP 系统常见功能

SSP 将媒体流量方的广告流量库存接入广告交易平台 ADX，以供需求方平台（DSP）竞价投放。使用 SSP 来管理媒体流量方的收益率，并帮助其接触到潜在的买家。SSP 的目标是为流量发布者获得最高价格。流量发布者在系统中设置的价格是其愿意接受的最低价格，这不同于 DSP，DSP 专注于为广告商争取尽可能低的价格，DSP 系统中设置的出价是买方愿意接受的最高出价。

常见的卖方类型包括：

❑ 自己手握流量的单一媒体，典型代表如传统门户网站、大的垂直媒体、视频类媒体等。

❑ 中小流量的聚合方，典型代表如百度联盟、谷歌联盟等。

流量卖方是程序化广告生态中十分重要的一方。随着时间的发展，交易模式的创新始终需要围绕可供售卖的资源及类型展开，卖方的诉求对程序化广告交易中的售卖模式有决定性影响。

13. 广告反欺诈 / 反作弊

广告欺诈 / 作弊（Ad Fraud）是指通过模仿用户来虚假完成对广告的曝光、点击或其他行为，并向广告主收取相应费用，从而产生虚增收入的一种流量作弊甚至犯罪的行为。广告欺诈有许多类型，比如点击模拟、广告堆叠、通过复杂的网络人为刷量等。使用反作弊（anti-fraud）技术可减少欺诈并确保每一笔广告费都具有相应的价值。

因作弊 / 欺诈产生的广告流量常被称为无效流量（Invalid Traffic，IVT），其又可分为常规无效流量（General Invalid Traffic，GIVT）和复杂无效流量（Sophisticated Invalid Traffic，SIVT），如下图所示。

（1）GIVT

GIVT 是指通过使用名单或者其他标准化参数、定义、预设规则可检出的无效流量。GIVT 的主要类别包括：

❑ 非浏览器 User-Agent 或其他形式的未知浏览器带来的流量。

❑ 来自声明的机器人爬虫的流量。

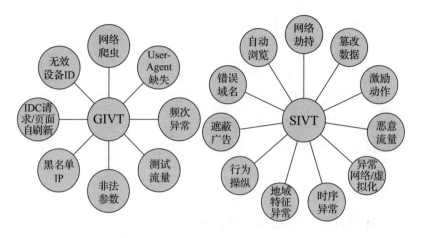

常见 GIVT 及 SIVT

- 超出投放项目维度的参数设定的访问频度、访问时间间隔等的流量。
- 已知的来自 IDC、执行了预加载且没有指定加载后触发时间的流量。
- 媒体方发起的对广告主提供的链接定期进行检测产生的流量。
- 来自已知的高危作弊来源的流量,可依据预设列表判断。
- 带有非法参数及字符的流量,其中非法参数包括通过伪造等非正常手段生成的唯一标识等关键参数。
- 基本信息缺失或信息矛盾的流量(例如缺失 User-Agent 信息)。

(2) SIVT

SIVT 是指需要通过高级分析、多方合作或配合,甚至需要人工介入等,同时结合广告投放活动以外更大范围的数据信号才可能分析和辨识的无效流量。SIVT 的主要类别有：

- 高度模拟真人访客的机器人和爬虫产生的流量。
- 广告插件、恶意软件产生的流量。
- 被劫持的设备产生的流量。
- 虚拟化设备产生的流量。
- 被劫持的广告代码产生的流量。
- 广告伺服时故意隐藏、叠加、掩盖、自动刷新或使过程模糊的流量。
- 通过作弊代理服务器产生的流量。
- 以金钱补偿为动机通过操纵测量数据产生的流量。
- 通过篡改或重复使用窃取的 Cookie 或设备 ID 信息产生的流量。

14. 品牌安全

品牌安全（Brand Safety）是一种广告验证技术，这也是广告主（尤其是国际大品牌的客户）重点关注的技术。广告主比较在意广告传播的美誉度，不希望广告被展示在与产品服务及品牌形象相悖的媒体环境中（从广义角度讲，广告可见性也可作为品牌安全的评估指标），因为这会对广告主的品牌产生伤害。

例如，航空公司的品牌广告就不能展示在介绍空难的页面中，食品广告应避免投在介绍食品安全的广告位中。品牌安全的技术解决方案需确保广告主的创意不会出现在令人反感或任何可能对品牌产生负面影响的内容旁边。同时，品牌安全也适用于存在立法限制的情况，例如快餐品牌不能向儿童做广告，酒类品牌不能向未成年人做广告。虽然大多数 DSP 都有内置的排除策略，但广告主和代理商依然需要定制品牌安全阈值并使用适当的技术来防止失败。

很多国际大品牌客户都开始关注品牌安全相关的产品，这类产品一般称为广告验证服务或平台。这类产品按其在广告投放中被运用的阶段会分为两大类：

（1）广告投放后的验证报告

这种验证报告在传统媒体采买的模式下也可以出具，不一定非要在 RTB 的模式下。不过，因为 RTB 中的长尾流量更多，所以国际大品牌客户会重点关注此类报告。但是，投放后再出报告，就有些"事后诸葛亮"了，因为已经花出去的广告预算是无法收回的，所以品牌主更希望能在广告投放环节中运用品牌安全服务。

（2）广告投放环节的品牌安全服务

行业上下游都在尝试如何在广告投放环节加入品牌安全服务。

- Bid 前（Pre-Bid）：DSP 收到广告竞价邀约后，最常见的是出价之前，DSP 先询问该次广告竞价请求的曝光机会对该广告主的品牌是否安全。若广告环境验证服务返回的结果是不安全，则 DSP 放弃竞价，若返回的结果是安全，DSP 会结合其他算法评估该广告曝光机会的价值并出价。若竞价胜出，则广告将被展示。从广告环境验证服务询问到返回结果的过程，必须在 20~30 毫秒完成，否则整个竞价环节无法在 100 毫秒内完成。这样就对广告环境验证服务提出了很高的要求。一般都会在 DSP 方的机房部署一台前置服务器来提供服务，以降低中间的网络损耗。这种模式的好处是为广告主节省预算，但会增加广告环境验证服务的成本，也会增加 DSP 方在竞价前的等待时间，因等待造成的竞价失败率也会增加。

- Bid 后（Post-Bid）：由于成本等原因，不可能在所有的 DSP 端都部署前置服务器，因此可采用另一种极像 AdServing 代码的模式，即在竞价之前不参与广告环境验证服务，而是在 DSP 竞价成功之后参与。回吐的素材是广告环境验证服务的 AdServing 代码（很像前面介绍的可见性数据收集的代码模式，目前仅少量 ADX 平台中的部分媒体兼容）。该代码在展示广告时，会分析广告曝光机会与广告主品牌是否匹配、是否存在品牌安全问题。如果没问题，则正常展示广告；若有问题，则展示一个同该广告主品牌无关的公益广告。其实，这在某种程度上并没能节省广告预算，只是减少了负面影响。

15. 广告可见性验证

根据 MRC（Media Rating Council）的定义，展示类广告需要至少有 50% 的像素面积在屏幕上展示 1 秒以上，才能够被视为"可见"的广告展示。

- **对 PC 展示类广告**：可视区域内展现至少 50% 像素，展现至少 1 秒。
- **对 PC 视频类广告**：可视区域内展现至少 50% 像素，展现至少 2 秒。
- **对较大的 PC 展示类广告**：可视区域内展现至少 30% 像素，展现至少 1 秒。

其他媒体自定义的非常规标准的广告单元，由于目前计量标准和技术正在发展，仍不可测量。移动端 App 广告目前还是一大难题。

下图所示为 IAB 披露的与广告可见相关的宏观数据：50% 以上的广告展示属于不可见的（背后对应的广告费金额相当大）。

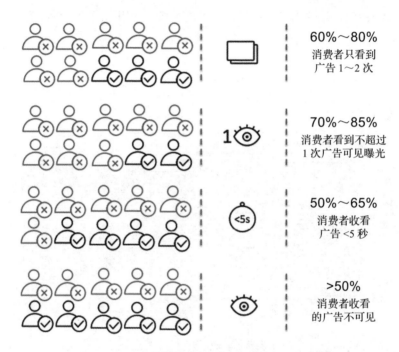

IAB 披露的广告可见相关数据

因此，在广告主提供广告之前，没有办法知道广告是否可以被观看，100% 的可观看率是不可能实现的。一些供应商支持广告主只为可见性广告付费。可见性是可以被优化的，通过对广告位的位置、大小、内容特性和创意质量等进行调整，再配合定向优化筛选优质流量的手段，可优化广告可见性。

1.3.2 运营/销售相关 Martech 技术栈

下面将介绍与精细化运营和销售转化管理相关的 Martech 技术栈。

如下图所示，CRM 是 Martech 的核心，因其可有效促进老客复购转化，且转化成本较低，所以成为精细化用户运营和提高商业收益的关键。

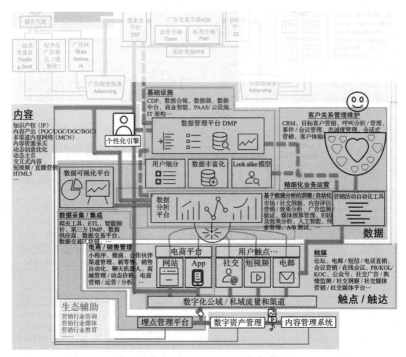

运营/销售相关 Martech 细化部件视图

要不断提升客户的体验和满意度，就要不断通过各种触点（社交、短视频、电邮、公众号等）与客户沟通和互动，为其推荐与其个性需求最匹配的内容或促销信息，这就需要一套营销活动可自动化完成的系统来统一管理。

要拉动客户访问电商平台或线下店面、关注新产品并产生消费，就需要不断通过数据分析找到能吸引客户消费的兴趣点，不断细分人群及扩展相似人群，通过数据可视化平台来呈现结果，并通过内容管理平台及个性化引擎对不同人群推送个性化的内容。

一个十分重要的收集和追踪用户行为数据的手段是在客户消费行为路径上及其他数字化触点上埋点。这是用户行为追踪埋点管理系统（Tag Management System）的主要功能。

通过用户行为数据不仅可以对不同的渠道效果做归因分析，还能有效分析不同营销活动的效果以及典型消费者的转化路径特征。在这个过程中数据是十分重要的资产，所以需要将这些数据管理起来。很多时候，仅靠广告主第一方的数据可能会缺失一些维度，这就需要通过联合第二方及第三方的数据不断对维度进行补充。这些数据可通过数据管理平台（Data Management Platform，DMP）进行管理，但很多时候广告主会将客户数据存放在客户数据平台（Customer Data Platform，CDP）中。

以下是运营、销售相关技术栈涉及的主要概念。

1. 客户关系管理系统

客户关系管理是 Gartner 在 1999 年提出的，是一个以客户为中心，以获取客户、留存客户、提升客户价值为目标，以管理和技术为手段的综合解决方案，其核心价值是提升企业销售业绩、降低销售成本。

CRM 是企业与客户建立联系后构建的客户信息存储库。CRM 平台在 B2B 场景中比在 B2C 场景中更常见。

CRM 常见的功能模块如下图所示。

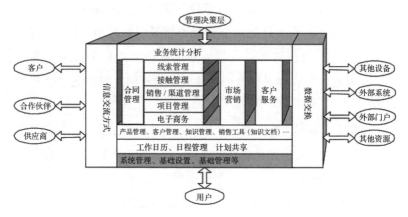

CRM 系统常见功能模块

CRM 使企业能够在整个客户生命周期中跟踪、管理客户，并分析相关数据。各种数据都可输入 CRM 平台，包括来自公司网站参与度的数据、实时聊天数据和注册数据等。随着业务变化，CRM 已经从面向销售的单一产品成长为一个涵盖多个子功能域的庞大的商业系统。几乎所有与客户相关的能力都可以归属到 CRM 范畴，如呼叫中心（分析/管理）、事件管理、会议管理、忠诚度管理、会话式营销、客户体验优化等。大体来说，CRM 的子功能域包括营销、销售、客户服务、电子商务，分别对应企业与客户交互时涉及的不同部门。营销部门负责获客、留存、价值提升；销售和电子商务部门负责交易转化；客户服务部门负责交易后的服务支撑。营销、销售、客户服务、电子商务这四个子功能也贯穿了客户和企业的大部分交互环节。CRM 的核心还是以客户为中心，提升客户价值及客户体验，促进交易转化。

2. 客户生命周期管理

我们常说的客户生命周期（又称客户转化周期、客户转化路径、客户旅程、客户转化漏斗等）包括如下过程：

1）客户首次接触企业品牌，并逐步深入认识企业的品牌、产品和服务；

2）客户进一步熟悉企业的各种解决方案能带来的价值和体验，甚至有哪些优惠政策；

3）积极评估和考虑后，产生购买，使用体验优良，最终成为忠实粉丝；

4）持续复购，并不断通过社交关系传播品牌口碑。

经典客户购买漏斗框架的大体流程如下图所示。

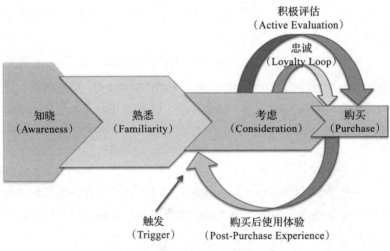

经典客户购买转化漏斗框架示意

对整个转化周期及路径的特征进行分析和发掘，可找出具有类似特征的不同潜在客户群体，通过在合适的触点补足缺失的体验，可促进其成为客户进而增加交易转化、拉动企业增长。

客户生命周期的划分有多种，常见的有：
- 快消品类：知晓、熟悉、考虑、购买、忠诚、复购。
- App 会员类：潜在、新注册、留存、付费、沉睡、流失。
- 电商类：潜在、活跃、沉默、休眠、流失、消亡。
- 内容运营类：潜客、新客、常客、粉丝。
- 电信运营商类：获取、提升、成熟、衰退、离网。

企业需依据自身的产品及业务，以及客户所处的不同阶段，定义出适合自己的客户生命周期和客户旅程细节模型，这是客户运营及营销过程中非常重要的一步。然后才能根据各用户触点收集回来的数据，对不同价值的客户进行分层，以完成精细化运营。如通过分析，过滤出有效的高意向销售线索、高价值客户、低投入高产出客户等，再进行持续跟进，往客户生命周期中的交易转化阶段拉动。

常见的客户精细化运营分析模型有 RFM（最近一次消费 Recency，消费频次 Frequency，消费金额 Monetary）、留存曲线、分组分析（Cohort Analysis）、线索评估、风控等几种，本书后续章节会展开介绍。

3. 客户体验优化

客户体验（Customer Experience，CX）指消费者整个生命周期中与企业品牌触点的所有的互动中所获得的感受和体验。品牌触点包括线下和线上两种，线下触点如店内促销，线上触点如品牌的移动应用程序。

客户体验需考虑网站、移动应用程序、电子商务平台等交付的内容、设计和可用性。好的客户体验不仅能帮助品牌满足客户的需求和期望，而且能超越客户的期望。

下图所示为客户体验优化的主要策略活动及成熟度层级。随着客户运营策略从初始、辐射、标准化、优化、培养、互动激励到成为终身忠诚客户，客户价值不断升级，同时客户体验的成熟度也会越来越高。

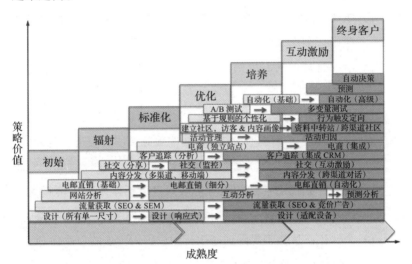

客户体验优化主要策略活动及成熟度

优化策略活动主要包括：

- 设计：从简单的单一尺寸到响应式设计，再到适配所有终端及平台，不断升级用户视觉体验。
- 流量获取：由被动 SEO 和 SEM 到主动出击，竞价广告可获取更多潜客。
- 用户行为分析：从简单的网站分析到互动分析，再到预测分析，行为分析方法不断升级。
- 直销：越来越细分化、自动化。
- 内容分发：从多渠道、移动端到跨渠道与客户互动，从而实现拟人化。

- 社交：从简单分享到量化监控，再到互动激励。
- 客户追踪：从简单埋点分析到统一用户触点 CRM 集成自动化管理。
- 电商：从独立站点到集成在各大平台及内容中的小程序、微商等，客户只要有需求，都可随时被满足。
- 活动管理：推广促销活动越来越可量化，能做不同渠道或因子的归因分析，支撑闭环调整，持续优化客户满意度。
- 会员社区：建立会员社区，不仅能对访客及不同层级用户进行画像，还能进一步打通其他服务模块、渠道平台社区，全触点服务客户。例如，在物流和售后模块针对客户不同的爱好提供个性化的服务：针对高生活水平的人群提供高品质服务，针对工薪阶层提供高性价比的服务。
- 个性化：从基于规则到基于行为，达到更强的个性化。
- 测试优化：从常用的简单的 A/B 测试到能适应复杂业务场景的多变量测试。
- 自动化：从简单任务到高级机器人，再到支持预测、自动决策的人工智能技术的接入，想客户之所想，予客户之所需。

客户和用户的区别

我们常说的客户（顾客或消费者，Customer）与用户（受众，User）有什么区别呢？

用户不一定是客户，所有与企业触点有过互动的人都是用户，企业触点包括企业的广告、业务咨询、网站、App、公众号、企业提供的产品（或服务）等。什么是客户呢？就是同企业已产生交易，享受了企业提供的产品或服务的用户,又称顾客或消费者。潜在客户是指那些在未来可能与企业发生交易转化的用户,简称潜客。

4. 用户体验优化

用户体验(User Experience,UX)就是那些还未成为企业客户的用户在与企业品牌的各种触点交互时获得的体验和感受。这些用户有可能在未来成为客户,也就是常说的潜在客户。

当然,还有一类用户始终无法成为客户,但这些用户对品牌的口碑传播会有所帮助,好的用户体验可以显著提高他们的整体满意度、忠诚度和品牌认知。

影响用户体验的因素有很多,如页面加载时间、页面导航情况、用户所需信息的易寻找性等。这些因素都可通过运用 Martech 数据及技术手段不断进行优化。

5. 营销自动化

营销自动化(Marketing Automation)是 Martech 中的典型概念之一。营销自动化包括许多平台,这些平台可帮助企业通过一套营销活动自动化系统来统一管理与客户在各种触点(社交、短视频、电邮、公众号、官网、App、电商平台等)的沟通,并提高效率。

营销自动化是一套基于大数据的,用于执行、管理和自动完成营销任务和流程的软件工具。它改变了重复性的人工操作流程,取而代之的是根据不同目的建立的,用以提升效率及性能的应用软件,如工作流软件(运用 Workflow 工作流软件,在不同的前提条件被满足时,通过提醒或报警推动相关人员去完成不同工作任务)、RPA(Robotic Process Automation,机器人流程自动化,即用机器人自动化的方式来替代人工操作）、聊天机器人等。

如下图所示，营销自动化贯穿营销活动的各个重要环节（网站分析、销售线索捕获、销售线索打分、智能列表管理、线索培育、电邮直销、CRM 集成等），并通过触发器、智能列表、过滤器、线索跨业务模块流转等技术手段，自动化推进"产生销售线索→培育线索→识别高质量线索→评估推进活动→执行推进活动→优化用户体验→产生交易"的全过程，如下图所示。

营销自动化主要环节

下面举一个电商领域的客户持续自动化营销的例子：

1）客户购买商品当天：应安排自动化任务，如催付、发货通知、评价有礼、打包礼品、晒单奖励等。随着人工智能技术的发展，这些任务很多都被机器及软件完成了，例如自动语音电话、自动短信/消息、出库/物流自动化等）。

2）购物 7 天后：应安排 2~3 次的维系类活动，如上新通知、店铺活动、爆款打造、关联推荐等。同样，很多任务可直接由系统自动完成，无须人参与。

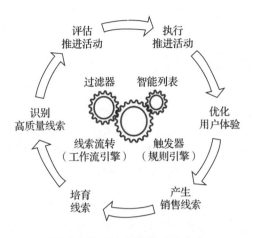

自动化推进线索转化过程示意

3）45天左右：应安排3～4次的营销类活动，如会员升级刺激、45天回购刺激、会员特权提醒等。

4）90天左右：

- 应安排1～2次维系类活动：节日关怀、会员活动、降级预警、90天回购刺激等。
- 应安排2～3次营销类活动：上新通知、爆款打造、事件营销、定向推荐等。

5）90天～140天（睡眠期）：

- 店铺活动、爆款打造、促销活动、事件营销等。
- 1～2次维系类活动：节日关怀、特权提醒、降级预警、140天回购刺激等。

6）140天（睡眠期）～365天：

- 应安排0～1次维系类活动：节日关怀、会员特权提醒等。
- 应安排1～2次营销类活动：爆款打造、促销活动等。

7) 365天以后（消亡期）：应安排1~2次营销类活动，如促销活动、事件营销等。

由上可以发现，有很多重复性的工作，这些工作可直接由系统自动完成，这会减少大量人力成本。

6. 直销

电邮直销（Email Direct Marketing，EDM）是直销的一种典型方式，是指企业通过向目标客户发送邮件，建立同目标用户的沟通渠道，向其直接传达相关信息，用来促进销售的一种营销手段。电邮直销对于企业的价值主要体现在三个方面：开拓新客户、维护老客户和品牌建设。注意，最好是在用户许可的前提下，通过电子邮件的方式向目标用户传递有价值的信息，否则会对用户产生骚扰，让用户觉得企业侵犯了自己的隐私，进而对品牌造成负面影响。

EDM有多种用途，可以发送电子广告、产品信息、销售信息、市场调查、市场推广活动信息等。其优势是无时空限制，非强迫，可产生交互反馈，具有很强的针对性。操作步骤是：首先需通过各种途径获取目标受众的邮箱；然后制作以用户为中心的个性化邮件内容；接着选择合适的发送时间段；最后持续进行统计分析并持续优化。

如下图所示，在实际操作中，只要用户事先许可，直销通道不仅包括电邮直销，还可包括短信直销、公众号直销、社交平台订阅号直销、会员系统直销、广告直销、上门直销、优惠券直投、电话直销、印刷页邮递等。

直销的主要形式

7. 电商营销

营销活动最终都是以促进销售增长为目标的，所以电商营销、电商平台成为销售管理（销售自动化）十分重要的载体。客户在电商平台的网站或移动 App 中完成在线购买，电商平台可在关键购买行为中提取有价值的客户数据及特征，并将这些输入到网站分析平台或数据管理平台等系统，利用商城管理、动态价格、电商营销、电商运营、电商分析等手段，结合小程序、微商、聊天机器人、新零售等更为丰富的形式，使品牌能够定制未来与客户的沟通方式，使其更加个性化，以提高客户的忠诚度和复购率。如下图所示，电商平台从前到后包含非常多的模块。

8. 用户行为分析及运营

随着商业竞争的加剧，以用户为中心，精细化分析及运营用户行为是提升用户体验、促进业绩增长的关键，也是 Martech 中十分重要的版块。

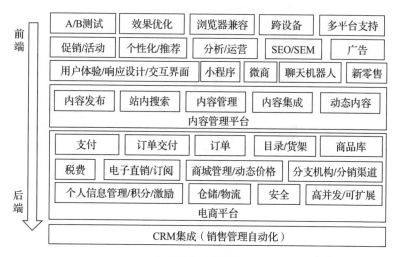

电商平台主要模块

用户行为分析及运营主要是对品牌第一方的数据进行分析，从而了解数字营销活动的效果，以及受众参与互动活动的方式和特点。

网站分析工具可提供诸如网页访问者总数、特定网页效果数据和电商数据等信息。移动端分析工具可实现功能的交互、导航和商业化收入的统计等功能。这两个领域都包括大量的工具和指标，它们提供了总体受众和客户参与度的详细情况。

9. 预测分析

预测分析（Predictive Analytics）指的是一套通过对营销相关数据进行高级分析来预测用户接下来最可能会做什么的工具。品牌应用预测分析来获得对受众更为深入的洞察，并为其定制未来的沟通方式。

由下图可见，越往后分析价值越高，技术难度也越大。从简单的获取信息到不断加工优化，预测分析大体经过如下环节：

1）对事实数据进行采集。

2）清洗数据、统计分析，事后对事实进行描述性分析：已发生什么？

3）诊断性分析：为什么会发生这些？

4）预测分析：将发生什么？

5）预定条件分析：我们做什么能促使它的发生？

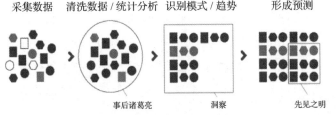

预测分析过程

一些历史数据（如工资收入、付款记录和浏览行为）可以帮助确定某人是否可能成为客户。品牌还可使用预测工具来帮助开发新产品、优化电商平台和制定数字营销推广计划。投资建设能预测用户行为的系统已被诸多企业通过实践证明其有效，能助力企业通过不断微调产品和服务来提高业绩。

10. 内容管理平台

内容管理平台（Content Management Platform，CMP）又称内容管理系统（Content Management System，CMS），是以"提高使用效率，

关注用户体验"为指导思想构建的、企业级的、能快速制作内容、管理内容、优化体验、分析洞察及对外部用户进行信息分发的平台。

从下图所示的主要流程可见，CMP主要用于获取、创建、存储、管理和对外发布内容（支持印刷品、PC、手机、平板等各种媒介渠道的内容形式）的相关数字资产。CMP可管理内、外部不同用户，访问已审核过的内容，例如在日常营销操作中，各业务单元使用的业务信息和图像等。可设置不同的权限级别，允许用户编辑、修订、分发、发布或简单查找相关内容。通过内置工作流引擎等重要技术模块，CMP可支持各种复杂业务作业流程的自动化、标准化，并实现可追踪管理。CMP还可能包括促进用户在网站或App参与互动及协同创作的系统，以及对内容和数字资产进行版本控制的功能。

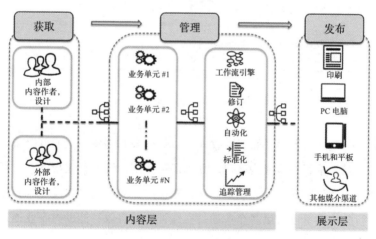

内容管理平台主要流程示意

通过促销、时间及库存提醒，CMP可对那些将商品留在购物车中但未购买的用户进行二次营销；CMP可根据历史热搜将热卖的新商品推荐给感兴趣的用户；CMP可在向用户展示商品内容时添加地理区域库存剩余情况及促销、物流相关信息。从这个角度看，CMP 的某些推荐类的关键功能与数据管理平台（DMP）的功能是重叠的，其实两者可有效地协同工作。

11. 个性化引擎

个性化引擎（Personalization Engine）是一种工具，根据对不同用户的行为数据进行机器学习，在品牌运营的渠道（网站、移动App、电子邮件等）为用户提供个性化的、定制的内容和体验。这种数据驱动的方法会依据客户的基本属性、历史行为或最近更新的兴趣动态（包括消息、图像和产品等）、爱好、历史旅程和意图等，通过对不同来源的数据进行学习，从"基础"到"一对一"，不断努力提升个性化服务，丰富客户的体验，创造更大的价值。

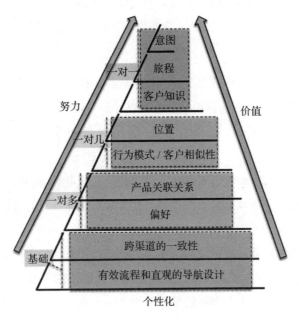

终极个性化进阶

- ❏ 基础：有效的流程、直观的导航设计、跨渠道的一致性，是个性化的坚实基础。没有这个基础支撑，再高级的服务也可能在用户使用产品时让用户产生信息混乱和迷失的感觉。
- ❏ 一对多：依据客户偏好、产品关联关系，对人群进行细分，并进行个性化推荐，这是目前很多电商平台常用的方法。
- ❏ 一对几：随着对客户相似度、位置的不断细分（不仅仅是对基本人口统计学属性的细分），个性化越来越深入。
- ❏ 一对一：终极个性化的目标就是根据不同客户的认知、历史旅程、意图，配合当下场景提供一对一服务。

此工具通常应用在电商、娱乐产品和社交媒体平台，用于提高客户参与度、转化率及增加客户在特定网站上的活跃度。据统计，采用个性化内容后，电邮的打开率可以提升 26%。

个性化引擎也是 CMP 中提升客户体验的重要引擎。

12. 社交营销

社交营销（又称社交媒体营销）是品牌在互联网上的社交媒体及口碑社区中进行的营销。社交媒体（Social Media）包括社交平台上的网络和社区，以及付费社交广告，例如微博、微信、短视频、图片社交网络、社区论坛 BBS、内容 Blog、视频 vlog 等。一个品牌的社交页面可以包含产品或服务简介、电子商务功能、社区论坛、最新公告及其他旨在提升消费者参与度和兴趣的信息等。社交页面在社交平台中的表现形式可以是公众号、品牌号、商家号、直播、短视频等。短视频和直播营销也是近年来受到用户青睐的营销形式，"带货"效果显著。社交营销口碑传播的重点是内容，所以也可认为其是内容营销的重要形式之一。内容的产出是其中的关键点，会涉及内容资源采买相关的生态。

如下图所示，消费者越来越相信普通用户产出的内容，而非品牌制作的内容：有调研数据显示，92% 的消费者信任来自朋友和家人在社交网络上分享的内容；50% 的消费者认为社交媒体上用户发布的内容比品牌制作的内容更令人难忘；53% 的 00 后表示，其他用户产生的内容影响了他们的购买决定。

92%
更信任亲戚、朋友在社交网络上发布的内容

50%
用户发布的内容比品牌制作的内容更令人难忘

53%
00 后表示用户内容影响了他们的购买决定

消费者越来越信任普通用户产生的内容

随着社交平台的高速发展和优质内容的不断增加，催生出各种聚合内容供给并利用各大内容社交平台进行经营的商业模式，这种模式称为 MCN。MCN（Multi-Channel Network）模式源于国外成熟的网红经济运作模式，其本质是一个多渠道内容供给的网络产品形态，其将 PGC（Professionally-generated Content，专业产出内容）内容联合起来，在资本的有力支持下，保障内容的数量和质量，最终实现商业的稳定变现。抖音等短视频社交平台就是 MCN 模式的典型代表。

与 PGC 相对的是专业性及质量相对低一些的，靠用户个人兴趣产出内容的模式，称为 UCC（User-created Content）。

随着内容产出越来越专业化、职业化，互联网内容的创作模式又被细分为 PGC 和 OGC（Occupationally-generated Content，职业产出内容）。

而 MCN 及社交内容的商业变现，往往靠的就是营销主在这些内容中植入或附带产品信息。这些都是 Martech 营销自动化平台、内容管理平台、数据分析平台等需要重点升级的点。

13. 内容联合

内容联合（Content Syndication）是内容营销的常用方式，又称软文广告，是执行"公众关系"（Public Relations，PR）的手段，即通过内容来维护品牌与公众之间的沟通与传播关系。如下图所示，广告是简单、重复轰炸，PR 是通过内容及关系进行传播，通过营销的手段，最终让受众对品牌产生发自内心的信任。

PR 同营销／广告／品牌之差异示意

内容营销看上去是知识或经验技巧的分享，实则内部植入了品牌想表达的广告诉求，在相关的第三方网站上发布，以覆盖更大范围和增加品牌的可见性。

内容联合可以是某个品牌自己网站上发布的内容的完整副本（品牌维护和产出的内容，称为 BGC，Brand-generated Content），也可以是其中的一部分（如片段甚至缩略图）。内容联合的目标人群是与品牌、产品或服务特征相匹配的人群，目的是得到这些受众的欢迎，从而接触到更多感兴趣的人群。内容联合通常被认为处于漏斗式营销活动的顶部，旨在提高知名度，并促使客户在准备购买时将品牌纳入考虑范围。

由此可见，通过不同媒体渠道、不同 KOL 或 KOC（Key Opinion Consumer，关键意见消费者）在不同场景下对受众发布内容，使受众看到内容后被引导到品牌方的官网页面，再基于这些受众的不同特性呈现个性化的内容，这样能够更好地影响受众的心智。

注：KOC 比 KOL 更接地气，但粉丝量不大。KOC 可理解为社群中靠深度口碑、互动来拉动销售的"小 KOL"。很多社交平台上的"素人"（KOC 在某平台的一种昵称）可通过直播、短视频、文章分享自己对某商品的购买及使用体验，这些方式的"带货"效果十分好。这是一种用爱好和内容输出来换取收入的方式。

---

14. 社交媒体监控

社交媒体监控（Social Listening）又称社交监听、舆情监控、舆情监测、社交洞察，用于帮助品牌在博客、论坛、新闻网站，以及微博、短视频等社交平台上监控与品牌业务相关的内容和评论。这些工具可以发掘和分析出社交舆论热点、品牌口碑、消费者关注动向及其之间的关联关系，以追踪不同社群情绪并提供洞察，使品牌能够实时响应消费者的需求和关注点，并根据反馈改进产品和服务。更深入和更复杂的策略还可植入 CRM，通过客户反馈的信息进行分析，可构建更完整的客户画像，目的是为目标受众提供产品服务和解决方案。

下图为常见的衡量 PR 活动是否成功的系列指标，其中关键词排名、品牌关注度、反向引用/链接（品牌内容被外部媒体引用量）偏舆情监控类；社交媒体/平台覆盖、社交转发、社交平台互动量、媒体曝光量等偏社交媒体/平台洞察；网站流量、销售线索量、销售量等已经从关注前端推广数据转向关注生意相关的后端数据。

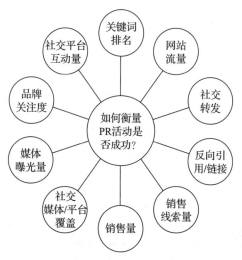

衡量 PR 活动成功指标

15. 数字资产管理平台

企业使用数字资产管理平台（Digital Asset Management，DAM）来组织、存储和共享企业内部使用的数字内容资产。这里所说的数字内容资产通常包括图像、照片、创意文件、音频、视频、文档、演示文稿、报告报表、经营计划等。当多个利益相关者在项目中协同工作时，该平台是进行版本控制和确保内容符合品牌或监管准则的必要工具。DAM 软件已经发展到支持创意审批，并作为控制中心进行跨渠道（包括社交平台、网站和其他媒体）内容分发的水平。

CMP 管理的主要是企业对外发布的数字内容资产，而 DAM 管理的主要是企业内部的数字内容资产。

16. 营销资源管理

营销资源管理（Marketing Resource Management，MRM）可帮助品牌系统化管理内容及附属物的生产制作。良好的 MRM 方法与 CRM、DAM 系统紧密结合，有助于市场营销部门的资源分配和工作流程管理。

MRM 的另外一个关键目标是有效进行品牌管理，这在大多数情况下都可以通过视觉（内容的外观和感觉）管理进行模板化，包括传递给客户的消息、使内容文案保持一致的品牌调性，以及对 IP（知识产权）文化等无形资产进行管理等。

17. 用户行为追踪埋点管理系统

用户行为追踪埋点管理系统（Tag Management System）又称标签管理平台、用户行为事件管理平台。用户行为追踪埋点标签（Tag）是一段技术代码，用于嵌入网站、App 或用户与品牌互动过程中的各种程序（网站、数字广告、电子邮件等）的代码中，目标是跟踪用户的在线行为。用户在线行为可分为页面浏览行为、操作行为等。

如下图所示，在应用程序的各种流程的行为事件点中进行埋点，以收集信息和数据、跟踪应用使用的状况、优化产品、为运营提供数据支撑。常见的统计数据包括访问数（Visits）、访客数（Visitor）、停留时长（Time On Site）、页面浏览数（Page Views）和跳出率（Bounce Rate）等。

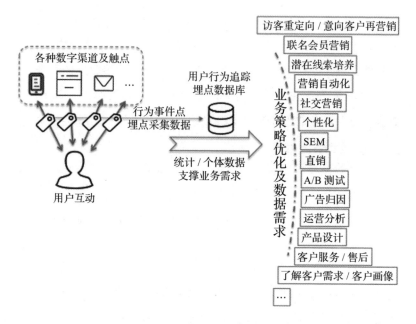

用户行为埋点追踪支撑业务需求

详细的用户行为数据可以应用在更多场景中,支撑几乎所有营销活动的需求,例如访客重定向、意向客户再营销、了解客户需求、客户画像、A/B 测试、广告归因分析、联名会员营销、运营分析、个性化、营销自动化、直销、潜在线索培养、SEM、社交营销、产品设计、客户服务、售后等。

品牌主通常会对各种数字触点(网站、移动 App、社交媒体页面、数字广告等)尤其是那些支出较大的数字营销和广告活动进行用户行为追踪埋点。TMS 系统有助于在所有可能的触点上管理事件点及数据,并确保能够跟踪潜在客户及转化客户的行为路径。TMS 系统内部的功能包括营销推广活动分析、受众分析和转化跟踪工具等。

通过 TMS 系统,可精确了解用户的行为特点(前提是已在相应事件点埋点并收集数据），分析用户的喜好、想法等，如同在业务流程中安插了我们的眼线，将无序的营销变得有序。所以，这也是数据管理十分重要的模块。

18. 归因工具

归因工具（Attribution Tools）用于帮助营销人员分析在品牌与客户互动的每个渠道及接触点中，哪些能助力交易转化，哪些是贡献最大的。

分析归因的模型（Attribution Model）有很多，复杂程度各不相同，有简单的单点模型（Single-touch），也有复杂的多点模型（Multi-touch）。

如下图所示，从上到下，我们将常见的归因模型分为末次互动（Last-touch）、时间衰减（Time-decay）、线性平均（Evenly-weighted）、U 型（U-shaped）、W 型（W-shaped）、首次互动（First-touch）、高级自定义几种，并分别从计算模式、意义/场景、持续动作三方面进行介绍。

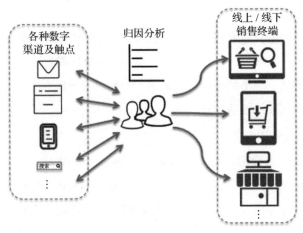

渠道归因分析示意

还有一些对干扰因素做补偿处理的归因模型，这在后续章节还会展开，此处就不一一列举了。

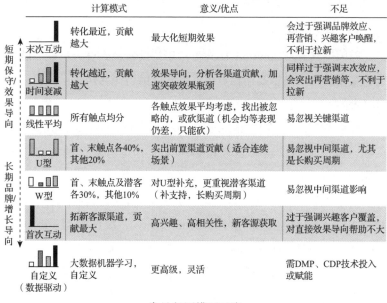

常见归因模型示意

除了对各种有效归因模型的支持，一个好的归因工具还需考虑用户与广告的触点，以及与社交、直销和品牌网站的互动触点，依据数据洞察，对消费者购买决策的各种成因给予适当影响，以促进交易转化，拉动业绩增长。

19. 搜索引擎营销

搜索引擎营销（Search Engine Marketing，SEM）是指通过一些手段和策略，当用户在搜索引擎中输入一个词或一句话进行查询时，将品牌的内容页在付费或自然搜索结果中的排名提高。最终目标是通过提高品牌内容页在搜索结果页面的可见性（位置更靠前更

第 1 章 从 Adtech 到 Martech

显眼)来增加品牌页的流量。

下图所示为搜索结果页内容列表(付费+自然搜索结果),前 3 条带有"广告标识",提示用户这是付费广告,从第 4 条内容开始才是自然搜索结果。

搜索引擎内容列表(付费+自然搜索结果)截图

SEM 可以通过购买关键词(PPC,Pay-Per-Click,即竞价付费,按搜索引擎中推广链接被点击的次数付费)或优化网站(搜索引擎优化（Search Engine Optimization，SEO），优化自然搜索结果）来实现。这两种模式的优缺点比对如下图所示。

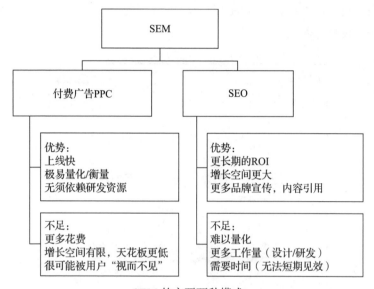

SEM 的主要两种模式

SEM 也有一个较大的不足：用户自发在搜索引擎中搜索关键词的自然流量是很有极限的，所以还需要搭配其他的广告渠道及形式。这也是需要一站式的多渠道营销自动化管理工具进行实时优化，调整不同渠道的搭配，才能提升营销的效率及效果的原因。

20. 搜索引擎优化

如下图所示，搜索引擎优化主要针对互联网搜索引擎，通过建立和优化品牌网站的内容、元标记、内容导航及站点结构，为搜索引擎的内容抓取、内容解析、关键词提取、关联计算、网站排名计算等提供更友好的支持，使得用户在搜索某些特定关键词时，品牌在输出的自然（非付费）搜索结果中可获得更高的排名。

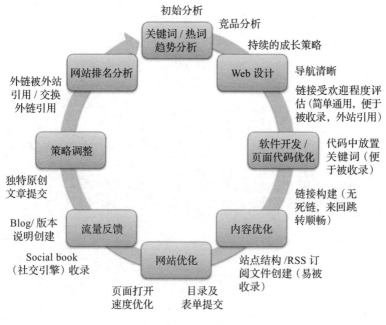

SEO 主要流程及活动

能够提供专业、独家的内容以及良好用户体验（如快速的页面加载速度）的网站在搜索结果中的排名往往较高，排名高就意味着更容易被用户找到并点击进入。

SEO 是一个持续不断优化的过程，而不是一个最终结果。若把搜索引擎看作一个按标准规则和动作在海量网站中进行内容抓取、语义分析、网站关联计算的机器人用户，某种程度上搜索引擎优化也属于用户体验优化的范畴。网站对搜索引擎更友好，给用户的体验就会再上一个台阶。

1.3.3 关键数据和基础

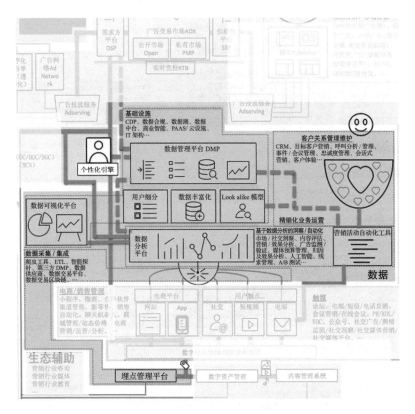

关键数据 / 基础细化部件视图

如上图所示,我们重点对关键数据、基础、DMP 等部件进行介绍。不论是 Adtech 还是升级的 Martech,DMP 都是必不可少的重要大脑模块。而且随着营销竞争的加剧,Martech 中的客户关系管理的理念,已从私域客户深度运营延伸到公域流量的管理。通过 Martech 基础部件,可以发掘潜在客户,分析和研究消费者转化路径和客户生命周期特征,激活营销主第一方的数据资产和客户运营体系的长期经验，不断刺激潜在的生意增长，提升营销收益和效率。

在上述过程中，对云计算技术、各种 API 和人工智能算法的应用，以及对数据和流量的匹配率、多方数据源的整合、多渠道多形式持续触达用户、持续不断优化投入产出比的重视，都可以提升和优化营销活动的触达效率和效果。这些都是 Martech 升级的关键基础。下面我们将盘点涉及的相关概念。

如下图所示，数据是企业数字化转型过程中要处理和激活的重要资产，所以首先要弄清楚数据的所有权和主要来源，这是数字化转型的重要前提。第一、第二、第三方数据的定义，就是从数据所有权这个视角来划分的。

第一方数据	·广告主内部数据（CRM）、广告主官网数据、线下店面收集到的数据等
第二方数据	·广告投放方（媒体方、DSP等）通过广告投放获取的该广告在投放媒体上与用户互动的数据等
第三方数据	·同广告主无任何关系，是第三方数据供应商提供的数据，例如第三方监测公司数据、其他脱敏（删除用户隐私内容和数据标签化）后的数据等

第一、第二、第三方数据

1. 数据管理平台

数据管理平台（Data Management Platform，DMP）是把分散

的多方数据整合并纳入统一的技术平台，通过对这些数据进行标准化和细分，让企业可以把得到的结果推向现有的互动营销环境以激活运用的平台。下图为常见的应用场景。

DMP 常见应用场景

数据管理平台是一个中央系统，它存储和管理受众和营销活动的数据。对于营销人员来说，DMP 可以提供一个统一的事实数据来源，支撑 Adtech 及 Martech 业务运营平台，让它们能在数据层面对受众有统一的全局性认识。

一个好的 DMP 能够自定义细分人群，并实现相似性扩展（Lookalike）建模，通过相似性扩展模型，可将具有相似属性的用户划分在一起，这样可增加细分人群的规模，扩大对潜在客户的营销覆盖。根据这些细分的数据，可针对不同受众投放个性化广告，以及在网站或 App 中提供个性化服务。DMP 是 Martech 技术栈中极少数真正连接运营和广告功能的重要组件之一。

DMP 可支撑非常强大的业务运用，持续促进业务增长。例如常见的针对私域客户进行再营销这个重要场景，DMP 可帮助企业通过数据对私域客户进行再触达，以维系与客户之间的良好关系，而不是不断通过外部数据或在媒体处挖掘新的客户。相对而言，获取新客的成本远高于促进老客复购的成本。这也是企业有效应对互联网用户红利消失、增长乏力的必选手段。

可运用 DMP 中的数据分析能力对用户进行精细化业务运营，除了可完成上述的客户关系管理的工作外，还可基于数据进行分析洞察和营销自动化，例如市场/社交洞察、营销内容质量/效果评估、营销/效果分析、广告监测/验证、媒体预算管理/计划、归因及效果分析、线索管理、A/B 测试等。

数据的采集、集成、清洗、加载都会涉及爬虫工具、ETL（提取/转换/加载，Extract/Transform/Load）、智能探针（利用物联网智能终端传感器采集数据，如传统无线路由器探针采集技术等）等技术。如下图所示，大数据需经过采集、清洗/加载、分析、运用、创造收益的全过程，才能真正发挥作用。

大数据处理流程

一般来说，DMP 平台更加注重广告和营销数据的管理，与必要的第一方和第三方数据打通并进行分析，主要目的还是提升营销的效率和效果。很多时候，有些营销主会将客户数据存放在客户数据平台（Customer Data Platform，CDP）中进行管理和使用（常用于会员分析、CRM营销、会员旅程管理、自有触点营销等场景）。从广义的概念上来看，DMP将承载所有营销活动大数据的管理、分析、智能决策等职能，客户数据也属于DMP管理的范畴。关于DMP和CDP本书后续会有专门的章节进行详细剖析，此处就不展开了。

还有很多未提及的IT基础设施，如：

- **数据湖**（Data Lake）：存储以支撑企业内部商业决策为目的的业务大数据，不限于营销领域，范围更宽。不仅可供市场营销人员使用，还可供企业运营、财务分析、成本分析等不同业务部门相关人员使用。

- **商业智能**（Business Intelligence，BI）：包含一系列概念和方法，通过应用基于事实的支持系统来辅助商业决策的制定。采用了现代数据仓库、在线分析处理、数据挖掘和数据展现等技术进行数据分析以实现商业价值。

- **数据中台**：沉淀企业内部的公共数据，将业务上的易变数据（产品销售数据、供应链数据、交易日志等）与不易变的**资产数据**（如客户数据、账户数据、供应商数据等）进行分离，通过数据服务实现对数据的封装和开放，快速且灵活地满足上层业务应用的个性化和高速发展，以适应多变的市场要求。

- **数据仓库**（Data Warehouse，DW）：用于存储大数据的基础设施。

- **云设施**：如SAAS软件服务、PAAS系统平台、IAAS IT基础设施等不同云设施服务类型。

❑ **IT 架构**（IT Infrastructure）：它保障服务器、应用程序、其他数据中心组件稳定运行，并支撑灵活的业务扩展，包括应用架构、数据架构和技术架构等。

2. 应用程序接口

应用程序接口（Application Program Interface，API）是为了连接各种 Web 程序和软件系统，为了能在各系统之间共享数据而开放的技术接口管道。打个通俗的比方，如下图所示，API 可简单理解为数字世界和软件世界里的插头。

API 即数字世界里的插头

API 主要针对数字产品和服务，让两个要进行通信和共享数据的平台，按双方都认为合理、有意义、可理解的方式发送和接收彼此的信息。

有许多使用 API 的场景，举个常见的例子：营销人员希望将 Web 和移动 App 分析的数据都推到数据可视化平台中，以图形化的方式展示出来，这就需要使用 API 接口接入这些数据的过程。

3. 匹配率

匹配率（Match Rate，Mapping Rate）是指两个不同系统之间可以匹配的唯一用户的百分比。例如，位于数据管理平台（DMP）

中的细分人群包中的用户数，当推送到需求侧平台（DSP）中时，可识别的用户数量的比例就是匹配率。不同系统间的数据标识及加密规则各有不同，尤其是对用户 ID 的标识，有的标识的是设备 ID，有的标识的是会员账号，很多营销主的第一方会员数据常用的是手机号、微信 OpenID 等。故如下图所示，各平台和供应商之间的 ID Mapping 是数据互通、大数据应用的核心基石。

ID Mapping 示意图

许多人期望能尽量提高不同平台间数据的匹配率。当匹配率显著提高时，基于相同技术和由统一数据源驱动的技术栈所创造的价值就会变得更突出。无论您的企业是进行线下的直接销售，还是在线的程序化广告，在合适的场景触达正确的受众并传递合适的信息,都是实现营销目标的基础。在数字化广告投放中,触达的高价值受众数量越多,推动销售线索向销售数量和收入转化的概率就越大,提升业绩也就越容易。许多在线广告商使用 DMP 来整合受众数据(如网站访问者、离线 CRM 数据、合作伙伴数据和第三方人口属性数据),并最终获得强大的、个体的、匿名的用户属性数据,这些用户属性可用于全网对受众进行细分和定向触达,此时匹配率就成为关键指标之一。各板块间要想用好数据,就要使重合度、匹配率尽量高,这样数据的利用率就更高,能创造的价值也就越大。

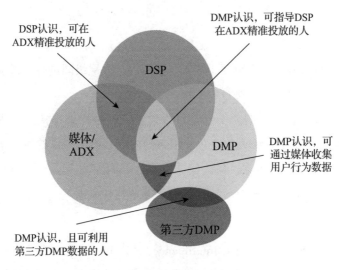

各板块匹配率示意

4. 数据可视化平台

数据可视化平台(Data Visualization Platform)是一种软件,可帮助营销人员将来自不同系统的大量数据输出(如广告效果、网站分析和离线销售统计)并汇集在一起,然后分析这些数据的趋势、维度及各因素间的关联关系,再以图形化方式呈现出来。

数据可视化示意

数据可视化平台更便于多人、多部门、多层级间进行沟通、发现规律、头脑风暴、决策等工作。

大多数数据可视化平台都可以通过 API 轻松地连接到常规的 Martech 系统中,还可让企业使用与其内部术语相一致的语言来自定义仪表盘、看板等,从而使数据驱动的洞察力更易于访问和使用,同时关联相关业务,支撑业务快速调整和决策。

5. 人工智能

人工智能(Artificial Intelligence,AI)可以利用专门的计算机系统来学习和解释大量的数据,以人类不可能达到的规模和速度做出决策。

人工智能不同于传统的计算,因为它不仅可以解释数据,还可以通过算法进行自我学习,对不断产生的新数据进行处理。可应用于搜索引擎营销、数字广告、电子商务、营销预测,以及其他需分析大量数据的新领域。下图所示为常见的 AI 技术领域,供大家参考。

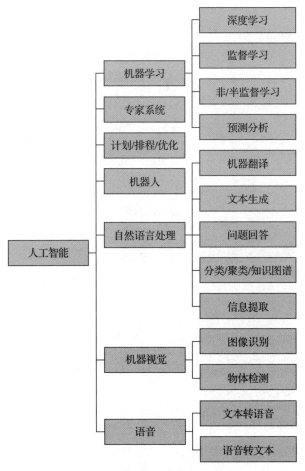

AI 常见技术领域

6. 优化

市场进入存量时期，营销进入高度竞争阶段，只能通过深度精细化的用户运营来增强用户体验，并时刻关注投入产出的效果，促进用户的交易转化，拉动生意增长。Adtech 及 Martech 中的优化（Optimization）具体指的是根据结果的反馈，及时甚至实时地改进策略，以获得更好的结果或业务成果。下图是精准广告投放、持续闭环优化的示意图。

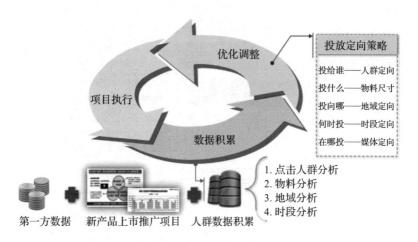

精准广告投放优化示意

优化可以通过人工操作、手动更改系统配置（由使用技术平台的人进行）来实现，也可以直接由机器自动学习、自动更新策略（通过使用算法）来完成。

7. 营销云

营销云（Marketing Cloud）是一套面向市场营销需求、基于云技术的解决方案，它是多个Martech技术栈的组合。同时，营销云的供应商可根据企业的需求进行功能的定制，提供有针对性的营销云解决方案。出于数据合规的考虑，企业大多会采用私有云的方式部署营销云系统。营销云包括CRM、个性化引擎、用户在线互动系统及数据分析等模块。

营销云概念被进一步扩展，用来代表技术服务的集合，使企业能够将数字化作业流程外包，或直接托管给某个供应商。很多云服务的功能都支持开箱即用，这样可大大缩短实施周期，加快企业数字化转型的步伐。

8. 个人识别信息及数据合规

个人识别信息（Personally Identifiable Information，PII）是唯一识别消费者的数据。PII 是确定的（代表一个特定的人），而不是基于概率论推断得到的（可能是那个人）。如下图所示，数据可包括姓名、邮寄地址、电子邮件、手机号和出生日期等。

当消费者注册服务并同意共享个人信息时，PII 会被收集。在获取、存储和使用 PII 进行营销和广告时，有十分严格的用户隐私保护法规，必须在遵守这些法规的前提下使用数据，这称为数据合规。

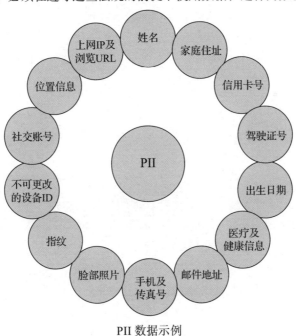

PII 数据示例

各个国家和地区陆续颁布与个人数据保护相关的法规，如欧盟的《通用数据保护条例》(General Data Protection Regulation，GDPR)，中国的《网络安全法》《信息安全技术 个人信息安全规范》《网络安全等级保护基本要求》《互联网个人信息安全保护指南》等，对用户个人信息安全保护做出了十分严格的限制。

这意味着营销主需要与其供应商一起制定严格的合规方案。只有找到正确的合作伙伴并确保合规，才可以继续规划和开展智能的、相关联的、数据驱动的营销活动。

第 2 章
Martech 与数字化营销转型

通过上一章我们已经看到，营销的核心——消费者发生了巨大的变化，品牌营销需要更精确、实时地了解自己的消费者的变化趋势，并进行长期的维系以求实现销售转化。企业的营销从以广告为重点变成了以广告加运营为重点。

品牌主可以利用的营销技术也发生了巨大变化，如何用好这些技术工具达到营销目标，对新时代的市场营销人员提出了更高的要求。同时，数据变得很有意义了，在企业的数字化转型过程中，数据扮演着基础性的角色。企业数字化转型成功与否，取决于企业是否采用了战略性的数据管理方法并形成深入的经营洞察。敏捷化营销成功与否，很大程度上取决于其创造和管理数字化产品、服务和体验的能力。

下面我们将从企业营销数字化转型各阶段的要点、企业营销数字化能力成熟度模型，以及对企业 IT 部门和营销人员能力提出的要求等方面展开介绍。

2.1 企业数据能力成熟度评估模型

要评估企业数据能力的成熟度,首先需了解客户数据从采集、存储、分析/解释到被业务激活、利用的全过程,即数据生命周期:数字/数据化→信息化→业务化,如下图所示。在大多数企业中,这是跨职能团队的工作,涉及广告、营销、IT、研究、分析等多个相关业务团队。在数据生命周期的每个重要环节,企业是否能从数据中提取最大价值,是评估其整体数据能力成熟度的关键方向。

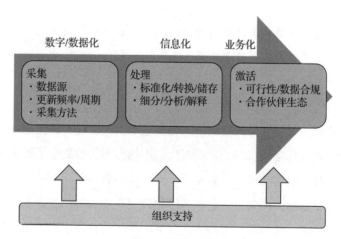

数据生命周期框架

2.1.1 采集能力

数据采集能力即企业及时、有效地从所有相关渠道收集所有相关数据点（如客户收藏、加入购物车、购买、投诉等触点）的数据的能力。相关能力成熟度评估标准如下：

1. 数据源

通常，同一数据点可能来自多个源系统。了解单个数据点的有效来源和数据采集方式是确保总体数据质量的一个必要步骤。同时，也需关注关键数据点的成本及 ROI，以便选取最经济的来源。主要能力层级如下图所示。

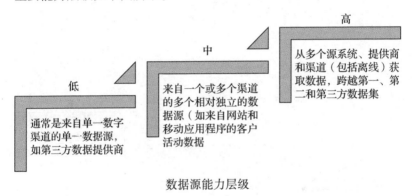

数据源能力层级

2. 更新频率和周期

一旦数据被采集，数据点会定期更新，最佳更新时间间隔因数据点而异。例如，一个人的年龄需按年更新。市场偏好的任何变化都需尽可能早地被发现和采集。坚持一致的更新频率，将能确保数据的新鲜度和准确度。主要能力层级如下图所示。

3. 采集方法

数据点采集数据的机制可能有所不同，这可视为企业数据能力成熟度的指标之一。数据采集通常从一个渠道或一个系统开始（如当用户访问网页时，通过脚本采集数据），随着数据采集的场景扩展到多个渠道和各种源系统时，数据采集就需变得更加自动化和易集成化。采集方法的主要能力层级如下图所示。

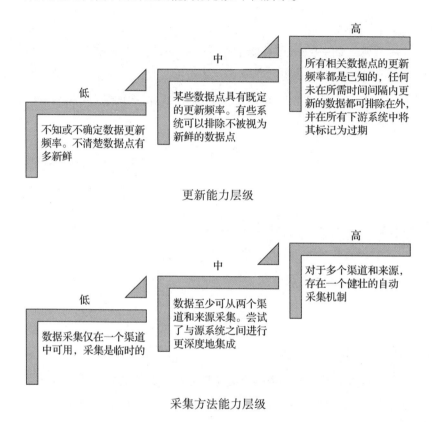

更新能力层级

采集方法能力层级

2.1.2 处理能力

一旦采集到数据，就需将其标准化和存储，以便于对其进行查询，并进一步研究、分析和激活。所以，需要精心规划体系结构和制定数据仓库策略，以确保数据能保持效用。相关能力成熟度评估标准如下。

1. 标准化、转换和储存

所有采集的数据都必须经过必要的转换和标准化才能创建，包含所有已知的用户信息和统一整体化的数据集。主要能力层级如下图所示。

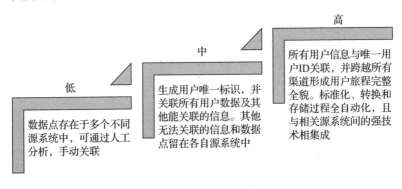

标准化能力层级

2. 细分、分析和解释

在数据被采集、标准化和存储后，需通过细分、分析和解释，将必要的业务上下文和规则应用到基础数据资产中。营销、广告和销售团队根据业务需求创建目标客户群体画像；运营、研究和分析部门将对用户行为和特征进行更深入的分析。主要能力层级如下图所示。

2.1.3 激活能力

数据激活是指使相关数据点在所有适用的下游系统中可被使用。激活可应用的范围非常广泛，涵盖精细化细分目标用户、个性化服务，以及分析和研究等用到数据输入的场景。它还涵盖新兴的场景，如新零售平台。相关能力成熟度评估标准如下。

细分能力层级

低：细分主要是定性分析和部分量化分析。对细分特征量化指标的理解有限，且无法看到数据点信息更新的频率或强度

中：按信息所呈现的量化程度进行细分（如低级仅定性"用户表现出的购买意向"，中级可精确定义并显示购买意向的量化标准）。能理解用户可能做什么，但缺乏对原因的理解

高：通过定性分析，定义量化标准，并完成模拟和建模，对单个数据进行打分或依算法自动评分来细分数据。可回答用户为什么表现出某些特征，并预测业务影响

细分能力层级

1. 可行性和数据合规

公司激活和利用数据资产的能力取决于数据的合规性、可行性，以及对数据的认识、理解和评估。哪些数据点可跨业务系统激活？是否具备实施的能力？用户隐私保护方面如何考虑？数据使用权是否具备？等等。主要能力层级如下图所示。

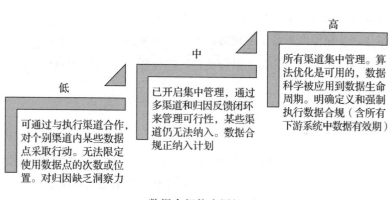

数据合规能力层级

2. 合作伙伴生态系统

构建强大的合作伙伴生态系统对数据激活是十分必要的，并且在许多方面会成为数字营销业务成功的重要筹码。主要能力层级如下图所示。

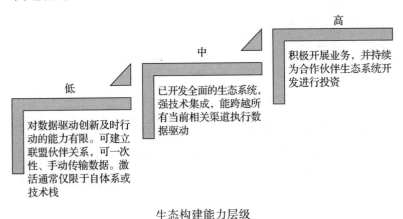

生态构建能力层级

2.1.4 组织支持

组织支持是指支持数字化转型各环节工作的开展，影响数据采集、处理和激活。不同规模的组织会以不同方式体现支持程度，所以建议通过自定义标准进行评估。相关能力成熟度评估标准如下。

1. 文化和过程

数据驱动文化需要灵活性和敢于试错，且需对既定流程进行裁剪，以消除任何遗留的组织障碍（包括修改报告结构和为数据计划制定激励措施）。主要能力层级如下图所示。

数据文化层级

2. 人力结构和专业知识

了解如何有效构建数据驱动的团队,以及组织需要哪些类型的专业知识。大多数情况下必须通过实践获得这些技能。主要能力层级如下图所示。

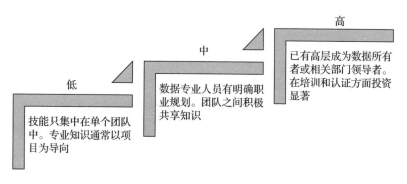

团队建设能力层级

2.2 企业营销数字化能力成熟度评估模型

过去数十年,媒体、广告、营销等领域的企业迅速向数据驱动型企业转型，以客户为中心的数据成为数字经济的主要驱动力。企业以多种方式将消费者数据运用于各种不同的业务场景。

在广告领域，重点是数据激活，特别是在程序化广告方向。

在品牌方面，营销人员大多对用数据来赋能经营和管理，且对跨渠道客户旅程十分重视；代理商则依赖数据进行渠道归因、媒介规划和渠道优化。

在 2B 领域，通过数据将获取客户的营销方法和活动进行模式化和标准化管理，以试图研究客户终身价值、服务成本以及针对细分人群的最具成本效益的营销方式等。

媒体则一直致力于通过利用自有的数据集，创建独特和差异化的数据资产及数据包；而科技公司通常会涉及跨领域的数据收集、分析和激活等。

与所有新兴的、快速发展的学科一样，企业如何才能规模化地适应新时代的要求，完成营销数字化转型，相关的参考十分有限。虽然其他行业已有一些传统的数字化成熟度模型，但都无法适应新时代的变化。

下图显示了 5 个不同级别的营销数字化成熟度的发展模型。这些模型能帮助媒体、代理、品牌主、数据技术供应商等营销领域的从业者和高级管理人员了解企业及其客户的数字化现状、潜在的发力机会，以进一步规划投资规模、实施方式和战略。在数字广告中，数据最初的使用具有高度的战术性，通常用于重定向或跨程序化广告激活等。企业若想最大化数据驱动的潜力，需从战略上用好这些数据资产，并由高管提供绝对的支持和高额投资。数据的有效使用，不仅是对技术的投资，更是一种业务模式的升级。虽然大多数早期的场景都在市场营销领域，但是在其他业务领域的应用也正在陆续出现（例如，用浏览行为来衡量用户对 IP 相关衍生品的兴趣）。最后，企业必须在组织上做好准备，并配备能胜任的人员来使用数据。雇佣具备数字化能力的新员工和培训现有团队，将是实现更高级别数据能力的关键要素。

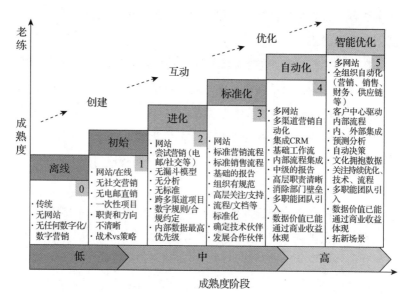

营销数字化成熟度评估模型

2.3 企业营销数字化转型不同阶段的 Martech 要点

接下来，我们根据企业营销数字化转型的 4 个主要阶段，即数据资产化、客户增长、客户体验提升、生意增长，对 Martech 技术栈进行初步归类，企业每个阶段可以根据自身的商业模式及实际情况，选取自己需要的技术。例如数据部分，如果企业有线上程序化购买，那么需要关注线上广告验证技术及其新进展（如广告可见性验证技术、广告品牌安全验证技术等)。

进一步,技术还需要最终落地到平台的建设上,只有这样才能在企业中发挥价值。如下图所示,在第一方平台中对最近发展比较迅速的主流 Martech 平台进行列举,还有一部分是已经具备高成熟度的平台系统。

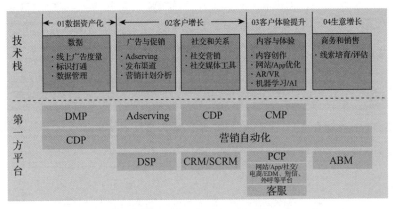

企业选择营销技术栈及平台映射示例

扩展思考:

通过本节的介绍可以看出,Martech 技术栈中的技术本质上是数据+技术,数据是基础,技术是工具,二者结合才能创造价值。

那么,在实际应用中,建设的顺序是什么?是否应该先进行所有数据的采集、打通、治理等,然后再设计上层应用的功能呢?我们并不建议这样做。因为任何技术的应用都是业务驱动的,Martech 技术也不例外。任何没有应用场景的数据整合,都是无的放矢。因为任何数据的收集、存储、挖掘的过程都是要有应用场景的,同样的数据源,应用场景不一样,需要收集和存储的数据字段和建立的数据规则都是不一样的。

我们建议：CMO 需要和 IT 部门紧密合作，在现有数据运营能力的基础上，找到一些投入小、见效快的切入点进行试水。

另外，Martech 一定是要迭代的，而不是一次性完成的，这也是数字化系统的一个特点。只有通过持续迭代，数字资产的价值才会被持续沉淀、优化和放大，最终产生可观的复利效应。对于 CMO 来说，需要真正信任并且投入核心资源，长时间支持 Martech 的落地。

对于建设 Martech 的团队来说，我们建议首先考虑内外部分工：广告主内部团队强于对行业的理解和对内部资源的运作，适合做的是右脑负责的"创意"；外部供应商团队因为有丰富项目经验，适合做的是左脑负责的"技术"。

2.4　Martech 时代对营销人员的能力要求

总体来说，营销人在 Martech 时代面临的更高要求包含以下这些方面。

2.4.1　对生态圈的理解和谈判能力

品牌的营销过程不是孤立的，涉及与各方面的角色合作和共赢。

1. 以 DMP 数据集成为例

一个典型的基于第一方 DMP 平台的数字化营销过程涉及的角色可能包含品牌方、媒体方、代理商、监测公司、DMP 平台服务商、网站优化服务商、第三方电商平台、第三方数据提供商等。如果需要实现全流程的客户数据采集和打通，就需要在各个环节与多个合作伙伴进行沟通和谈判，而其中有些沟通和谈判是在企业进行 Martech 数字化转型之前不会涉及的。例如：与媒体沟通，允许添加第一方 DMP 监测代码，并返回分析所需要的营销数据；与监测公司沟通，在部分媒体不具备添加第一方 DMP 监测代码的情况下，可提供哪些必要的数据分析维度；与代理沟通营销流程的落地环节，例如根据营销排期表，在第一方 DMP 平台上创建相应的营销计划并生成监测代码，然后与第三方监测公司合作进行串码或并码；协调 DMP 平台服务商和官网优化服务商，沟通彼此之间的接口，完成官网千人千面的工作；与第三方电商平台沟通，回传必要的订单数据以便做转化漏斗分析和广告投放中媒体的归因分析等；协调第三方数据供应商与 DMP 平台服务商，沟通需要在哪些环节嵌入第三方数据能力以及具体的实现流程。

2. 以评估广告反作弊解决方案为例

评估和选择广告反作弊解决方案时，需考虑是采用外部托管方式还是本地化部署方式，并要求其技术提供商确保广告黑名单不断更新。应在网络流量出现任何意外增长时通知 IT 团队，以便对无效或欺诈流量进行准确评估。在需求侧平台（DSP）竞投数字广告之前（pre-bid），可通过问询反作弊欺诈检测服务来消除或大幅降低欺诈水平。市场中已出现很多提供投前反作弊问询服务的解决方案，以减少各种形式的复杂无效流量（IVT）。

所有这些协调和沟通都是企业在应用 Martech 时面临的新课题。另外，所有的沟通除了商务层面的要求以外，还会有技术层面的要求。

2.4.2 对技术的理解和评估能力

在技术层面，要求品牌方对 Martech 技术栈有全面了解，并能比较各个供应商实际能力的差异，这样才能在 Martech 落地到实际系统的过程中做好服务商的评估工作。该能力将极大影响企业应用 Martech 的效果。

1. 以 DMP 系统为例

根据品牌方的自身需要，可以针对供应商选择的对品牌最重要的能力来进行评估，例如可以从数据获取能力、数据管理能力、数据激活和运营能力、数据补充能力等方面进行评估，每一项能力还需要细分为若干项子能力。例如数据补充能力，可以从供应商的自有数据源、数据体量、数据质量、数据的互补性、应用场景和案例等方面进行量化评估，并比较不同供应商的差异。

部署 DMP 时也应极其谨慎。因为企业第一方受众数据非常宝贵，应尽一切努力避免数据的泄露。因此，技术团队应该进行数据安全审计，以解决媒体、广告投放商、DSP 和 DMP 之间共享数据的问题。企业选择的 DMP 应该是开放的，并且容易与 Adtech 供应商和媒体流量供应商（如 DSP、媒体和广告交易平台）集成。如果他们不允许使用你选择的技术供应商或媒体，你应该考虑换一个供应商或解决方案。在一个封闭的生态系统中，你会被迫为不想要或不需要的产品付费，这从长远来看不会带来好处。如果你的 DMP 也提供了个性化引擎，你的 IT 团队将需要 API 文档和有关如何更改站点架构的内容，以便为相关用户提供更好的体验。IT 部门应负责确定外部 DMP 供应商是否可以实施跨设备匹配，是否可以匹配用户设备的流程；还需要检查、审计跟踪埋点代码和基于浏览器的跟踪埋点容器代码。IT 团队必须审查收集移动设备 ID 的过程。

2. 以 Adserving 系统为例

可选择从触达率、频控能力、跨屏能力、动态创意、品牌安全、应用场景和案例等方面进行评估，以求选到对品牌来说更有价值的 Adserving 合作伙伴进行长期合作。

3. 以 DSP 系统为例

营销主对 DSP 供应商的评估重点应放在 DSP 系统的操作和设置的简易性，以及 DSP 在媒体投放优化和竞价引擎方面的软件质量上。纯粹的 DSP 供应商应只专注于广告主的需求和利益。若 DSP 公司或有相关利益的公司在流量供给或 ADX 等方面有所涉猎，不能保持中立或独立，就可能导致该 DSP 供应商不能完全符合广告主的真正利益。市场部和 IT 部门应共同评估 DSP 供应商的解决方案，以确保其能满足功能和技术要求。评估应包括解决方案的受众细分、归因分析能力及供应商提供本地技术支持的能力等，还应研究 DSP 供应商解决方案与 Adtech 和 Martech 栈的其他组件集成的难易程度，包括与内部部门或供应商提供的数据管理平台（DMP）的无缝集成。

4. 以 SSP 系统为例

SSP 应该帮助营销人员通过单一平台灵活地实现对视频广告、横幅、原生广告、插屏广告和其他广告格式的支持。SSP 必须能够随流量提供实时数据，这些数据可用于效果优化，并能够支持用于营销活动的智能算法。在单一 SSP 平台上还应能管理多个广告网络和库存源。与 DSP 类似，SSP 也提供工具来保护品牌不受低质量、不健康或恶意广告的影响，并且还应具备评估和筛选媒体库存的能力。

对于IT运营团队来说，与SSP方建立一种直接友好的合作关系是明智的，这种关系使企业能够更全面系统地评估SSP的性能，并能跟踪后续的广告转化、效果归因和广告可见性等多方面的数据。SSP应为第三方技术供应商提供快速集成工具、灵活的报告系统，以及为需求方合作伙伴们提供开放的深度集成的能力，这些都将是IT部门评估的关键点。

5. 以评估品牌安全解决方案为例

互联网上令人不快的内容的增加已经催生了一系列的品牌安全解决方案，这些解决方案远不限于关键词定位和网站黑名单。技术供应商现在都会提供上下文语意分析和可接受的网站广告曝光的语义选择。客户应该询问供应商以了解网页内容分析的流程，比如他们是否能为视频广告投放提供品牌安全服务，他们的技术是否适用于移动网络和App中的广告。营销主的IT部门需要知道品牌安全解决方案能够在多大程度上有效地扩展到所有目标Web和App媒体的广告曝光中。

大多数品牌安全供应商都将其解决方案作为一个程序化媒体购买平台的一部分来进行提供，因此品牌方需要了解整个供应商解决方案，包括库存质量管理。保护品牌的技术已经存在很多年了，但它并没有得到统一应用，这是一个可以增加实际价值的领域。

IT部门还需要与市场部合作，以确保独立审查品牌安全计划。与广告欺诈管理类似，IT经理还应负责评估高质量的投前问询的解决方案，以过滤掉坏网站或存在风险的广告投放方案。

6. 以全渠道能力激活为例

企业的技术部门需要了解与提升全渠道营销能力的相关技术，

其中新兴的人工智能技术正在为品牌提供新的方法，运用到现有平台中，可将用户行为及使用记录转化为数据，并提取特征及洞察规律，以识别和预测客户需求。IT面临的挑战是确保多个全渠道的营销工具能无缝协作，为客户创造良好的品牌体验。

随着营销技术的发展，市场中的全渠道解决方案供应商会越来越多，竞争也会越来越激烈。企业的IT专家应该能识别适合自己的技术和平台并进行投资，使营销人员能够在客户生命周期中提供流畅的体验，而不用考虑设备、平台或渠道等，并能轻松解决跨渠道联动、跨形式联动等各种复杂的问题。

7. 以企业营销云方案的选择评估为例

越来越多的企业很可能会使用供应商提供的云平台，而不是让自己的IT团队去构建相关平台，尽管有些企业仍然选择构建自己的内部系统。越来越多的营销云、广告云平台及托管服务的出现，使企业能够将数字化营销计划的部署、实施和日常维护外包出去，以便于将自己的时间花在建立框架、管理、治理和制定新的战略举措上。

IT团队需要考虑营销云对业务其他方面的影响，并负责将这些数据解锁以供业务使用。企业可以使用的云模式有许多选择，例如托管和混合云系统。在Adtech方面，已经出现了很多极富创造性的工具及云服务，它们可直接使用供应商的API来构建广告，而无须登录该平台，这减少了新员工的培训时间。不过这些都对企业的IT团队及营销团队提出了更专业、更高的要求。

对于其他的Martech系统，由于涉及的技术不同，也会有不同的技术评估角度，这些都对品牌方提出了更高的要求。我们将在后面对Martech技术落地的主要系统进行详细介绍。

2.4.3 大数据打通、处理能力

有一个形象的比喻，如果 Martech 被比喻成人体的器官，数据则可以被类比为血液，有了血液，人体所需的氧气和营养物质才可以在各个器官之间流转，废物才可以排出。同样，有了高质量的数据，Martech 的各项技术所落地的各个系统才能不断得到迭代优化，并最终实现企业价值的提升。Martech 时代的品牌和市场人员需要具备一定的数据处理知识和数据敏感度。

1. 以人群包重定向这个数据应用为例

若执行不当，重定向可能会激怒用户，而且品牌主需要让技术专家关注并评估人群包重定向提供商在频次控制、受众细分、人口属性、地理位置和上下文定向等方面的专业知识和能力。IT 部门还应确保重定向技术可以与其他 Adtech 和 Martech 栈集成，包括 Adserving、DSP 和 DMP。因为重定向依赖于 Cookie ID、设备 ID 等用户标识数据，评估时应该确保供应商有一个全面的解决方案，且能够跨设备跟踪。一旦实施，IT 团队应监控数据，以确保重新定向的计划是一致的、相关的，并且重定向不会发生浪费。人群包同流量的匹配率也常被称为找（召）回率，这是决定重定向效率的关键指标。

2. 以 Adserving 系统为例

IT 部门应确保 Adserving 能够与多个 Adtech 供应商顺利集成，并确保埋点管理（Tag Management）和营销活动跟踪（Campaign Tracking）的流程可高效运行。Adserving 是广告主可信的真实数据来源，应实施标准化的数据报告流程和节奏，且数据应自由流入报告技术栈，以确保数字活动能够被准确测量和归因分析。

3. 以营销自动化系统为例

营销自动化可能需要集成多个解决方案和平台，如 DMP、DSP、CMS 和分析平台。对 IT 部门和供应商来说，挑战来自如何集成所有这些系统并进行用户行为埋点追踪。需要密切关注各系统数据间的匹配率和属性，并确定如何合并移动端用户行为的跟踪（全渠道营销定义中的移动端用户行为数据匹配）。用户行为追踪埋点管理是市场营销自动化的重要组成部分，应得到严格管理。

4. 以电邮直销为例

作为一种直接的通信方式，当邮件个性化、用户细分和电子邮件在移动端被广泛使用时，电子邮件的互动效果得到了增强。在客户对某个品牌的综合体验中，这种方式可以促进用户转化和培养忠诚度，以及鼓励新的销售形式。

现代化的电邮直销已超越了传统的直接发送链接的形式。现在，通过使用 DMP 数据对客户进行细分，以实现更具针对性的消息传递。非常重要的是，利用第一方数据发送消息的 Martech 工具也会将数据反馈给 DMP，确保 DMP 可处理这些数据，前提是电邮直销系统在 Martech 系统中与 DMP 等其他系统无缝集成。

需确保电邮直销过程的设计，不是依赖单一维度数据的结果，而是可以不断丰富和补全数据的。这需要采集各种来源的数据，以确保品牌能够不断增加信息的相关性维度，以及增加用户行为追踪埋点数据的回收量。这即我们常说的补全用户全网的行为数据维度，并基于全网行为构建用户画像。

值得注意的是，随着 Adtech 与 Martech 的融合，用于电邮直销的数据还可通过移动端、PC 端和视频平台等渠道的展示广告触达用户。所以，应确保 DMP 能收集客户旅程中的所有数据，并与企业的电邮直销系统、Adserving 系统、DSP 系统集成，这将使市场营销部门能够跨多个渠道对用户传递一致的消息。

5. 以预测分析为例

预测分析与市场营销自动化的过程十分相似，因为相关信息均来自 DMP。预测分析可帮助组织再次审查购买特定产品的客户的特征，例如位置和人口特征，以及购买兴趣等，从而圈定符合这些特征的新的潜在客户。IT 部门应参与到企业 Martech 软件栈中的预测分析套件的选择和实现。预测分析套件由数据挖掘、分析、统计、建模、报告等功能模块组成，通常由专业供应商提供。当组织有内部数据科学家时，需要 IT 部门的参与，以确保正在进行的建模可合理使用数据并符合相关法规。

上述过程的挑战在于要确保数据收集组合的复杂度适中（采集太复杂的数据成本会增加，成功比例和可用量级会减少；采集太简单的数据虽然成本会减少，但也会造成有效性、可信度降低），能可靠地与交易系统报告顺利集成，以及能合理且正确地应用建模技术。

6. 以第一方等数据处理为例

对于企业的 IT 部门来说，处理第一方数据的关键是如何将多个来源（CRM、社交媒体、广告推广活动、销售终端 POS）的数据集成到统一的事实数据来源中。例如，将某个用户在不同的孤立的业务系统中产生的不同用户标识 ID 及相关附属数据打通，合并为同一用户的行为数据。IT 团队几乎不会直接干预第二方或第三方的数据，因为大部分数据将发生在 DSP 或 DMP 级别。它很可能会作为媒体归因和验证的一部分，因此，如果你正在构建这些能力，将需要引入一个跟踪分析验证的过程来管理整个项目。然而，围绕数据治理，IT部门应了解如何使用数据，其中包括与数据供应商一起审查合同，以确定数据所有权和报告粒度等问题。

7. 以数据匹配率优化为例

为了帮助企业实现最佳匹配率，IT团队需要全面了解用数字化方式获取用户的整体策略。这通常需要统一受众数据、媒介执行和广告创意个性化，以实现全漏斗的广告购买和优化。高匹配率使企业能够触达正确的受众，并实现更高的销售转化。因为广告商通常会使用多种技术平台，IT部门应该检查在广告技术层面是否与其他平台进行了紧密集成（如用户标识ID数据与这些平台采用的数据格式是否一致）。技术负责人应评估数据共享的实践性，并确保准确、无缝地收集和共享了匹配率数据。

企业数据资产的积累和提升是一项系统化的工程，本书的后续章节将对这部分做详细介绍，以帮助营销主了解目前市场上主流的数据能力及可能的应用场景，也会对数据打通技术、数据挖掘及建模进行介绍。

2.4.4 业务理解，行业经验积累

在Martech大发展的背景下，我们可以看到，很多服务方都面临着行业的大洗牌。在传统的品牌营销时代，4A公司是为品牌提供服务的主力军，拥有绝对的话语权，因为其对品牌业务的深入理解、对营销理论的深刻认知和运用，以及与媒体的谈判能力等深得品牌方的青睐。但是，随着Martech技术的兴起，市场上涌现出一

批以数据服务和营销技术服务为主业的公司，这些公司在与4A公司竞争的过程中，体现出了不小的优势，威胁到4A公司的市场地位。同时，市场上也有不少传统咨询公司开始开展针对品牌营销的专业咨询服务，他们往往与Martech技术公司合作，有的甚至直接收购一些行业领先的Martech技术公司，共同为品牌主提供从咨询到落地的全套Martech解决方案。

本书不想对此做过多讨论，只想强调一点：Martech的发展一定是需要与业务相结合的，Martech时代的市场营销人员必须具备对行业的深入了解和对技术的独到见解。

以人工智能的应用为例，在Adtech和Martech中，人工智能最有可能构建在DMP、CDP及Adserving中。人工智能经常被用于描述机器学习、复杂模式匹配和预测分析，这使其在数字营销和广告中有着广泛的应用。由于人工智能属于数据科学领域，因此IT团队应该与业务部门合作，确定优先使用的应用场景和应用的优先级。机器学习需要大量的数据，比大多数企业在自己数据库中拥有的数据要多得多。IT团队需很好地理解并考虑企业现有的数据源能达到什么效果，以及何时需用外部数据为企业提供补充。

2.4.5　跨部门推动力

跨部门推动力在这种技术和业务融合的时代尤其重要。在前面我们说过，Martech技术从来都不只是技术，如果要发挥最大价值，必须与业务和场景相结合，有时甚至还需要调整组织架构。因为我们看到，Martech技术涵盖了传统的市场、运营、销售领域的所有相关职能，并且是自发展和自迭代的技术。这些部门只有在技术的落地过程中通力协作，才能保证项目的敏捷迭代，通过持续累积小步的胜利，最终产生巨大的价值。

企业组织架构的变革往往是落后于技术变革的，原来割裂的部门架构，以及割裂的系统和数据孤岛，是 Martech 在组织内落地的巨大障碍。可以说，IT 能力和系统越完备的传统企业，在 Martech 技术转型过程中面临的阻力就越大。

有不少品牌主是通过成立虚拟的 Martech 项目组的方式来推动系统落地的，该项目组中需要有品牌业务人员、IT 人员、系统运营人员、各 Agency 对接人员、法务人员等各种角色，而且该项目组需要由 CEO 直接领导。由上而下驱动，才能最大程度保证 Martech 技术在企业成功落地和应用。下面举几个常见的例子。

1. 以改善用户体验为例

改善用户体验这项工作至关重要，通常是企业数字化转型的一个关键驱动因素。这是因为 IT 部门对整个组织有着广泛的横向视角。广告、品牌体验与用户对品牌的数字资产的体验密切相关，因为它会影响购买决策和品牌忠诚度。组织内应有供跨职能团队使用的工具，这些工具可帮助相关人员识别营销人员与广告渠道互动的模式，以创造良好的潜在用户体验，并在后续获得巨大的用户体验提升。

2. 以 CMP 管理系统优化最佳体验为例

CMP 不是现有站点的附加组件，它是企业自己所建网站的核心。它应该管理每个图像、文本或视频等数字内容资产的加载以及在页面中的展示、渲染、运行等。它应允许从广告投放服务 Adserving、DMP 及重定向事件埋点收集受众细分数据，并根据对这些数据的洞察和分析，对未来的数字营销或广告活动给出有帮助的建议。CMP 是公司运营的生命线，IT 部门在这些系统的创建和实施过程中有着重要的发言权，但需要跨部门协调各个业务部门的工作并达成一致意见。技术运营团队应该就如何将整个网站变成一个可定制的动态网站提供指导，该网站应通过数据及埋点等功能进行优化，并为访问者提供最佳体验。

3. 以 SEO 优化为例

值得注意的是，随着个性化引擎及 CMP 在提升用户体验方面的运用，如何让搜索引擎更"喜欢"品牌方的内容是技术团队、营销团队和用户精细化运营团队都需要关注的。这可能也是品牌调性及品牌定位策略的要点所在。

4. 以各 API 标准化统一管理为例

所有的 Adtech 供应商都应该有一个允许引入自动化功能的 API。任何需要一遍又一遍重复执行的任务都应该用自动化方式来处理，这包括广告素材上传、媒体广告投放计划上传、基本报告提取、归因数据导出等。企业的营销团队应该对这些领域都很了解，但要专注在提供洞察和专业知识上，而不是只会点击按钮。

为了利用这些 API，企业 IT 团队需要构建或修改工具来与技术供应商完成对接，其中包括数据分析和可视化等。IT 团队应该清晰理解企业所需的功能，及其要满足的业务需求。

API 的功能包括营销自动化、Web 分析、搜索引擎营销、埋点和跟踪监测管理等，目的是方便其与 Trading Desk 或其他营销需求方的技术平台进行技术对接。可通过 API 方式在 DSP 上自动完成下单、定向、投放以及生成数据报告等操作。

2.4.6 快速验证及迭代优化，全业态把控能力

"快速验证及迭代优化，全业态的把控能力"也可以被看作是一种操作方式。因为在品牌方进行 Martech 落地的过程中，一种思路是把所有底层技术框架搭建完，同时完成企业的所有第一方、第二方、第三方数据的积累和治理工作，然后再考虑具体在哪些业务场景与 Martech 技术相结合，以发挥平台和数据的价值。还有一种思路是先根据业务的需要，选择可行且投入产出比较好的场景进行 Martech 试水，在技术和数据的选型上，不追求大而全，而是强调必要性和可扩展性。一旦技术和方法取得了阶段性成果，得到验证后，就进入下一个周期的快速迭代，循环上升。

我们推荐第二种思路，因为对于企业来说，很难接受投入后却长期看不到价值，没有业务持续不断为底层技术部门提供反馈，就很难争取到持续的资源投入，这对 Martech 的发展是不利的。当然，Martech 技术也不是一蹴而就的，需要给予一定的耐心和试错的空间，但是这并不意味着企业必须忍受长期未知的 Martech 技术投入。

这就要求市场人员必须深刻了解技术及其发挥价值的前提条件以及技术之间的依赖关系，然后结合企业自身的现状，设计自己的 Martech 落地规划，并推动其落地。在实现的过程中，若对技术有清醒客观的认识及合理的预期，在遇到困难时就不会轻易放弃，更容易成功。

2.4.7 基于数据分析的精细化运营能力

基于数据分析的精细化运营能力其实也非常重要。数据资产不是靠被动收集来的，而是通过主动的运营能力获取并积累的，当 Martech 技术平台在企业内部落地之后，持续运营数据非常重要，只

有通过一套持续运营的理念和方法论的指导，Martech 技术平台才能基于越来越多的数据资产和越来越好的数据质量发挥越来越大的价值。我们甚至可以说，Martech 技术平台三分靠建设，七分靠运营。

Martech 项目组的运营能力主要体现在两个方面：

第一，能够结合 Martech 技术平台的能力以及对数据的分析和解读，制定标准化的运营流程和规范，保证企业 Martech 技术的稳定输出；

第二，能够根据业务需要设计运营场景，帮助提升数据质量和优化 Martech 的实现，并持续将通过验证的运营流程标准化，持续提升企业 Martech 水平。

总体来说，企业在 Martech 转型过程中，对市场营销人员提出了更高的要求，未来富有竞争力的一定是具备上述能力要求的复合型人才。

2.4.8 数据的合规使用

PII 数据合规的定义因地而异，法律要求也各不相同。企业的 IT 团队需要借助法律部门来处理区域复杂性问题。技术部门需要确保业务部门的客户信息受到保护，还要监督在数字营销过程中帮助收集和存储数据的外部技术供应商。

第 3 章

Martech 实战——Adserving 要点

Adserving 是 Adtech 的关键，如前所述，在 Adtech 升级为 Martech 的大趋势下，在全场景、全触点的自动化营销大框架中，Adserving 也是十分重要的一环。不仅因为其媒介活动在营销预算中占绝对大的份额，还因为企业以消费者为中心的价值传递链重构，推动着跨业务板块数据的集成，为作业链条和供应链的优化提供闭环服务。这将使得 Adserving 不仅能对传统媒介指标及媒介数据进行优化，而且还能激活企业的生产、销售、售后整个链路及用户转化全周期各环节的数据。企业数字化转型的各种数据被运用到广告环节，进而不断提升广告效率，并以经营结果为导向，实现企业及其供应链、价值链的 ROI 最大化。

由于本书的核心是 Martech，所以重点会放在 Adserving 的最新运用上，例如，如何激活 DMP/CDP 主要场景等。关于 Adserving 相关产品和技术等方面更详尽的内容，可参阅《程序化广告实战》一书。当然，为了确保大家能用好 Adserving，本章将从 Adserving 的基础知识、主要应用场景、主要投放流程等几个方面展开介绍。

3.1　Adserving 基础知识

Adserving 通过技术手段和技术平台，帮助广告主实时管理媒体流量的每次广告曝光机会，从而提升广告媒介的效率与 ROI。

传统广告媒体采买（即从业者们常说的 Regular Buy）模式下，广告实际上还是由各个媒体各自分发到各个终端用户。在这个过程中，广告主虽可以对曝光量、点击量、排期等指标提出要求，但依然无法针对不同喜好、不同转化周期阶段、不同媒体、不同地域、不同场景等做到大规模的个性化传播。

基于上述问题，Adserving 应运而生。通过 Adserving 可管理广告主所有媒体广告的投放，所有媒体广告的流量通过统一的管理平台按广告主千人千面的投放策略智能分发到每个用户，从而实现广告传播的根本目标：在合适的时间、合适的场景、合适的人群中传递合适的广告信息以抢占用户心智，保证用户萌发需求的瞬间，能想起广告主的产品或解决方案并进行购买，由此促进广告的成交转化。

如下图所示，Adserving 统一实时管理广告主的流量，可做到跨媒体的联合频控，可对用户投放的广告按故事线的顺序进行轮播，还可根据用户所处转化周期的不同采用算法更有针对性地进行广告沟通。

第3章 Martech 实战——Adserving 要点

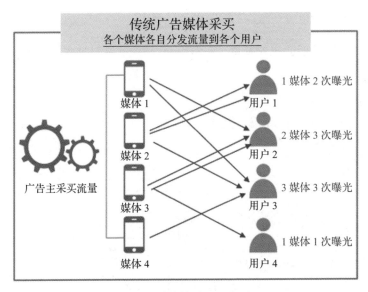

传统广告媒体采买示意图

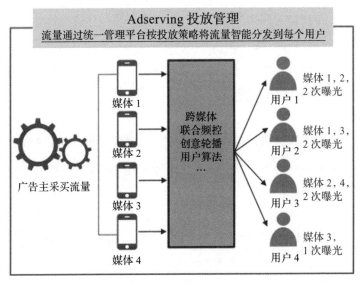

Adserving 投放管理示意图

3.1.1　Adserving 广告请求执行流程

大家可能会比较好奇，Adserving 是如何通过技术实现的？是如何实时管理每次广告曝光机会的？如下图所示，广告请求执行的大体过程如下：

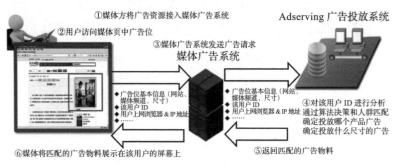

Adserving 广告请求执行大体流程示意图

1）媒体方将广告资源接入媒体广告系统。

2）用户访问媒体的某一页面时，页面端程序会向媒体服务器问询并拉取内容，然后展示。若该页面中有广告位，就会问询媒体广告系统并尝试拉取广告内容。此时会将广告位的基本信息，以及该用户的 ID、所用浏览器、IP 地址等基本信息一并发送至媒体广告系统。

3）媒体广告系统将收到的与广告位和用户相关的基本信息发送给 Adserving 广告投放系统，并问询要展示的广告内容。

4）Adserving 广告投放系统对该用户 ID 及相关信息进行分析。随着 Martech 的升级，此处会大量运用被激活的 DMP/CDP 等数据，以及设置的大量智能营销策略。Adserving 结合数据和营销策略，并通过算法决策和人群匹配来决定是否需要该广告曝光机会。若需要，则与要投放的产品广告及其尺寸、物料相匹配。

第 3 章 Martech 实战——Adserving 要点

5）决策完成后,Adserving 将结果(即利用该广告曝光机会投放哪个广告物料及监测代码)返给媒体广告系统。

6）媒体广告系统将这个结果返给媒体页面端,媒体页面端将匹配的广告物料展示在该用户屏幕中的广告位之上。

为了保障用户体验,整个过程都要在 100 毫秒内完成。这对其中各方(尤其是 Adserving 方)的技术、算法、数据能力的要求十分高。

3.1.2 Adserving 智能流量管理决策流程及框架

智能流量管理广告投放是一个复杂的决策过程,包括各种策略及数据的输入和输出,以及全流程闭环执行过程,那么其整体流程和框架是什么样子的呢?下面我们将做一个概览性的介绍,如下图所示。

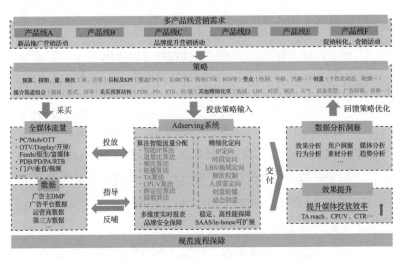

Adserving 智能流量管理决策流程及框架概览

1. 策略的输入和输出,持续回馈和优化

广告主多产品线的生意和营销需求是 Adserving 丰富策略的重

要输入来源。典型营销需求包括：

- 新品推广的重点是覆盖人群精准、覆盖面广、有效强度大；
- 品牌提升的重点是与用户持续沟通、大规模个性化；
- 促销转化的重点是用户转化全链路营销、大规模个性化、精准互动等。

不同营销需求和目标会直接影响营销策略的各个方面：预算、排期、量、频次（周、月等）、目标及 KPI（覆盖 CPUV、互动 CTR、转化 CVR、ROI 等）、受众（性别、年龄、兴趣等）、创意（个性化、动态、轮播等）、媒介渠道组合（媒体、形式、屏等）、采买预算结构（PDB、PD、RTB、价/量）、其他精细化项（地域、LBS、时段、频次、天气、设备类型、广告环境、价格等）。这些策略的输出，将会作为媒介资源采买、数据抽取及建模、Adserving 优化投放等后续落地环节的重要输入。

2. 数据的输入和输出，对投入进行指导和优化

依据上述策略的指导，应采买适合的全媒体流量，全媒体流量包含且不限于：

- 不同终端类型：PC、Mob、OTT（智能电视）等。
- 不同展示形式：OTV 在线视频贴片广告、Display 展示广告、开屏广告、信息流广告、原生广告、富媒体广告等。
- 不同交易模式：PDB、PD、PA、RTB 等。
- 不同媒体类型：门户、垂直、视频等。

这些媒体流量通过技术方式对接 Adserving 系统，由媒体广告系统向 Adserving 系统传递每次广告曝光机会的广告位及用户相关的数据，Adserving 系统依据策略设置、数据、算法来实时动态决定投放什么广告。

除了媒体方随广告流量携带的数据外，还有很多被输入到 Adserving 系统用于指导广告投放的数据，如：

- 广告主的 DMP、CDP 数据；
- 广告投放平台的数据；
- 第三方的数据（如运营商和其他合作伙伴的数据等）。

数据不仅可输入到 Adserving 系统中并与策略目标相结合，用来指导广告投放，还可以通过 Adserving 系统对广告投放相关的曝光、点击及频次等进行反馈，并反哺到广告主的 DMP、CDP 系统。

3. Adserving 系统化整合策略和数据，实时优化投放

全面对接各类媒体，并将丰富的多方数据及投放策略输入 Adserving 系统。Adserving 可提供如下坚实的能力支撑：

- **优化算法智能流量分配**：涉及智能 IP 算法、退量比算法、频次算法、轮播算法、TA（Target Audience，目标受众优化）算法、CPUV（Cost Per Unique View，单人覆盖成本）算法、固定位算法、排期算法等，支持数以万计的投放策略自助化录入、高度自动化实时算法决策、闭环反馈、智能学习优化，保障各流量被充分利用和 KPI 的达成。
- **精细化定向投放**：涉及 IP 定向、时段定向、LBS/地域定向、频次控制、人群重定向、创意轮播、动态创意等数百种精细化流量细分规则，支持大规模个性化策略的实施。
- **多维度实时报表**：数十个维度的实时与自动化数据报表分析，并可灵活订阅；分钟级实时清晰掌控媒体请求、退量原因，从而大大减小媒体风险；不同流量用户行为特征（曝光、点击等）的频次及 UV 分析；回馈细致策略优化；投放管控可视化、多样化展现。

- **品牌安全保障**：对流量的规范性和流量质量进行甄别，并采取反作弊等处理手段保护广告主的权益。
- **稳定、高性能保障**：7×24小时全天候确保所有广告请求都在毫秒级时间内处理完成，在保障媒体用户体验的同时，确保不错过每个目标受众的广告曝光机会，并最大化广告主媒体资源的利用率。
- **SaaS（云托管）/in-house（本地化）可扩展**：随着in-house的需求越来越强烈，Adserving可扩展支持广告主短期或长期的数字化转型战略。

通过实现上述全方位、系统化的实时投放能力，可提升广告媒介的投放效率，具体体现在如下方面：

- 增强目标受众覆盖率（TA reach）；
- 降低单人覆盖成本（CPUV）；
- 提升互动率（广告点击率，即CTR）等。

4. 制定标准和规范，保障质量，贯穿整个作业流程

对于计划、媒介采买、投放执行、效果提升、验证、数据分析、洞察、持续改进等整个营销作业流程的各个环节来说，虽然引入了数据和Adserving自动化，但很多执行环节仍需人来参与。所以，需要配套标准的流程规范、文档模板、执行检查表、实践指导、问题速查表等，并在执行过程中严格贯彻，方可确保交付的质量。

3.1.3　Adtech程序化广告4种典型模式的定义

美国互动广告局（The Interactive Advertising Bureau，IAB）致力于推动全球网络广告市场的持续发展，帮助媒体、广告主和广大的商业组织更好地实现互动广告的价值。很多网络广告及程序化广

告的标准都出自该组织，行业内普遍认同和遵守这些标准。

《程序化广告实战》一书中将 Adtech 作为重点，对程序化广告的 4 种典型模式进行了详尽介绍，这里就不再展开。由于程序化广告旨在通过技术提高所有数字广告媒体的投放效率，这 4 种模式在程序化广告及 Adserving 中处于重要位置，选择哪种模式对不同阶段的目标用户进行广告投放，直接影响智能营销广告的投放产出效率及效益，因此这里还需对一些内容加以强调。下面两个图分别是 IAB 对程序化广告的 4 种典型模式的定义的英文和中文翻译。

注：文档下载地址：http://www.iab.net/media/file/IAB_Digital_Simplified_Programmatic_Sept_2013.pdf

	Type of Inventory (Reserved, Unreserved)	Pricing (Fixed, Auction)	Participation (One Seller-One Buyer, One Seller-Few Buyers, One Seller-All Buyers)	Other Terms Used in Market
Automated Guaranteed	Reserved	Fixed	One-One	Programmatic guaranteed Programmatic premium Programmatic direct Programmatic reserved
Unreserved Fixed Rate	Unreserved	Fixed	One-One	Preferred deals Private access First right of refusal
Invitation-Only Auction	Unreserved	Auction	One-Few	Private marketplace Private auction Closed auction Private access
Open Auction	Unreserved	Auction	One-All	Real-time bidding (RTB) Open exchange Open marketplace

IAB 对程序化广告 4 种典型模式的定义（英文）

	库存是否保证？	出价方式	资源拥有者	相关术语
程序化合约	保证库存	固定价	广告主私有	Programmatic guaranteed、Programmatic premium、Programmatic direct、Programmatic reserved
优先交易	非保证库存	事先出价	广告主私有	Preferred deals (PD)、Private access、First right of refusal
私有竞价	非保证库存	竞价	少量广告主	Private marketplace、Private auction (PA)、Closed auction、Private access
公开竞价	非保证库存	竞价	公开	Real-time bidding (RTB)、Open exchange、Open marketplace

IAB 对程序化广告 4 种典型模式的定义（中文）

在智能营销中，PDB、PD、RTB 是国内程序化广告中十分常见的 3 种典型模式，它们的优缺点对比及主要媒介考虑可参考下表。

PDB、PD、RTB 优缺点对比

模式	优点	缺点	主要媒介考虑
PDB	流量量级可以保障，品牌曝光量也可以保障；可以强化触达核心 TA，保障优质流量转化量；拥有退量空间，一定程度上可保障流量质量	采买价格相对较贵；受限于退量比，对目标 TA 的优化能力有限	核心覆盖（由于量和质都可保障，故可考虑覆盖 70% 以上的核心目标人群）
PD	流量资源相对优质；因不受退量比约束，流量精准程度较高	流量量级无法得到保障；对 TA 浓度的贡献高于 PDB，但弱于 RTB	关键补充（由于质较好但量无法保障，可作为非常关键的补充，扩大 UV 覆盖、补充强度等）
PA	流量资源相对 RTB 来说更优	价格高，进入门槛高	国内较少

(续)

模式	优点	缺点	主要媒介考虑
RTB	仅针对目标用户投放，CPM 价格相对 PDB 具有优势； 频控相对灵活，可有效控频、追频和补频； 与 PDB 组合投放，可以在相同预算范围降低 CPUV	流量为竞价所得，流量级无法保障； 流量质量参差不齐，对技术要求很高	追投补充（可作为 PDB、PD 优质流量已覆盖人群的跨媒体、跨形式的追投补充）

3.1.4　Adserving 与"传统采买"

既然 Adserving 在智能营销中扮演着如此重要的角色，媒体从业者自然会比较关心。从传统媒介采买（业内常简称"传统采买"）升级到 Adserving 有哪些主要改变？这些改变会不会使传统媒介从业者失业或利益受损？仅就 Adserving 升级这个点来看：

- ❏ 不变的：传统广告排期采买及投放执行流程没有改变，还是由原媒介自行采买私有优质资源，仅增加了一些商务谈判点，比如开放媒体 Adserving、退量比、数据及透明化等。
- ❏ 改变的：改变的是广告媒介效率的提升，由 Adserving 技术平台自动化、智能化地对广告主已采买的媒体广告资源统一进行管理，实现营销效率的最大化。

通过 Adserving 智能投放升级，让广告主通过技术手段获得对媒体广告位的管理权，进而使广告投放、报表、自动优化、数据分析等全流程更透明、可控、智能，且更具规模、更精益。还可实现智能营销的核心诉求，即在合适的时间、合适的场景对合适的目标受众展示合适的广告内容。相比传统采买，Adserving 的价值提升点如下所示。

Adserving 与传统采买的对比

比对维度	传统采买的痛点	Adserving 的优点
媒介管理	非实时,媒体单独分发	实时分配,实时优化,实时可操作,可根据数据洞察趋势,工作流程更具效率,可有效规划媒体购买策略
精细投放	单一品线(多品线广告营销亟待统筹系统平台来管理,基于不同品牌的营销目标来智能分配流量,提升多品牌的媒体投放效率及联合议价力)	多品线管理,甚至可在多广告主之间跨品牌进行流量交换,使流量利用率最大化,更精准地覆盖受众
数据价值	无法回收积累(广告投放的各种数据无法反哺至广告主的 DMP 中并形成持续的数据资产)	数据反哺、全链路闭环营销,具有更大的透明度和控制制度(大数据和人工智能实现跨多媒体的广告转化,可实现全链路闭环营销管理)
个体沟通	缺乏个体沟通(面对单个消费者,缺乏个性化深度沟通,更难做到精准推荐产品与服务)	规模化进行个性化沟通,深入构建客户关系
营销效益	ROI 增长存在瓶颈(互联网广告红利消失,买方竞争日益激烈,导致广告价格连年上涨,营销获客成本、媒介成本逐年上升,急需运用技术手段降低广告覆盖成本)	相同成本承载更多项目,提高产量,节约成本
品牌安全	被动接受,只能投后处理	实时管理流量,投中、投前都可进行流量过滤,减少损耗

3.1.5　媒体支持和市场大趋势

根据众多第三方权威统计机构的数据显示,在我国 Adserving 已占据展示广告份额的六成以上,已成为市场发展的趋势。

经过几年的发展,对于国内各大主流媒体来说,Adtech 基础设施的建设已基本完成,且呈现如下典型现象:

- 60% 以上的媒体流量支持程序化（其中 PDB/PD 占比超过 50%），并建有媒体程序化对接平台（ADX）及媒体方 DSP 投放平台。
- 近百个主流媒体、千余个点位开放了对 Adserving 技术的支持。
- CPM 采买的媒体及广告位流量大都支持退量模式，以供广告主自主投放。
- 部分头部媒体已开始支持先按媒体人群标签在媒体端筛一次流量，然后携带数据标签发给广告主，通过 Adserving 再对流量进行一次筛选，之后才正式投放广告。

某头部视频媒体的数据显示，该媒体的贴片广告销售排名前 10 的广告主中采用 Adserving 的占比超过 75%，其中日化、食品、饮料类行业的广告主采用程序化的最多，汽车行业的广告主采用程序化的比例在不断提升。

3.2 Adserving 主要应用场景

在对 Adserving 的基础知识有了一定认识之后，我们可以进一步来了解 Adserving 的主要应用场景。在《程序化广告实战》一书中笔者曾介绍过 Adtech 时代大家重点关注的纯媒介环节的主要场景，感兴趣的读者可自行阅读。本书重点介绍的是 Adtech 升级到 Martech 后，智能营销的主要玩法，所以这里仅对一些绕不开的 Adtech 相关内容进行简要介绍。

在介绍主要应用场景前，我们有必要先对广告主媒介的主要关注点及优化指标进行介绍。目的是让读者不仅知其然，还知其所以然。

3.2.1 媒介的主要关注点和优化指标

广告媒介的主要关注点不外乎广度覆盖和深度互动。下图所示为典型的广告媒介投放的转化漏斗模型。通过这个转化漏斗模型能十分清晰地看出，在不同的转化阶段媒介所关注的指标及优化重点。

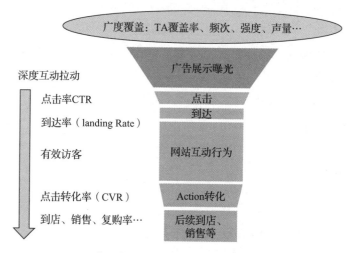

典型广告媒介投放转化漏斗模型

1. 广度覆盖

在目标受众对广告主的品牌和产品不熟悉的时候，广告投放的关注重点应是目标受众的广度覆盖，尤其是 TA 覆盖率、强度 / 声量、频次等。

（1）TA 覆盖率

TA 覆盖率是一个十分重要的指标。比如，某公司要为一款新口红投入广告，此时就需要对目标城市的所有适龄女性，以及对该款口红感兴趣或可能会产生购买的所有人群（即常说的"目标受众"）

进行全方位覆盖——广度覆盖，原则上说，目标受众覆盖率越高，在转化率恒定的情况下，后续能转化为消费者的人数就越多。

（2）强度/声量、频次

同样还是以口红新品广告为例。如果目标受众都看到广告，但广告对受众刺激的频次不够，无法让受众形成有效的品牌认知，无法影响其心智，那么依然无法完成从受众到消费者的转化。在当今这个信息过度传播的时代，有效的强度/声量及触达频次都应成为关注的指标。不同的媒体及广告形式，不同的广告创意都会影响广告的强度/声量。随着 DMP/CDP 的引入，可通过合理分析转化漏斗后续转化的种子用户数量，以及广告媒介前端相关媒体的曝光和点击的数据，可建立合理的媒介评估模型，进而指导 TA 覆盖的媒体、广告形式、人群、频次等策略的制定。

注：在视频 OTV 投放过程中，TA 相关第三方监测报告生成过程：

（1）计算出 TA%（设定广告曝光 UV 与第三方监测样本库进行对比（样本库中包含 TA 样本和非 TA 样本，TA% = 在样本库中命中的 TA 数量/在样本库中命中 UV 的总数）；

（2）计算出 TA% * UV 或 N + UV 等，得到 TAUV 或 TA N + UV 等。

这种第三方监测是基于小样本库（样本库样本数量为百万量级）完成的，通过整波广告投放的 UV 与小样本库重合来推算出 TA%。可见与小样本库重合的 UV 量级可能极小（不到百万量级），试想，量级差距达千倍之巨，其评估指标结果可能会存在较大的偏差，因此在选用第三方出具的 TA 相关的结果指标时，务必慎重。

(暂未考虑样本库数据的可靠性，以及那些"裁判"和"运动员"本属一家等更为糟糕的情况。)

TA 相关指标及公式可参考《程序化广告实战》的 4.1 节。

2. 深度互动

如转化漏斗模型图所示，用户会经历"广告曝光→广告点击→到达落地页网站/打开 App→在网站/App 中互动→转化→（到线下店）产生购买/复购"这个不断由浅入深的过程。广告主除了应关注广度覆盖相关指标外，还应关注深度互动指标。这些指标也是很多网站分析工具、归因分析工具、DMP 数据分析工具的关注重点。

此类指标特别多，这里介绍几个较为常用的。

（1）点击率

点击率（Click Through Rate，CTR）是指广告被点击次数与广告被收看次数的比例。有一些用户看了广告后，由于种种原因（当时没时间或需求不强等）没有立刻点击广告，而是等有时间或有需求的时候通过搜索或其他渠道在官网或 App 购买。由此可见，该环节的广告素材是否能吸引用户并刺激互动，广告内容与用户的特征、用户当前所在的场景、用户所处的需求阶段是否吻合，都十分重要。因此，通过 DMP/CDP 技术和数据对用户进行深度识别，并采用 CMP/DCO 技术对用户进行高相关性、个性化沟通，显然十分重要。CTR 的经验参考数据：移动端 1% 左右，PC 端 0.1%~0.2%，信息流 2%~3%。

（2）到达率

到达率（Landing Rate）是指点击广告后到达落地页网站的次

数或打开 App 次数与广告被点击次数的比例。这个指标会受到网络条件、落地页打开速度等因素的影响。经验参考数据：移动端 20%～30%，PC 端 50%～60%。

注：到达数指通过点击广告首次打开落地页网站的次数，不通过广告点击直接打开落地页网站不算，后续在网站内进行二跳、三跳的互动数也不算。

（3）有效访客数

用户打开落地页网站或 App 后，若对内容感兴趣，就会跳转到不同页面进行浏览（二次跳转、三次跳转等）。有意向的用户会参与转化活动（简称转化 Action 点，该点可由广告主自定义，比如定义为完成表单提交或完成一些组合动作），并填表单留下联系方式（简称销售线索 Leads），甚至直接下单购买。当然，这个互动环节会通过指标来观测用户对品牌及产品的兴趣程度，例如：

- ❑ UV（Unique Visitor）数：网站访客数量。有的广告主进行传统采买时会以此指标项作为结算依据，故这也是 Adserving 优化的指标之一。其影响因素同到达率。
- ❑ 互动数/访客：也称为互动率，该指标反映每个访客的平均浏览页面数，通过该指标可体现网站或 App 的内容是否有吸引力，以及对用户是否友好。CMP 也是优化该指标的重要工具。
- ❑ 平均停留时长：该指标反映每个访客在网站的平均停留时间。该指标同样可体现网站或 App 的内容是否吸引用户，及对用户是否友好。CMP 也是优化该指标的重要工具。

由于可能存在用户误点击并打开落地页网站的情况，为了能有效识别真实的高意向的用户，很多广告主在实战中会设定一定的模型指标（例如，一定量级的互动率和停留时长），将低于这个模型指标的访客过滤掉，留下的认为是有效访客。有效访问数量是对后续销售线索进行有效评分的重要依据。基于 DMP/CDP 消费者典型网站互动模型进行数据分析，也能进一步闭环地回归验证，完善这个有效访客模型。

（4）点转率

点转率（Conversion Rate，CVR）就是转化数与点击数的比例。一般经验数据：点转率为 0.8%。该指标同样可体现网站或 App 的内容、产品服务是否够好，以及用户体验是否流畅，对用户是否友好。CMP 也是优化该指标的重要工具。

注：仅通过广告点击后产生的转化才计入转化数。该"转化 Action 点"可由广告主自定义，比如可设置为完成表单提交或完成一些组合动作，例如销售线索 Leads 提交、App 下载等。网络的好坏、落地页打开速度等因素对此影响很大（出现过因点击监测服务不稳定导致转化数不准确的情况）。

（5）到店、转化、销售

从用户留线索数到到店数的转化率一般为 1%～2%。这个环节基本上完全处于广告主的私域场景中，而整个漏斗转化过程基本就是通过 Adserving 将公域流量导入私域流量池的过程。如何才能留住用户，不断产生黏性，进而拉动用户重复购买（涉及复购率、客单价、单用户贡献等指标）？这些都是不断通过对垂直场景进行持续运营来达成的。从这个环节开始就进入了 CRM/CDP 会员持续经营、Martech 全触点持续智能营销的范畴，Adserving 在这里仅是再次触达用户的一种手段，E-mail、公众号、电话、短信等都是触达手段之一。CMP/RPA 是实现沟通内容定制化的工具。同时，在这个过程产生的销售转化数据也将成为 DMP/CDP 建立有效目标受众数据模型、闭环验证，以及动态指导 Adserving 的重要依据。

扩展阅读

广告主方较资深的媒介人员会通过一些采买及投放手段对上述重点指标进行优化。经过多年商务采买经营，传统模式下媒体优化空间已被彻底"榨干"，所以不得不借助 Adserving 手段，以求进一步对这些媒介指标进行优化。下面介绍几个真实的案例。

（1）UV 覆盖成本、N+UV 覆盖成本、N+TAUV 覆盖成本如何进一步降低？已经使用采买技巧将这些成本压到最低了，还有继续优化的空间吗？

有的广告主会采用整体 2 次的下单频次，有的会采用单周 1 次整体 4 次的下单频次，也有的广告主会要求按 UV 或 TAPV 结算，这些都是通过商务手段来降低覆盖成本。在传统优化空间被"榨干"后，只能考虑利用 Adserving 进一步降低 UV 覆盖成本。

（2）如何对流量进行精细化拆分投放，例如按地域、时段、创意轮播、人群来拆分等？

某广告主的某些品线钱很多，但销售渠道只覆盖了部分地域，所以想在某垂直媒体选地域投放。对于地域定向投放，媒体要加收 30% 的费用。这个时候只能考虑用 Adserving 来提高效率。

（3）如何保证策略执行对反馈数据及时产生响应？

某广告主在新品上线后进行广告投放，他们十分关心不同广告素材及不同媒体的表现，希望据此第一时间调整投放策略并落地执行。而在传统采买模式下，很多的数据最快也需要几天才能反馈，慢的则需要在投放完成几周后才能呈报。而采用 Adserving 后，投放几分钟后数据就能实时反馈，通过对数据进行分析就可完成及时调整投放策略和素材的要求。

（4）频次设多少合适？多形式（视频 OTV、Display、信息流、开屏）联动配比及频次如何评估？

广告投放频次设多少合适？这是所有有经验的媒介从业者十多年来一直问的一个问题。视频 OTV 前贴片广告用户看 1 次的刺激效果相当于开屏广告用户看几次？资深的媒介人员都希望能通过 Adserving 和 DMP 等技术手段量化这些数据，这些数据之前只能依靠经验获得。

（5）如何实现规模化、个性化沟通？

某广告主采用传统媒体广告，广告投放策略千篇一律，就算有多版素材，也无法灵活地按地域、时段、创意轮播、人群对流量进行精细化拆分投放，更难做到对十几亿人全天候大规模地进行千人千面的沟通。Adserving 结合 DMP/CDP 来使用，可自动化解决这个痛点。

（6）如何持续积累投放前后的数据？如何通过对数据进行分析来指导投放？

某广告主利用一年多的时间并花了很多钱来积累广告投放前后的数据，但却无法在广告投放中激活这些数据并最终用于实时指导广告投放策略。Adserving 结合 DMP/CDP 的使用，让这个问题有了答案。

随着 Adserving 自动化技术被广泛运用，智能算法和数据将贯穿广度覆盖和深度互动，推动用户转化漏斗的各个环节有效落地。通过对广告曝光的浏览器、广告媒体点位、广告形式、地域、人群属性、创意素材、频次等多维度变量及后续点击率、到达率、互动率、留线索率、到店率、销售率、复购率等系列数据进行机器学习，可训练出可用、好用的预测模型，从而帮助实现系统化、自动化 Adserving 投放。

3.2.2　Adserving 升级新应用：联动激活 DMP/CDP

1. 营销数字化转型升级

随着 Martech 技术的不断升级，广告主持续打造数据营销力，并纷纷建立自己的 DMP/CDP 系统。广告主媒介及企业营销数字化转型，可分三个阶段进行。

- **传统人工下单模式**（混合一些媒体方的 DSP 流量筛选投放策略）。虽然当前还有很多广告主依旧采用人工下单的模式，但随着竞争的加剧，越来越多的广告主希望能够借助 Aderving 及 Martech 技术提升自己的营销竞争力。
- **Adserving 智能流量管理**（程序化管理每次广告曝光机会）。自 2014 年以来，已有大量汽车行业、快消行业、电商行业的广告主升级采用 Adserving 智能流量管理技术。据市场不完全统计，展示广告中 60% 以上的预算在投放时都已使用 Adserving 来管理了。
- **DMP/CDP 智能营销应用激活**（业务目标导向，第一方数据融合多方数据驱动营销）。自 2016 年开始，一些有先见之明的广告主开始建设 DMP 系统，只是那时进行的都是基础设施建设，主要以收集、存储、分析广告投放产生的数据为主。从 2018 年开始，一些广告主纷纷开始将 DMP 与内部业务数据整合，集成 CRM 数据建立 CDP，并将 DMP 运用到 Adserving 中，以业务目标为导向。他们将第一方 DMP/CDP 与多方数据融合并激活，以驱动智能营销。

2. Adserving 激活 DMP/CDP 的典型场景

通过一站式 Adserving 管理广告投放，可高效激活 DMP/CDP。DMP/CDP 可实时自动输出人群策略和投放策略，实时指导 Adserving 精准投放并进行持续优化。同时，Adserving 可将不同产品线不同广告的不同 DMP 人群的曝光频次、点击频次等数据反馈给广告主第一方 DMP。实战中通过 Adserving 激活 DMP/CDP 的应用场景有很多，这里介绍几个常用的典型场景。

（1）结合 DMP 历史投放数据实现目标受众频次覆盖

如上文中对广度覆盖、强度/声量、频次的介绍，广告投放需确保对目标受众有一定频次的刺激。所以，通过 Adserving 激活 DMP 的历史投放数据，从而分析广告效果不理想的原因，若是因为历史强度不足则应补足，强度够的则应考虑换其他广告。这样不仅能大大节省盲投成本，更能有效保证目标受众的覆盖度，提升媒介效率。

- ❑ 频次不足/强度不够时，无法使目标受众对品牌及产品特性产生印象，此时应对历史投放频次不足的广告追加投放，对频次已足的广告改为投放其他广告。
- ❑ 频次太高不仅会浪费广告预算，还会让目标受众产生厌烦，适得其反。

（2）与 DMP/CDP 联动，实现千人千面投放

DMP/CDP 会以广告投放、销售、CRM 等为主要维度，对用

户转化全周期的各个环节进行数据采集，并建立数据分析模型，给具有不同特征的用户打上不同的标签，并对不同标签用户辅以行之有效的、有针对性的不同沟通策略。Adserving 是十分重要的触达用户的手段，通过 Adserving 与 DMP/CDP 细分人群特征及策略的联动，可帮助 Adserving 更好地针对不同细分人群实施千人千面的广告沟通策略，以大幅提升广告媒介的传播效率，增强广告互动和提升转化效果。

（3）基于 AIPL 推动千人千策，提升 ROI

AIPL 模型是用户对品牌/产品，从知晓到产生兴趣再到购买，最终转化为忠诚客户的全转化周期的描述。DMP/CDP 可通过数据建模和分析来识别并明确圈出不同阶段的用户。对于不同阶段的人群，可采用 Adserving 手段进行千人千策的广告沟通，将用户往下一个转化阶段推动，最终实现成交，提升 ROI。

由上述可知：

- 知晓（Awareness）：主要是处于认知阶段的人群，此时可通过跨媒体、跨广告形式多触点触达这类人群以加深其对产品的印象，可多投放品牌曝光为主的广告。

- 兴趣（Interest）：针对感兴趣的人群可投放促销类广告，促进其购买。

- 购买（Purchase）：针对已购买人群可投放新特性、新产品推介类广告或促销折扣类广告，以推动其复购。

- 忠诚（Loyalty）：针对会员人群可投放老客福利等广告以拉动复购，提升忠诚度。

（4）用数据驱动智能创意营销应用，有效提升互动率

DMP 积累与用户行为、产品铺货渠道、供应链等相关的数据。

通过这些数据可实现以用户为中心来驱动个性化营销，最后通过后端供应链为终端用户提供最优质的产品和用户体验。Adserving 可将这些数据大规模地运用到用户个性化广告沟通中，丰富智能营销场景及策略，有效提升互动率。这些复杂投放策略逻辑都是由 Adserving 自动完成的。典型应用如下。

1）创意故事线沟通

根据不同频次及时间顺序投放不同创意广告，如用户首次接触该广告时，播几次品牌相关广告后，要转为播不同产品功能特性的广告（当某特性广告播放一定次数后换其他特性的广告），用户点击广告后转为播放促销类广告。也可以采用广告创意按有时间顺序播放，提升用户兴趣及参与度，最终提升互动率。

2）依据天气情况等进行个性化沟通

根据不同天气等情况（不同地域的天气现象，如晴、雨、雾、霾、温度、湿度、风向、风力，以及空气质量、PM2.5、AQI 等其他因素投放不同创意广告。比如，下雨天多投外卖广告、紫外线强多投防晒霜广告、雾霾天多投防霾产品广告、高温天多投放冰激凌或降暑产品广告等。

3）结合搜索指数，自动触发广告创意

可根据不同区域或不同时期，以及产品搜索指数的变化，自动投放不同的广告。比如，某地区某产品搜索指数攀升，可自动针对该地区多投类似产品的广告。

4）O2O，利用动态距离创意引导用户到店

在投放广告时，有针对性地告知用户最近的线下购买地址，甚至可在用户点击广告后通过地图导航或电话外呼进行引导。这样可降低从广告展示过渡到购买转化时的损耗。比如，某药品或车的视频贴片广告会在最后几帧自动显示用户所在区域的线下店、联系电话、与用户的距离等信息。

5）场景化广告，提升与受众的相关度

可根据 DMP 得到用户最近关注及感兴趣的内容，以协助 Adserving 针对性地投放相关度更高的广告，促进用户转化。比如，对养宠物的人群投放防动物过敏的广告，对老年人投放防尘霾过敏的广告，总之是针对不同人群投放不同类型的广告。

3.2.3　多重数据＋多种投放模式，一站式闭环持续优化

如下图所示，DMP/CDP 积累并整合广告主自有的数据（来自 CRM、官网、业务等的数据）、收集第二方广告媒介数据（媒体数据、广告曝光数据、点击数据等），并集成第三方外部数据（运营商数据、第三方监测数据、LBS 服务商数据等）。还可对接市场上不同模式及接口开放的公域广告流量，如 ADX 接口对接公开交易平台开放的 PD/RTB 资源（PC、移动、视频、OTT 等），API 接口对接媒体方 DSP 资源，以及广告主包断的优质 PDB、PMP 资源。运用 DMP/CDP 大数据可实现实时策略输出，打造数据闭环，一站式完成持续优化、实时投放及管理。

一站式大数据指导程序化广告实时智能投放管理

1. 一站式全媒体程序化管理升级，全面提升媒介效率

PDB + PD + RTB 整合媒介全模式，实现多媒体广告形式联动，全面提升媒介效率。对于全媒体流量中不同类型的 PDB、PD、RTB 资源，将 Adserving 与 DMP 整合，可全面应用广告程序化，提升媒介效率。各阶段不同模式和资源类型的具体媒介整合策略如下：

（1）广告主统一采买资源阶段

- 交易模式：PDB。
- 优化空间：有限退量或不退量，优化空间优先，价格相对较高，可确保量。
- 媒介组合策略：核心 TA 覆盖，强化触达。
- 建议分配比例：60%～80%。
- 典型营销场景：视频贴片 + 开屏 + 信息流多触点、多广告形式联动，跨媒体控频及 TA 优选；千人千面，大规模实行个性化策略。
- 效果提升预估：15%～30%。

（2）头部资源阶段

- 交易模式：PD。
- 优化空间：无限退量，优化空间较大，但整体量不足，价格相对较高。
- 建议分配比例：15%～30%。
- 媒介组合策略：甄选 TA，关键补充，浓度提升。
- 典型营销场景：DMP 联动，即由数据驱动追投，定向优质头部资源。
- 效果提升预估：30%～40%（PDB + PD）。

（3）中腰部资源阶段

- 交易模式：RTB。
- 优化空间：无限退量，优化空间大，量充足，价格相对较低，资源偏向于中部。
- 建议分配比例：5%～10%。
- 媒介组合策略：甄选 TA，关键补充，浓度提升。
- 典型营销场景：DMP 联动，即数据驱动追投，定向优质头部资源。
- 效果提升预估：40%～50%（PDB + PD + RTB）。

近年来，越来越多的头部大型广告主不再满足于仅进行 PDB 优化，而是逐步升级，引入更多更丰富的 PD 资源，甚至找优质媒体申请 RTB 资源，与 DMP 数据联动，进行广告投放。随着资源、模式、数据、技术的全面落地使用，可不断升级数字营销，提升媒介效率。

下面看一个某食品集团（世界 500 强）整体媒介全面升级的案例。

- 案例特点：全面媒介策略运用，分阶段实施，效率不断提升。
- 项目目标：广告主的主要目标是降低广告投放覆盖成本，CPUV 下降。
- 主要策略：
  ○ 人群策略：以覆盖为主，针对不同产品线、不同推广阶段与高相关人群进行深度沟通。
  ○ 个性化策略：多品线、多形式、多屏联合投放，实现千人千面。某产品线新品上市首日大曝光，占用集团包断的媒体点位首次 UV 曝光机会，实现快速、大范围曝光覆盖效果，提升新品曝光度和用户的兴趣度。
- ○ 资源模式类型组合策略：70% 的 PDB + 20% 的 PD + 10% 的 RTB。
- ❑ 执行结果：多步骤、分阶段稳步升级，全面不断提升媒介效率和覆盖能力。
  - ○ 第一阶段：PDB 频控优化（单营销活动，CPM 购买可退量），CPUV 下降 20%。
  - ○ 第二阶段：结合 PD/RTB 投放策略，补充新 UV 及频次覆盖，CPUV 进一步下降 25%~30%。
  - ○ 第三阶段：多形式联动，全面程序化，补充视频 VIP 会员覆盖，千人千面。成本降低 10%，CPUV 下降 15% 以上。
  - ○ 第四阶段：多品线 UV 交换，实现集团效益最大化。CPUV 下降幅度不断扩大，高达 25%~60%。

2. 多方数据驱动智能营销投放

广告主除了可使用第一方 DMP/CDP 数据、历史投放数据（曝光、点击、到达、后续转化、频次等）、CRM 数据（购买记录、服务记录、复购、客单价、单用户贡献、关注品类、会员级别等）、业务数据（与供应链、供货周期、仓储库存、物流、原材料等相关的数据）等，还可运用媒体方流量中携带的数据，如终端类型（PC、移动、OTT 等）、浏览器类型、操作系统、经纬度、IP 地址、媒体类别、广告形式（视频贴片、开屏、信息流、原生等）、用户标签（基本人口属性、兴趣等）、内容上下文信息等相关数据，甚至可叠加众多第三方数据，如 Adserving 方数据（基本人口属性、兴趣等）、运营商数据、LBS 服务商数据、电商平台数据、第三方监测数据等。

由于是集成多方数据，在多方数据运用上，会涉及不同的优先级。原则上，广告主第一方数据的优先级最高（历史人群等事实数据优于逻辑标签数据），然后是媒体方数据及众多第三方数据。

一个广告流量来到后，应通过对优先级的判断，实时优选出 TA 人群，提升 TA 覆盖率。

下面看一个某知名快消品广告主的视频广告 TA 优化案例。

- 案例特点：联动第一方 DMP + 多方 + Adserving 的数据，多级实时优化 TA 覆盖率。
- 项目目标：广告主的主要目标是投放主流视频媒体贴片广告项目，提升对年龄在 18～29 岁的男性的覆盖率。
- 主要策略：运用 Adserving 系统与多 DMP 数据多级优选目标联动，完成 TA 优选优先级从高至低排列。多级数据 TA 优先策略如下：
  - 广告主第一方 DMP 数据：历史点击人群中为男性且年龄为 18～29 岁的人群包。
  - 第三方监测数据：为男性且年龄为 18～29 岁的人群包。
  - Adserving 方数据：户外运动、游戏，为男性且年龄为 18～29 岁的人群包。
  - 某第三方移动平台数据：为男性且年龄为 18～29 岁的人群包。
  - 某第三方数据：男性人群包。
  - 非目标人群的打底策略（由于 PDB 退量有限，需有打底策略吃量）。
- 执行结果：TA% 比常规投放提升 33%，3 + TA Reach 提升

36%。

3. 及时丰富数据洞察，升级闭环反馈优化策略

按天、周、月、趋势等，多维度对效果表现（进度、TA触达、CPUV、CTR、人群包等）、用户属性（时段、地域、TA人口属性、操作系统、人群包等）、媒体特征（点击差异、UV重合度、退回率、频道剧目、组合等）、用户转化周期行为特征（曝光量、点击量、到达率、后续行为、频次等）等数据进行分析洞察，闭环反馈以优化后续策略。

广告主可随时随地对数据进行洞察，对策略进行优化，对Campaign（活动）进行实时管理和优化。以生意为导向，通过数据闭环反馈来动态调整媒介执行，可帮助广告主更好地达成营销目标。

下面看几个通过数据洞察闭环反馈优化来实现策略升级的案例。

（1）策略计划优化案例

通过对项目中投放媒体及人群的重合度的洞察，调整后续组合投放策略，提升效果。

这个案例中，对前3周投放分周进行UV重合度、媒体重合度洞察，帮助广告主找到重点媒体及媒体组合，以便调整后续投放策略。从最终结果可看到，不论是点击率还是曝光频次、广告强度，都有超过20%的效果提升。

（2）投中优化案例

某项目通过对媒体流量退回率、退回原因进行分析，帮助广告主在有限流量的情况下观察优化的效率，提升流量利用率。

若是媒体质量有问题（高频严重、量不足等），就要求媒体整改；若是Adserving优化空间及退量空间没有利用充分，甚至是多

级退量策略设置有误，可及时指导并调整。

（3）智能营销策略计划优化及投中优化案例

案例特点：分城市采用不同策略模型，采用多场景、多形式联合投放方式，提升城市覆盖广度和与用户互动深度。

项目目标：

- 降低 CPUV 成本，最大化覆盖人数。
- 通过对频次、城市、素材、时段的优化，提升 CTR 互动率和转化率。
- 通过对转化路径的洞察得出不同区域市场的最优投放模型，为媒介采买策略的优化提供数据指导。

主要策略：

- 开屏、信息流、视频贴片 15 秒长版和 5 秒短版多素材、多场景联动投放。
- PDB + PD + RTB 多模式综合使用，有效提高媒介效率。
- 对不同城市、不同策略模型区分投放：按不同城市覆盖广度、覆盖深度，配合不同城市效果贡献 TGI 分析得出的策略模型进行差异化投放。例如，对于覆盖广度高于 50% 的城市扩大 PD 投放，对于低于 50% 的城市进行 PDB 和 PD 组合投放。投放几周后，通过数据分析还应按如下细节调整策略。
  - A 城市在覆盖广度超过 70% 的情况下，频次也已达到 5 次以上，该城市 TGI 超过 1，整体效果较好；后续可着重投放 A 城市，追求深度互动。
  - B 城市的覆盖广度不及 50%，需要着重通过 PDB 并辅以不同投放形式来扩大覆盖广度。
  - C 城市 TGI 不足 1，目前覆盖广度和频次均不够，需要提升覆盖广度来帮助判断 TGI 相关度。

○ D 城市的覆盖广度不及 50%，频次接近 5 次，需要着重通过 PDB 并辅以不同投放形式来扩大覆盖广度。

执行结果：

❏ 为下阶段 OTV 视频贴片媒介采买频次提供参考。通过对曝光占比和点击率的分析（选取点击率及曝光占比从增长到衰减的拐点作为最优建议点）发现一级、二级、三级城市最优频次分别为 9 次、7 次、5 次。详细情况如下所示。

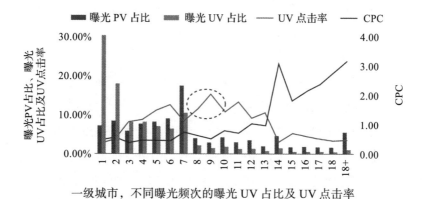

一级城市，不同曝光频次的曝光 UV 占比及 UV 点击率

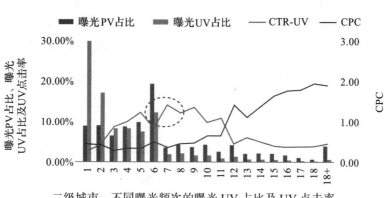

二级城市，不同曝光频次的曝光 UV 占比及 UV 点击率

第 3 章 Martech 实战——Adserving 要点

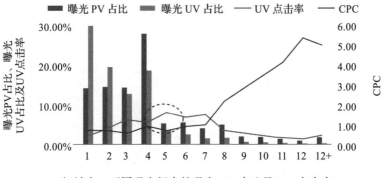

三级城市，不同曝光频次的曝光 UV 占比及 UV 点击率

- ❏ 对全转化周期（27 天）进行追溯分析，发现 95% 的用户在曝光 12 天内就产生转化。所以可将集中曝光控制在 12 天内，12 天之后应降低曝光量以减少成本浪费。

- ❏ 通过退量优化，CPUV 降低 33%。PD/RTB 增加了 18% 的新用户 UV 覆盖，提升了 6.1% 的 PDB 覆盖用户频次；PDB + PD/RTB 投放点击率为 8.5% 以上，优于纯 PDB 点击率 3.8% 的表现。

- ❏ OTV 与信息流配合投放，点击率提升超过 20%，多场景同步投放可提升用户点击率。由下图所示的详细数据分析可知，OTV 与信息流配合投放时，在同一频次下，UV 点击率明显提升，在综合 9~11 次时达到峰值。11 次之后提速开始放缓。注意，10 次以上的投放仅占整体投放的 0.2%。不影响整体频次。

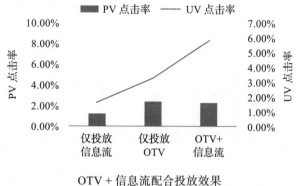

OTV + 信息流配合投放效果

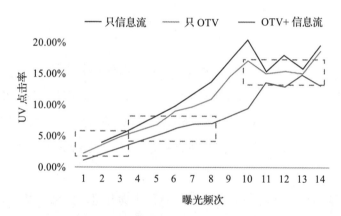

不同媒体类型的 UV 点击率

3.3　Adserving 主要投放流程

3.3.1　传统广告投放流程

下图所示为传统广告投放流程。

1）广告上线前 3 周，主要工作如下：

（a）广告主品牌部门提出需求。

（b）媒介代理细化媒介排期需求。

2）广告上线前 2~3 周，主要工作如下：

（a）广告主媒介部门下发媒介需求单。

（b）广告主媒介部门与媒体就媒体资源、库存量等进行谈判。

（c）广告主媒介部门提出需求简报并提交到媒介代理公司。

（d）媒介代理公司制定媒介执行计划。

3）广告上线前 1~2 周，主要工作如下：

（a）广告主媒介部门制定排期。

（b）同广告主品牌部门就排期进行确认。

（c）给媒体及媒介代理公司下单。

（d）媒介代理公司根据广告主品牌（此处会有广告创意及素材制作公司参与）提供的标准素材和物料，针对媒体尺寸及物料规格（简称物料 MR）进行尺寸及物料调整。

（e）媒介代理公司协调第三方监测生成监测代码。

（f）媒介代理公司将监测代码和素材物料提供给媒体，媒体进行审核并上传到媒体系统中。

4）广告上线第一周，主要工作如下：

（a）媒体进行广告投放执行。

（b）第三方对媒体投放执行提供监测数据报告。

（c）在媒介投放过程中根据业务需要以周为单位进行媒介跟进。

（5）广告上线后 2~4 周或下线后 2~4 周，广告主会进行投放结果审查（广告主媒介及媒介代理根据第三方监测报告反馈，检查广告投放可能存在的问题，并进行补量、扣量、罚款等处理）。

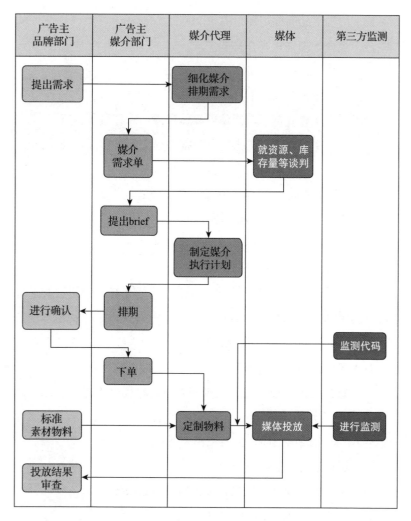

传统广告投放流程示意图

3.3.2 升级后的程序化广告投放流程

引入 Adserving 后的程序化广告投放流程如下图所示。

第 3 章 Martech 实战——Adserving 要点

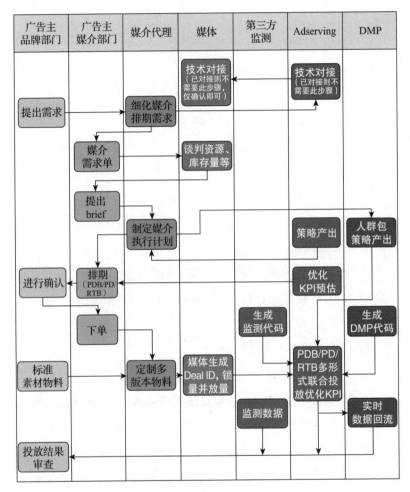

程序化广告投放流程升级示意图

1）广告上线前 3～4 周，主要工作如下：

(a)（增加环节）确认需 Adserving 的媒体是否已完成技术对接。若已完成技术对接，也需要媒体给出书面确认以明确可行性。若未对接，则媒体需在 2～4 周内完成对接，且确保技术接口已准备好。

（b）广告主品牌部门提出需求。

（c）媒介代理细化媒介排期需求。

2）广告上线前 2～3 周，主要工作如下：

（a）广告主媒介部门下发媒介需求单。

（b）广告主媒介部门同媒体就媒体资源、库存量等进行谈判。

（c）广告主媒介部门提出需求简报并提交到媒介代理公司。

（d）媒介代理公司制定媒介执行计划。

（e）（增加环节）Adserving 根据需求简报同广告主、媒介代理讨论协商 Adserving 策略。

（f）（增加环节）DMP 根据需求简报同广告主、媒介代理讨论和协商 DMP 人群包策略，提供给 Adserving 以便进行 DMP 数据优化和激活。

3）广告上线前 1～2 周，主要工作如下：

（a）广告主媒介部门制定排期（PDB、PD、RTB 全模式）。

（b）（增加环节）Adserving 根据排期预估 Adserving 优化 KPI。

（c）广告主媒介部门与广告主品牌部门就排期进行确认。

（d）广告主媒介部门给媒体及媒介代理公司下单。

（e）媒介代理公司根据广告主品牌（此处会有广告创意及素材制作公司参与）提供的标准素材物料，针对媒体尺寸及物料规格进行尺寸及物料调整。

（f）（增加环节）为满足 Adserving 千人千面策略的需要，制作多版素材物料。

（g）媒介代理公司协调第三方监测生成监测代码，（增加环节）

同时协调广告主生成第一方 DMP 代码。

（h）媒介代理公司将素材物料给到媒体进行视觉规范审核,（增加环节）并协调媒体排期。媒体设定好排期后锁量并生成 Deal ID，并将 Deal ID 给到 Adserving 进行设置。Adserving 设置好 Deal ID，并将媒介代理给到的监测代码（包括 DMP 代码）和素材物料上传至媒体系统。

（i）媒体对上传到系统中的素材物料和相关代码进行审核，完成后排期并给到 Adserving 系统，启动投放，广告上线。

4）广告上线第一周，主要工作如下：

（a）（增加环节）Adserving 根据优化策略及 DMP 数据进行多形式联合投放，实时持续优化 KPI，并实时将投放数据反馈给广告主第一方 DMP。

（b）将第三方数据报告、（增加环节）Adserving 数据、广告主第一方 DMP 数据作为投放检查的重要参考依据。

（c）（增加环节）媒介投放过程中，Adserving 及广告主第一方 DMP 根据业务需要以天（有的甚至是小时）为单位进行策略调整、优化，如调整素材、调整定向设置、人群包策略、协同广告主媒介及媒介代理推动媒体解决投放中出现的问题等。

（5）广告上线后 2~4 周或下线后 2~4 周，广告主会进行投放结果审查。

3.3.3　Adserving 项目工作流程执行检查表

下表所示是具体执行过程中的检查表模板，可帮助各方进行协同配合及时间进度安排。

Adserving 项目工作流程执行检查表示例

阶段	责任方	环节	细节说明	截至日	完成？
项目上线前	广告主/代理	确认：媒体清单	确认参与媒体	上线日 −7	
	广告主/代理	确认：媒体排期	预计上线时间	上线日 −7	
	广告主/代理	确认：参与 Adserving 投放管理的产品线	确认参与产品线，如 A 产品 + B 产品	上线日 −7（重要）	
	广告主/代理/Adserving	确认：确认策略	确认投放策略，如 A 联合频控 2 次，超频给到 B	上线日 −4（重要）	
	代理	给到媒体：下单	下单须同媒体明确：为程序化投放模式下单	上线日 −5（重要）	
	代理	给到 Adserving：下单已完成，并给到媒体联系人	联系人应为媒体程序化投放部门联系人，负责提供 Deal ID	上线日 −5（重要）	
	媒体	给到 Adserving：上线投放的 Deal ID	媒体提供 Deal ID，线上自动邮件发送或线下人工提供	上线日 −4（重要）	
	代理	提供 Adserving：投放创意素材 + 文案 + 落地页	某些开屏广告须提前 3~5 天预加载素材，如无法充分预加载，会影响实际投放量级普通展示广告、视频前贴片广告等形式，无须预加载	上线日 −5（重要）	

第3章 Martech 实战——Adserving 要点

阶段	角色	工作内容	产出	时间节点
	Adserving	确认：投放物料	核对素材内容、尺寸物料规格、落地页、资质（代言人肖像授权等）等	上线日 -5（重要）
	第三方监测	提供 Adserving：第三方监测代码	支持设备 ID 等数据回传	上线日 -4（重要）
	Adserving	投放结构设置	—	上线日 -4
	Adserving	素材通过线上技术接口推送至媒体	代理告知 / 推动媒体配合审核	上线日 -3
	媒体	素材审核通过	某些开屏广告须提前 3～5 天预加载素材，非开屏广告须提前 1 天（至少）完成素材审核	上线日 -3
	Adserving	上线前检查	—	上线日 -1
	媒体	按排期放量，提供上线截图	提供广告截图及落地页截图	上线日
项目上线首日	Adserving	上线当天出量监测，确认落地页正常跳转、设备 ID 正常回传等，提供分时媒体出量进度	《项目上线通知》《日报》	上线日
项目执行过程策略调整	Adserving/ 代理 / 广告主	观察策略优化情况，如有需要则跟代理 / 广告主确认策略调整，包括但不限于频次设置、逻辑优化等	《项目策略优化调整》	—

（续）

阶段	责任方	环节	细节说明	截至日	完成？
项目执行过程其他问题处理	Adserving	执行中遇到以下问题须以邮件形式通发汇报，包括但不限于第三方监测数据异常、曝光进度异常、点击进度异常、媒体放量异常、数据异常等	《第三方监测数据差异情况邮件》《媒体放量预警邮件》《数据异常邮件》	—	
	代理	协助媒体解决相关投放问题	—	—	
项目结束后一天	第三方监测	提供完整第三方监测数据	《项目下线通知》	下线日+1	
项目结束后一天	Adserving	发送下线邮件通知	《项目下线通知》	下线日+1	
项目结束后一周	Adserving	提供结案报告	《项目结案分析报告》	下线日+5	

注：对上表中部分内容说明如下：

（1）"截至日"为按"广告上线日"倒排的工期（实际使用该检查表时可直接改为具体日期），"上线日-7"代表"截至日与上线日相比至少提前7个工作日"。项目上线前重要节点需严格按照前置工作日计算，如有延期则会耽误后续工作，最终将影响项目正常上线。

（2）关于媒体与Adserving技术对接时间：如媒体未完成技术对接，则需提前3周进行对接联调（前提是媒体技术接口已准备好。若媒体技术改造时间会更长，则媒体技术改造后无法执行），保险起见（有时媒体因技术升级或数据差异、商务等问题后续无法执行），建议还是由媒体方正式发邮件确认：数据无误差，对接已完成，同意Adserving投放按期上线。

3.3.4 需求简报模板要点

通过需求简报可帮助各相关方合理安排媒介计划及策略,有经验的各方会在项目初期多次组织会议,将相关目标、策略、媒介排期方案讨论清楚并形成需求简报,然后再开展后续工作。这些需求简报中规定的内容也将是后续 Adserving 执行的重要参照目标,各种调整动作都是基于与此参考目标对比完成的,是闭环驱动的。

- ☐ **市场目标**:新品推广、品牌提升、促销转化、老客维护等。
- ☐ **媒介目标**:大曝光低覆盖成本、重点区域补强、重点人群保障强度、主 KPI、辅 KPI 等。
- ☐ **媒体排期**:品牌、品线、活动、端口、媒体、广告形式、市场、投放时段、预估曝光量、预估点击量等。
- ☐ **投放物料**:素材(按媒体、点位、端口等)、文案、落地页地址、资质(如代言人授权等)。

3.4 本地化趋势

本地化(in-house)是近年来很多国际大品牌主开始尝试的方式,即采用不同程度的内部媒介团队来完成原本由广告代理商负责的工作,甲方营销部的工作重心正在发生改变。在本地化影响下,不仅是决策权和工作内容,包括人员培养、系统建设、技术能力储备、系统维护、大数据分析、用户运营等几乎所有的内容都在改变。之前的工作重心是找到最合适的媒介代理,以及大量合格的外包服务供应商,现在这些工作正被逐步收回到品牌主公司内部。

随着 Adserving 及 Martech 智能营销技术的不断升级和普及,越来越多的企业在加速以用户为中心驱动企业的数字化转型过程。这个转型的过程势必推动各种跨专业的能力以业务为导向进行高效整合和对冗余环节进行精简。同时，关于用户个人信息数据，尤其是隐私数据，相关法规越来越严格，数据合规已经是我们无法回避的问题。在这样的大趋势和大背景下，不论对于人才和团队，还是对于大数据及广告投放等系统，本地化的需求都越来越强烈。

但是单一广告主要建设本地化的广告投放技术系统，还是需从数据安全性、成本费用、效率（人效、部署周期）等这几大关键考量维度来严谨地细化、分析自身的需求。评估广告投放系统是采用完全私有化模式，还是采用其他类型的混合模式，以求既保证数据安全合规，又保证高效低成本和广告效益最大化。

虽然，在过去的几年里我们也看到有很多广告主的团队已迈出了重要的第一步，但仍然有很多工作要做，有很多问题需要解决。广告主在提高内部媒介策划、专业技术、自动化系统建设、系统维护、大数据分析、用户运营等能力上，仍然有很长的路要走。

第 4 章
Martech 实战——DMP 要点

　　DMP 是 Martech 的核心落地平台，正如前面章节介绍过的，DMP 的主要目的是提升广告营销效率及效果，而营销的核心是消费者，所以 DMP 平台管理和分析的主要是与消费者相关的数据。

　　在 DMP 被广泛应用之前，部分企业已经开始有意识地去管理数据，同时尝试使用 ERP、BI 等数据管理平台。但早期的数据管理平台主要用于管理生产部门和业务部门产生的数据，对用户数据的管理比较欠缺。

　　企业随着业务的深度发展，积累的用户数据量越来越大，在用户和企业产生交易之前，会产生大量的行为数据，分析这些数据能够增加企业对用户的了解，从而为用户提供更精准的服务。因此，企业对 DMP 的需求应运而生。DMP 平台会管理所有和企业相关的消费者数据，包括消费者触达过程中产生的营销数据、消费者在企业内部触点留下的行为数据，以及消费者在企业外部产生的行为数据等。

DMP 在对用户数据进行高效管理的同时，还能够进一步分析和处理这些数据，从而尽可能发挥数据的价值。对企业而言，选择合适的 DMP 能够帮助其从海量数据中挖掘到有价值的信息，让企业深度了解用户，洞悉他们的消费趋向，进而明确自己的商业目标，帮助企业做出更准确的商业决策。

本章将从 DMP 的基础知识、主要数据处理流程、主要应用场景、选择方法等几个方面进行介绍。

4.1 DMP 基础知识

4.1.1 DMP 的分类

按 DMP 归属主体的不同，可以把 DMP 分为第一、第二、第三方 DMP，每一方 DMP 的属性和作用因使用场景的不同也有所区别。

1. 第一方 DMP

很多企业在积累了自己的用户数据后，纷纷开始着手建立第一方 DMP，这样一方面可以为后续形成自己的营销闭环打下基础，另一方面可以让品牌主的营销基于数据分析和定量优化实现营销智能化。

第一方 DMP 汇聚了第一方、第二方和第三方的数据，主要的数据源为广告营销中回收的数据以及后端的转化效果数据（包括互动、购买等行为）。从数据量级上看，由于营销的转化漏斗是呈数量级递减的，因此第一方 DMP 积累的广告投放数据占绝大多数，其次是企业第一方在社交触点上的行为数据，线下和线上购买数据通常比较少（线下购买数据归渠道方所有，线上购买数据则归第三方电商平台，获取也有一定的难度）。但是，线上和线下购买数据对于打通营销闭环和分析核心购买客群的特征非常重要，所以企业在建设第一方 DMP 的过程中，也非常重视对这部分数据的利用。

第一方 DMP 的主要应用场景包括客户洞察、营销闭环和迭代优化。对于客户洞察，完全基于第一方 DMP 积累的数据其实是不够的，因为这些数据只能反映消费者的部分特征，因此还需要借助一些第三方数据的支持，以此来实现对消费者的 360 度画像。

对于营销闭环和迭代优化，则可以进行非常多的场景创新，通过 DMP 和 Adserving 的联动，可以实现诸如 Retargeting、Lookalike、精准营销、千人千面等众多目的。

2. 第二方 DMP

第二方 DMP 是指媒体、DSP 为广告主提供的 DMP 服务。对于没有自有 DMP 的广告主来说，如果想在广告投放过程中通过运用数据实现精准投放，则可以利用媒体提供的 DMP 服务。比如，直接利用媒体提供的人群标签，选择自己的目标人群进行营销。

第二方 DMP 的主要优势是应用方便，覆盖的人群数量通常也比较大（可认为与媒体的活跃人群数量相等），其主要限制体现在三个方面：

1）封闭性，各媒体和 DSP 的标签只能在平台内部使用，不能跨平台使用。

2）各个媒体和 DSP 的标签构建逻辑各有差异，在某平台效果比较好的标签在其他平台可能效果不好，此时需要应用另外一套标签选择逻辑。因此，品牌方需要有对不同媒体标签效果比较熟悉的人员，按不同媒体的特点进行数字营销目标人群的选择和优化。各个平台之间无法共享人群选取的经验。如果一个企业有 N 个品牌，要同时投放 M 个平台，则大致上就有 $M \times N$ 种人群优化逻辑，复杂度很高。

3）由于这些平台对数据分析结果的输出都有一定的限制，因此知识沉淀和共享的难度也很高，这对人的依赖性过大，可能会带来一定的风险。

第二方 DMP 的主要应用场景是人群洞察和精准营销，但是这里的人群洞察只是查看人群在该平台上的标签特征，不同平台之间的洞察结果由于底层标签逻辑不同而无法横向对比，也就无法拼接出品牌方完整的客户画像视图，这一点非常重要。精准营销的场景也仅限于在媒体自有平台内部应用。可以看出，第二方 DMP 的应用对广告主来说是比较受限的。

3. 第三方 DMP

第三方 DMP 往往由专门的数据公司构建，它们在营销过程中输出数据能力，为品牌主更精准地定位目标人群、更全面地洞察消费者提供帮助。第三方 DMP 往往是对企业第一方 DMP 的有益补充。

在应用第三方 DMP 的过程中也要注意几点：

1）各个第三方 DMP 由于自身数据源和加工逻辑不同，即使是相同的标签，其背后的含义往往也是不同的。因此，如果企业需要应用第三方 DMP，一定要了解清楚其数据采集逻辑、数据质量情况、与自有第一方数据的匹配率等，并在通过小规模的匹配度测试和实际的线上投放测试之后，再决定是否与该第三方 DMP 服务方进行长期合作。

2）广告主在与第三方 DMP 合作之前还要做数据的准确度测试。这件事情的必要性要从几个方面来考虑：

首先，如果广告主与第三方 DMP 合作的目标是提升 TA 指标，而 TA 指标是以第三方监测为标准的，此时由于第三方 DMP 和第三方监测之间标签体系不同，因此测试第三方 DMP 的 TA 标签的准确性是意义不大的，广告主需要做的是测试第三方 DMP 的哪些标签与第三方监测的 TA 人群是正相关的，并进行迭代优化。

其次，如果广告主与第三方 DMP 合作的目标是提升后端转化率，那么做准确性验证的意义同样不大。我们在大量实际营销案例中发现，最终对后端转化贡献比较大的标签往往与业务常识有一定的出入，甚至会出现原来没有想到过的情况。所以，如果把人群选择限定在业务常识范围内，其实是极大地限制了营销的创新和数据发挥的作用。

最后，准确性验证的可操作性也是比较差的，企业往往没有可供验证的准确数据集。另外，对于个体信息的反馈目前也是有法律限制的，因此在实操中会遇到各种问题，最终导致项目落地周期延长。

3）如果需要与多家第三方 DMP 合作，需要做多家 DMP 之间的重合度测试和标签互补性、相关性测试。因为第三方 DMP 通常是按照数据使用量来收取费用的，如果选择了数据重合度高、相关性高的多家 DMP 合作，一方面会增加整个流程的复杂度和成本,另一方面对最终效果的提升帮助也不大,从而降低性价比。

第三方 DMP 的主要应用场景是用户洞察。对于精准营销,其实和前面所述一样,如果是以提升 TA 为目标,则由于第三方 DMP 和第三方监测的 TA 定义存在差异,因此会限定该场景的应用效果;如果是以提升后端转化为目标,则由于后端转化数据的敏感性,往往不能与第三方 DMP 平台共享,因此会导致第三方 DMP 没有优化的空间,因为都是在一波投放结束后才能知道某类数据效果是否好,且经验和教训很难累积和增量迭代。

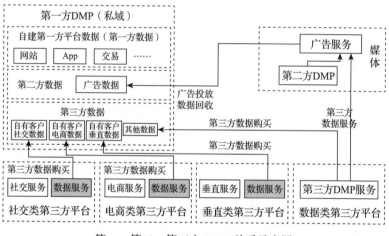

第一、第二、第三方 DMP 关系示意图

对三方 DMP 关系示意图的几点说明:

1)社交类、电商类、垂直类第三方平台和提供广告服务的媒体通常是重叠的,因为对于媒体来说,除了将自身的业务功能提供给用户之外,也会通过流量来进行广告变现。

2)社交类、电商类、垂直类第三方平台可以为品牌返回的仅仅是品牌自有客户的相关数据,而且需要经过商务谈判。通过这些平台提供的数据服务回收的数据，可以被纳入第三方数据，有的品牌主也会认为这属于第一方数据。

3）数据类第三方平台专门从事数据服务，因此品牌主可以获取更大范围的数据，注意，这必须在法律允许的范围内。

4）数据类第三方平台也会直接和媒体平台合作，提供第三方 DMP 服务，并将其应用在精准广告投放中。在广告投放定向时，可以串联多家第三方 DMP 服务。

讲了这么多，我们也可以得出一点结论：**越来越多的广告主开始搭建自己的第一方 DMP 平台的原因是第二方和第三方 DMP 在应用过程中存在的若干限制**。因此，DMP 部分将主要以第一方 DMP 为视角为大家介绍相关的内容。

我们可以看到，虽然搭建第一方 DMP 是一个难度很高、需要长期投入的项目，但是很多广告主已经通过自身的实践积累了很多的经验和教训，这些可以为后来者提高项目成功率和缩短项目建设周期提供帮助。

4.1.2　DMP 的数据源

DMP 中所有的数据都是以用户为核心的，只要对营销的效率和效果有帮助的数据都可以纳入 DMP 的存储、加工和应用范围。总体来说，DMP 可以加工利用的数据源包括私域数据、泛私域数据和交易数据三类。

1. 私域数据

所谓私域数据就是广告主在自有触点采集和留存的用户数据，常见的包括以下几类：

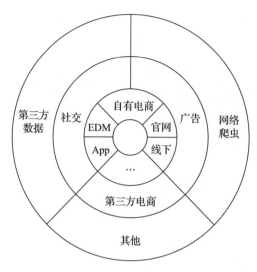

DMP 数据源分层示意

1) **官网数据**：指用户在广告主官网产生的行为数据，包括浏览、搜索、填写表单、咨询聊天、购买等行为数据，通常表达了比较明确的合作意向。对于 toB 类的品牌主或者汽车行业，通常都把官网作为收集销售线索的非常重要的触点，因此对官网的数据采集和应用也都做得非常深入，通常会请专门的服务商做官网的定期更新优化。如果 DMP 需要应用官网数据进行分析，则需要建立相应的接口。对于官网数据的应用，要特别注意 Cookiemapping 的问题，这个在后续章节会介绍。

2) **EDM 数据**：对于很多跨国品牌而言，邮件营销还是他们比较常用的一种营销手段。这些品牌通常有自己的会员体系，并会要求会员留下 E-mail，用来向会员定期发送品牌消息和折扣活动信息等，这会作为与会员长期沟通的一种手段。中国消费更习惯通过即时通信工具而不是邮件进行联系，所以 EDM 的营销方式在中国不是很普遍。

3）**自有电商数据**：对于拥有自有电商平台的广告主来说，自有电商数据会非常丰富，搜索、加购、下单、付费等行为数据都是对研究核心用户消费行为非常有价值的数据。由于这部分数据涉及用户的交易数据，不一定都需要纳入 DMP 平台，DMP 可以仅收集设备 ID 和对应的行为类型等信息，具体的交易金额等信息可以不涉及。一般而言，大的零售品牌也有自有电商平台，不过随着第三方电商平台的兴起和行业地位的不同，大的零售品牌一般都会在第三方电商平台开设专营店铺，自有电商更多是因为战略意义而存在，并不是线上销售额的主要来源。

4）**自有 App 数据**：部分广告主拥有自己的 App，由于 App 的功能很完善且客户体验通常较好，故也可以积累很多用户行为数据，包括注册、登录、活跃、留存、购买转化等一系列数据。除了账户体系外，自有 App 数据都是以 IMEI 或 IDFA 作为用户标识的，从而使其可以非常方便地与其他数据源打通。因此这部分数据价值很高。企业建立自己的 App，维护和运营的成本是非常大的，通常要有专属的 App 开发和运营团队负责。DMP 要加工并利用这部分数据，需要与 App 建立相应的接口。

5）**线下数据**：部分广告主拥有自建的用户线下行为采集系统，可以采集到用户的线下行为数据（经过告知或获取用户授权后获取），包括用户到访店铺的信息数据、参与活动的行为数据，甚至包含一些线下智能设备与用户互动产生的行为数据等。这些都可以作为研究客户线下消费特征的数据源，被 DMP 加以分析和利用。例如，饮料行业目前普遍采用的 UTC（一瓶一码）、零售行业的一物一码、线下的扫码参加活动等都可以积累一定的线下数据。

2. 泛私域数据

泛私域数据指的是在第三方平台与用户沟通和接触时产生的可以通过商务谈判纳入第一方 DMP 利用范围的数据。

1）**社交数据**：指用户在品牌的微信公众号、小程序、官方微博等社交网络中产生的数据，包括社交账号数据、行为数据（阅读、点赞、转发、评论等相关数据）。这些数据虽然是品牌自有的会员信息，但是存储在微信、微博的后台，在符合消费者隐私保护的前提下，品牌主可以通过开放的 API 接口将上述数据导入第一方 DMP 平台并与其他数据进行关联和打通。

2）**第三方电商数据**：上面说过，品牌主通常在大的第三方电商平台有自己的旗舰店、专卖店等，如果消费者在这些店铺下单购买，为了给这些消费者提供送货、维保等售后服务，品牌主是可以从第三方电商平台把这部分用户的必要信息导回自有平台的。对于这部分数据的分析也可纳入 DMP 平台。

3）**广告营销数据**：如果广告主在第三方流量平台投放了广告，则在广告投放过程中也会产生用户交互数据，例如广告曝光、点击等相关数据，这部分数据的量级通常会非常大（与广告主的广告预算相关），可以被用来进行精准营销，或者进行一些品牌营销方面的深度分析（价值分析、归因分析、重合度分析等），因此很多广告主通过与媒体及第三方监测的谈判，可以获取这部分数据中的非 PII（个人验证信息）的部分，用于分析和洞察用户，且可纳入 DMP 平台。

3. 公域数据

公域数据主要包括如下两种：

1）**第三方购买数据**：所谓第三方购买数据，指的是品牌主在进行营销分析和策略优化过程中，发现私域数据和泛私域数据在精度和深度方面无法达到要求时，通过购买的方式从第三方获得的一部分用户数据。由于法律在消费者个人信息保护方面有严格规定，因此这部分数据是不包含 PII 信息的，通常是群体级别的消费者画像，或者以定向投放人群的设备 ID 加密包的形式通过线上 API 接口进行对接，全部流程自动完成且可回溯。合法的交易过程对交易双方都是一种保护。目前出现了一些新型技术，可以在不泄露用户隐私及多方数据信息的情况下，提供加强数据合作和深度建模分析等服务，这部分内容将在第 8 章为大家介绍。

2）**网络爬虫数据**：广告主有时需要了解自己品牌的舆情情况，或者是消费者对某项活动的评价，这些都可以借助网络爬虫技术，针对某些关键字有针对性地进行舆情数据爬取，以便广告主进行公关，改善客户服务和用户体验。这部分数据一般为统计级别，不涉及用户个体。

以上各类数据对广告营销的意义不尽相同，随着用户主动意图的提升和更靠近转化的行为，相应数据的价值也随之增大。而在实际操作中，企业不一定要接入以上所有数据，而是应该结合自己的业务、商业目标和自身实力，在投入可控的范围内整合有效、高价值的数据。

4.2 DMP 的主要数据处理流程

下图所示是 DMP 的主要数据处理流程，其中包含数据 ETL、数据处理、数据分析、数据策略激活等几个部分。下面分别对这几个部分进行介绍。

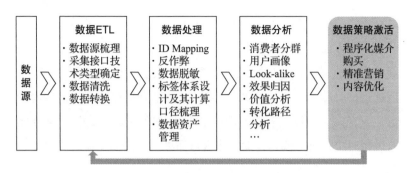

DMP 主要数据处理流程

4.2.1 数据 ETL

数据采集是数据处理和数据分析的基础,对 DMP 平台来说至关重要。数据采集其实就是完成 ETL 的过程。在实际的 DMP 建设过程中,因为 DMP 的数据处理场景一般是批量处理,所以有时实现的是 ELT 而不是 ETL,即先把数据从数据源提取出来并直接装载在 DMP 的文件系统中(保留源格式),再进行格式转换。

这样做的好处:第一,可以帮助广告主实现数据源的备份(部分数据源并不留存历史数据,只产生数据),进一步提高企业的数据安全和沉淀数据资产;第二,保留一份未经处理的数据,在后续上层业务指标出现问题时,容易排查和定位是数据源的问题还是 DMP 处理的问题。当然,如果 DMP 有部分场景涉及实时流式数据处理,则一般还是需要采用 ETL 而不是 ELT。

ETL 过去较常用在数据仓库领域,但并不限于数据仓库。通常情况下,在分析系统中,ETL 的实现会花掉整个系统至少 30% 的时间,ETL 设计的好坏直接关系到系统的成败。ETL 的设计在 DMP 项目启动后的用户调研阶段就要开始,ETL 相关的工作内容包括:数据源梳理、采集接口技术类型确定、数据清洗、数据转换。

数据 ELT 处理流程示意图

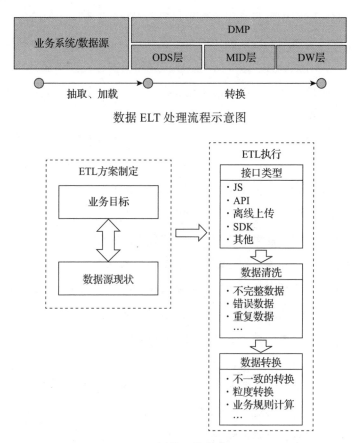

ETL 相关工作内容

1. 数据源梳理

数据源梳理是后续所有工作的基础。数据源梳理相关工作内容包括：了解业务应用场景和流程、了解可利用的数据源、了解各数据源的数据质量情况。只有完成上述三个方面的工作，才能对后续的 ETL 过程进行合理设计。

（1）了解业务应用场景和流程

业务应用场景和流程需要根据目前 DMP 业务构建的阶段目标要完成的应用来确定。前面的章节提到过，我们建议的 DMP 建设方式是应用驱动的，即根据上层业务应用所需，设计要采集的数据和数据的加工处理方式，也就是以终为始。所以我们不是一开始就把能够采集到的所有数据都纳入 DMP 平台。

DMP 要实现的业务场景与企业目前的业务发展阶段和发展目标是息息相关的。通常客户所处行业不同，业务场景相差也很大，例如快消行业（低客单价、高频）的 DMP 通常更侧重于营销分析和应用场景优化；零售及其细分行业（如美妆、母婴、服装等，中客单价、中频）通常需要进行垂直细分人群的深入分析和管理，甚至可能做产品和用户的关联分析、销售预测分析等；地产和汽车等高客单价、低频行业，比较关注销售线索的评估和转化，并根据后端转化指导营销闭环的迭代优化；金融行业，由于自身数字化触点的建设比较完善，往往希望 DMP 能够更精准地将用户从公域引流到企业私域内，后续在企业内部进行持续运营。

无论是上述哪种业务场景，明确了业务目标和阶段任务后，都可以对后续搭建 DMP 平台时需要重点关注哪些数据有初步判断。

（2）了解可利用的数据源

这里所说的数据源包含第一方、第二方和第三方的数据源。该阶段主要判断各数据源对接的难度，包含判断是否可对接，以及评估对接的费用成本和时间成本等。

例如，我们在为很多客户建设第一方 DMP 系统时发现，企业的第一方系统因为受内部数据管控的限制，有时候很难对接，这时候就需要用一些第二方或第三方的数据源进行替代，满足上层业务的需要。对于一些第二方数据源，不同的媒体政策差异很大，需要针对不同的媒体类型在谈判时区别对待，以实现直接对接，通过第三方监测回传或通过其他方式变相满足业务需求（例如，如果媒体无法回传 Divice 级别的数据，那是否可通过调用媒体提供的广告投放后的画像服务、报告服务、问卷服务在一定程度上了解营销的效果等）。在判断出各数据源的可对接性后，还要评估对接周期和所要付出的费用成本，最终给出针对某个应用场景的全面数据源对接计划。

（3）了解可利用的数据源质量情况

在这一步中，并不是对第二步选出的所有数据源都进行质量评估，对于第二方数据源，例如京东和淘宝的客户信息、交易信息、活动信息，微信公众号粉丝和会员的基本信息、行为信息等，广告投放的曝光和点击数据等，需要按照媒体的接口定义获取，在数据质量方面没有评估的空间。因此，我们一般只针对第一方和第三方数据源进行评估。

很多第一方数据的质量参差不齐，虽然具备某些有价值的数据字段，但是由于填充率、准确率等问题，会导致该数据源被舍弃，此时就需要选择其他替代数据源。对第一方数据源进行质量评估，主要从以下几个方面进行：

- ❏ **数据缺失**：进行数据统计、分析和挖掘时，会由于某些重要的属性或数据记录值缺失，导致统计、分析建模和分析结果误差较大。比如，该实体定义有 100 个字段，但真正有值的可能只有 50 个。
- ❏ **数据不完整**：某类业务数据不完整。比如，在客户购买分析中，发现有的客户没有产品购买记录，有的客户虽有购买记录但找不到对应的客户信息。
- **数据不合理**：数据不符合业务逻辑，比如，客户年龄200岁、身份证号码位数不正确。造成这类数据质量问题的主要原因是数据采集应用程序没有进行合法性校验。
- **数据冗余**：是指同一数据有多个版本和入口。这既浪费了存储空间，同时又会产生不一致的问题。产生这个问题的主要原因是数据模型设计不合理。
- **数据冲突**：同一数据在多个系统中有多个不同的内容。造成这类问题的主要原因是没有一个统一的规划和冲突解决方案。

对第三方数据源也要进行数据质量的评估。一般来说，能够提供类似数据服务的第三方服务商比较多，需要通过交叉验证测试，评估这些数据源的优劣，同时也需要判断这些数据源服务商提供的数据的合法性和后续能够持续提供服务的稳定性。如果选择了不能持续稳定提供数据服务的第三方数据源，会为后续 DMP 平台的应用埋下比较大的隐患。

总之，数据源梳理是整个数据工程项目的基石，基石不牢，后续的大厦就不稳。建议先把这项工作做扎实，再推进后续工作，不要因为追求项目进度为后续的平台应用带来问题。

2. 采集接口技术类型确定

DMP 可以纳入的数据源种类非常丰富，对不同的异构数据源，DMP 都需要具备相应的数据采集能力，这些能力包括但不限于如下各项。

（1）JS 监测代码采集

一般来说，对于媒体数据（曝光、点击相关数据）、落地页面

(各转化点)和官网数据(访问、各转化点)可以采用添加 JS 监测代码的方式采集。JS 代码就是用 JavaScript 编写的脚本文件的代码,用单独文件保存,扩展名为 .JS。通过在需要回传数据处埋置一小段 JavaScript 代码,可以让相应的用户数据实时传送到 DMP 系统中。

落地页面和官网都属于广告主可以控制的私有触点,数据采集比较容易落地。在这里着重说一下通过 JS 监测代码采集媒体数据时需要注意的关键点:

- ❏ 并不是所有媒体都允许添加第一方 DMP 监测代码为广告主回传用户数据,往往需要经过商务谈判。
- ❏ 垂直类媒体由于自身规模较小,并没有非常强的技术能力,因此一般只支持添加第三方监测的监测代码,如果第一方 DMP 平台希望能够采集这部分数据,可以考虑通过第三方监测回传。
- ❏ 如果有多家平台服务方都需要添加 JS 监测代码来采集数据,则多家的监测代码需要采用串码或并码的方式进行处理。一般来说,在广告投放过程中最基础的是要添加第三方监测的监测代码,因此第一方 DMP 的监测代码需要与第三方监测的监测代码进行串码或并码。具体是串码还是并码,要看媒体的支持情况和要求,不同媒体之间差异比较大。一般来说,并码处理方式对广告主来说操作比较简单,各家监测代码彼此独立,由媒体负责页面跳转;如果是串码处理方式,则一般最后串接的监测代码方要负责落地页的跳转。
- ❏ 媒体回传 JS 监测代码数据时存在同步和异步两种方式。同步可以理解为在曝光或点击事件发生时立即传输数据,这部分数据比较原始，没有经过过多的处理；异步可以理解为媒体经过一些过滤规则后，再将有效的曝光或点击事件传输给上下游。一般来说，广告主在媒体后台看到的曝光或点击量数据都是经过媒体过滤规则处理的数据，而采用同步方式传输的 JS 监测代码采集的数据没有经过过滤规则，所以有时候你会发现，第一方 DMP 通过 JS 监测代码采集的数据比媒体后台数据大。当然，也会存在第三方监测和第一方 DMP 监测采集到的数据量不一致的情况，这是因为不同平台之间的异常过滤规则设置不同或网络传输等问题导致的，按照行业共识，存在 ±10% 的误差都是可以接受的。

对于需要监测到达数据的场景，请注意异步传输方式是不支持通过参数替换的方式归因移动端到 PC 网站的到达数据的，对于 PC 端媒体到 PC 网站的到达数据，可以采用 CookieID 匹配的方式，但准确度也不如参数替换归因方式高。

- 广告投放的 JS 监测代码需要在广告投放开始之前在媒体平台或 TradingDesk 平台进行相应配置，并经过采集数据的测试确认准确无误后再正式开始广告的投放。

- 在媒体上添加 JS 监测代码不可避免地需要运营人员的参与，运营人员需要根据广告排期表建立相应的投放计划，并生成对应的监测链接，以对后续的数据进行采集和分析。有经验的运营人员在为媒体添加代码时，通常会在媒体、点位、素材、广告类型、购买方式、地域等不同维度分别建立不同的监测代码，这样后续就可以按不同的维度分析广告投放的效果，进而充分发挥 DMP 平台多维分析的能力。添加监测代码的工作量通常很大，而且手工操作容易导致一些错误。因此，好的第一方 DMP 平台需要在易用性的设计上尽量降低运营人员的工作复杂度，并且提供一定的错误发现和提示功能。

（2）开放 API 接口采集

当 DMP 平台需要从其他平台采集数据时，一种常用的方式是调用开放的 API 接口，通过 API 接口与 DMP 平台对接的平台包括私域、泛私域、公域等平台。由此可见，API 接口采集方式的适用性非常强，故被越来越多的企业采用。

API 接口采集数据的主要优点：第一，全自动系统采集，没有人为参与环节，可靠性高；第二，接口适用的场景非常丰富，例如实时、准实时、定期采集、流式、批量采集、全量、增量采集等场景都可以支持。

需要注意的是，API 接口在系统对接阶段需要一定的开发工作，后续数据提供方的数据接口如有升级等变化，则对接方也要进行相应调整。

（3）SFTP 接口采集

当 DMP 需要从其他平台定期批量采集数据时，采用 SFTP 方式通常实现难度比较小，双方只要按规定的文件格式定期传输数据即可完成数据的采集和入库工作。

在 SFTP 采集数据的过程中，比较常见的问题是数据提供方没有按规定的时间上传数据，或者上传的文件有异常，此时就需要有相应的告警和重传机制。

（4）离线文件上传接口采集

DMP 平台还需要具备文件离线上传功能。一般来说，离线上传的通常是广告主通过线下活动等采集的用户数据，平台需要提供接口将这部分数据纳入 DMP 统一管理。

（5）SDK 采集

SDK（软件开发工具包）广义上指辅助开发某一类软件的文档、范例和工具的集合。SDK 一般用于采集 App 中的用户行为数据。如果广告主拥有自己的第一方 App，则 App 的用户行为分析平台就是不可或缺的了。市面上有很多免费的 SaaS 产品或者收费的本地化部署产品可帮助实现上述功能。App 用户行为分析平台都是独立的平台，一般来说，DMP 平台只需通过 API 接口从这些平台获取必要的用户行为数据，以便完成后续的分析和应用，不需要直接在 App 中再嵌入一个第一方 DMP 的 SDK 进行数据采集。所以，SDK 采集方式对第一方 DMP 来说并不常用，除非第一方 App 没有对应的用户行为分析平台。

要在 App 中嵌入 SDK，会对 SDK 要求比较高：一个是 SDK 不能造成 App 安装包显著增大，从而影响客户的下载体验；另一个是 SDK 在运行的过程中不应该占用过多的系统资源，从而造成手机耗电、发热等现象。因此，在 App 中嵌入新的 SDK 要非常慎重，必须经过严格的性能、安全性等方面的测试。

（6）其他采集方式

有时根据 DMP 规划功能的不同，还会产生其他的数据采集方式，例如，如果广告主比较关注市场营销活动的社交舆情，那么可以在 DMP 规划中加入爬虫采集技术，将消费者针对企业营销产生的行为信息定期爬取回来进行分析，以指导市场策略。

对于 DMP 平台的其他数据采集方式，由于应用场景不是非常多，因此这里就不展开了。

3. 数据清洗

数据清洗的任务是过滤掉那些不符合要求的数据，可以直接过滤掉，也可以将过滤的结果在上层展现，由业务部门确认是直接过滤掉还是由数据源修正之后再进行抽取。

数据清洗过程中处理的不符合要求的数据主要有不完整的数据、错误的数据和重复的数据三大类。

- **不完整的数据**：特征是应该有的信息存在缺失，如媒体名称、渠道名称、会员信息等字段存在缺失，或主表与明细表不能匹配等。这一类数据需要过滤出来并展现给业务人员，数据源需要在规定的时间内补全。补全后才能写入 DMP 平台中。
- **错误的数据**：产生错误数据的原因主要是数据源系统本身的数据质量控制机制不够健全，在数据输入后没有进行判断就直接写入系统，比如数值数据错为全角字符、字符串数据后面有回车符、日期格式不正确、日期越界等。对于这类数据也需要分类解决，对于全角字符、数据前后有不可见字符等问题只能通过写 SQL 的方式找出来，然后在数据源修正之后再抽取；日期格式不正确或者是日期越界等错误会导致 ETL 运行失败，这类错误需要用数据源系统排查，定位问题后限期修正，修正之后再进行 ETL。
- **重复的数据**：特别是维度表中比较常见，需要将重复的数据记录下来，让客户确认并整理。

数据清洗是一个反复的过程，需要持续运营，要不断发现问题、解决问题。数据清洗需要注意的是，不要将有用的数据过滤掉了，每个过滤规则要认真进行验证，并在用户确认后才可以执行。

4. 数据转换

数据转换的任务主要是进行不一致数据的转换、数据粒度的转换和业务规则的计算。

- **不一致数据的转换**：这个过程是一个数据整合的过程。DMP需要采集众多的第一方数据源，由于历史原因，很多第一方系统的建设标准并不统一，因此会存在大量数据不一致问题，比如同一个供应商在结算系统中的编码是 XX0001，而在 CRM 中的编码是 YY0001，这就需要在数据抽取过来之后统一转换成一致的编码。
- **数据粒度的转换**：有时数据源提供的数据粒度并非 DMP 进行数据分析时所需要的，在这种情况下，会将数据源系统中的数据按照需要的粒度进行聚合。
- **业务规则的计算**：有些业务指标需要按照数据源提供的原始指标，经过一定的业务逻辑计算后存储在 DMP 的 DW 层。

4.2.2 数据处理

经过 ETL 后，数据已经加载到 DMP 平台，此时就可以进行后续的处理工作了。数据处理流程主要包括 ID Mapping、反作弊、数据脱敏、标签体系设计及其计算口径梳理、数据资产管理。

1. ID Mapping

由于 DMP 的数据源来自众多的系统，这些系统中的客户采用不同的 ID 来识别，以便针对每个客户在平台上的行为特征信息进行采集，DMP 若要把这些分散的特征信息整合在一起，形成一个完整的 360 度特征视图，就必须把这些 ID 系统打通。

市场上最常见的数据源的 ID 类型如下：

- 媒体平台（移动端）：通过 Device ID 来标识用户。与用户所用的操作系统有关，如果是 Android 操作系统，则主要用 IMEI 来标识；如果是 iOS 操作系统，则主要用 IDFA 来标识。
- 媒体平台（PC 端）：通过 Cookie 来标识用户。
- 微信（包括公众号和小程序）：通过 Open ID/Union ID 标识用户。
- 微博：通过 UID 来标识用户。
- 第三方电商（Tmall）：通过电商账号、手机号来标识客户。
- 官网：通过 Cookie 来标识用户。
- 智能电视：智能电视不是针对某个消费者而是针对家庭的，故智能电视用自身具备的 MAC 来标识客户。
- Wifi 探针：通过抓取到的 MAC 来标识用户。
- 线下智能设备：通过 FaceID 来标识用户。
- 广告主自有的账号体系：通过手机号、邮箱、卡号、会员号等来标识客户。

关于 ID Mapping 的具体方法和注意事项，我们会在第 8 章进行深入介绍。

扩展：

从 2018 年 4 月起，移动安全联盟（MSA）组织中国信息通信研究院与终端生产企业、互联网企业共同研究制定了"移动智能终端补充设备标识体系"，定义了移动智能终端补充设备标识体系的体系架构、功能要求、接口要求及安全要求，使设备生产企业统一开发接口，为移动应用开发者提供统一调用方式，方便移动应用接入，降低维护成本。

名称	生成时间	特性	重置	数据关联	适用对象
设备唯一标识符 UDID	设备生产时或调用时生成	不可逆、唯一性、封闭性、一致性、不可篡改性	无法重置,始终不变,除非硬件改变	全关联	用于设备的生产环境及合法性校验,不对外开放
匿名设备标识符 OAID	系统首次启动后立即生成	可关闭性、连接性	用户手动重置、恢复出厂设置、设备商重置、被刷机等特殊情况重置	广告关联	可用于个性化推荐、广告等业务
开发者匿名设备标识符 VAID	可在应用安装时生成	分为设备、开发者、应用等几种情况	恢复出厂设置、卸载所有开发商应用、设备商重置、被刷机等特殊情况重置	开发者关联	可用于同一开发者不同应用之间的推荐等,对外开放
应用匿名设备标识符 AAID	可在应用安装时生成	匿名化、无隐私风险,分为设备、开发者、应用等几种情况	恢复出厂设置、卸载应用、清空应用数据或设备商重置	单应用关联	可用于用户统计等

随着对消费者个人隐私保护的要求越来越高,未来匿名设备标识符(OAID)可能纳入营销体系,作为一种新的设备标识符。

2. 反作弊

在程序化广告营销领域,流量作弊是非常常见的,因为广告主通常使用各种指标来进行广告费用结算,同时衡量广告效果的优劣,因此就会带动某些不法服务商进行数据伪造。这种行为不但损害了广告主的利益,而且带坏了行业风气,造成劣币驱逐良币的现象,最终使得广告主对程序化购买产生怀疑,进而避而远之。

一个正常的程序化广告投放过程通常包括如下几步:

1)媒体、代理与广告主签订广告采买流量合同,通常有CPM、CPC、CPA、CPS等结算方式。

2）如果是 CPM、CPC 结算方式，则需要在广告展示环节添加监测代码，监测代码会随着展示内容一起推送到客户端；如果是 CPA、CPS 结算方式，则需要在广告主后端到达页或 App 上添加监测代码或 SDK，以便对广告效果进行评估。

3）有了曝光机会时，媒体向消费者展示广告，消费者看到广告后产生一定的互动行为。

4）通过监测代码或 SDK 采集到消费者的互动行为，并将其发送回监测方的服务器端。

5）广告主得到投放效果数据报表。如果是媒体认可的第三方监测报表，广告主和媒体可以按该报表展示的数据进行商务结算；如果是广告主第一方 DMP 的监测报表，则主要起到数据收集和核验第三方监测数据的作用，不作为与媒体结算的依据。

按照上述流程，可以进一步将流量作弊分为前端作弊和后端作弊。前端作弊主要是针对曝光和点击的作弊，后端作弊是针对到达和激活的作弊。作弊的手段主要包含机器作弊和人工作弊。

前端作弊一般是通过机器或人工直接触发曝光或点击监测代码。不论哪种方式，都会在服务器端的日志记录中留下若干特征和规律，例如 IP 地址的聚集、设备 ID 的重复、地理位置的聚集、点击的聚集或均匀分布、曝光频次的规律等，通过这些规律，可以在一定程度上判定是否为异常流量，并可以筛选出来进行进一步的排查。

后端作弊通常包括几种：劫持自然流量冒充推广流量，将自然流量归因到推广流量上；采用机器或人工的方式触发后端转化监测代码，伪造转化流量。

后端反作弊会比前端反作弊更加困难，但是无论何种后端作弊方式，都会留下蛛丝马迹。例如：从点击到激活的时间异常、App

内的路径行为异常、有转化但没有对应的曝光、点击和激活的地理位置不匹配、重复点击或激活、广告投放期间后端自然转化量异常减少等。通过分析这些异常行为，可以识别作弊流量。任何作弊只能欺骗一时，后端反作弊的终极杀器还是跟踪各个渠道的后端转化效果的长期趋势。后端的最终转化效果是评估各个渠道是否存在作弊行为的利器。

会产生作弊行为的还包含"羊毛党"。其实"羊毛党"不一定是作弊，也可能是真实的用户利用活动的补贴漏洞赚取利益。"羊毛党"需要区分对待，初级"羊毛党"通常仅是比较喜欢赚便宜的普通消费者，他们在某些条件下，可以会被平台的产品吸引，并转化为真正的长期用户。因此，可以在一定比例下允许甚至吸引初级"羊毛党"参与活动。但是，对于"羊毛党"中级别比较高的，比如团队级的"羊毛党"或利用机器手段赚取优惠的人群，是一定要识别出来并坚决禁止的，以便使营销活动的优惠真正发送到潜在消费者手中。对于"羊毛党"的识别，也是通过类似后端效果反作弊的方法实现的。

3. 数据脱敏保护

所谓数据脱敏保护是指对某些用户的敏感信息或私密性信息，通过脱敏规则进行数据的去隐私化或变形，最终实现数据的可靠保护。常见的需要脱敏的数据有姓名、身份证号码、地址、电话号码、银行账号、密码、交易日期、交易金额、疾病等。

常见的数据脱敏算法包括但不限于：

❏ Hiding 算法：将数据替换成一个常量，如 500→0。

❏ Hashing 算法：将不定长度的数据映射为定长哈希值，如张三→123；李四→456。

- Truncation 算法：将数据尾部截断，只保留前半部分，如 010-66666666→010。
- Mask 算法：数据长度不变，但只保留部分数据信息，如 13011231555→130****1555。
- Floor 算法：数据或日期取整，如：20170213 12:31:45→20170213。

4. 标签体系设计及其计算口径梳理

在 DMP 平台建设过程中，不一定要在平台上线之前的调研阶段就完成标签体系的设计工作。在很多 DMP 平台的建设过程中，由于市场业务部门并没有数字化营销平台的建设经验，也希望通过建设 DMP 平台来支撑其后续的数字化营销转型。在业务调研阶段，往往在设计第一方的标签体系方面没有很好的思路，而且由于实际的第二方和第三方数据在企业内部并没有积累，所以广告主往往对此没有实际的感知。一般在平台上线运行两三个月后，有了各方面的数据积累，再进行第一方标签体系的设计会比较合理。

对第一方数据源非常丰富的企业来说，往往已经有了一定的用户标签体系，这时候 DMP 需要把原有的多个数据源的标签体系进行融合以便统一管理，并补充由于新纳入第二方和第三方数据源而产生的一些标签。

（1）需澄清的几个概念

我们需要先明确几个概念，因为在实际的 DMP 建设过程中，发现品牌方在这几个概念上非常容易产生混淆，进而影响后续 DMP 项目的顺利落地。

1）标签

标签是一个实体具备的特征。对于市场营销来说，最重要的实体就是消费者了，因此主要的标签体系需要描述清楚一个消费者具有的所有特征，例如性别、年龄等人口属性特征，居住地、工作地、娱乐地等地域特征，消费能力、消费类型等购买特征，折扣偏好、参与频度等活动特征等。下图所示是一个典型的用户标签树。

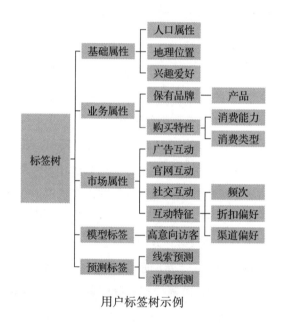

用户标签树示例

还有一些 DMP 平台也会加工与产品或内容相关的标签，这和业务需求相关，在这里就不展开了。

- **标签的取值类型**：一般为布尔值或枚举值，比如已购买客户标签就是一个布尔值，只有"是"和"否"两个选项，而常驻城市标签则是一个枚举值，可能的枚举值包含数百个城市。一个消费者在同一个标签上的取值可以是单值，也可以是多值，如性别标签的取值是单值（男、女或未知）；

而渠道偏好标签的取值就有可能是多值，一个客户可以同时偏好线上和线下两个渠道。多值情况需要通过数组来存储。
- **标签的时间属性**：一般来说，在 DMP 平台的设计中，标签不具备时间属性，即 DMP 平台只存储消费者的最新标签，而不记录标签被标记和失效的时间，因为这会增加平台的存储消耗，但这也导致标签的应用场景变少。对于确实需要记录用户标签状态的所有变化并在标签状态发生变化的关键节点给予提醒（被认为是营销的关键期）的情况，可给予设计实现，但应注意，一定不是针对所有标签进行跟踪。
- **应用场景**：在 DMP 平台中，标签可以用于消费者筛选、用户画像、聚类、Look-alike、精准营销、业务推荐等场景。

2）属性

属性可以理解为消费者所具有的一个指标，如果广告主原有的第一方系统中有 BI、CRM 这样的系统，则会存在大量的属性指标。例如存有用户的出生年月日，此时可以通过该属性与当前年份相减，计算出该用户的年龄值，再进一步根据年龄值所处的范围，加工得到年龄段标签。类似的属性还有购买金额、交易次数等，如果需要转变成标签，则需要对属性进行一定的加工和判断，生成高贡献客户、高频购买客户这样的布尔型标签，或者用户贡献、购买频次这样的分段枚举型标签（分为高、中、低）。

- **属性的取值类型**：一般为浮点型，具有连续的准确数值，对所有用户的属性进行统计，可以帮助企业清楚地了解经营情况，例如客单价、总收入等。会产生各种精确的 BI 报表，但是 DMP 的设计目标主要是进行客户洞察和分析，支撑市场营销策略，因此，属性往往会先被加工成标签再进行利用。

- **属性的时间属性**：属性具备时间属性，因此可以支持根据不同的时间范围，筛选位于不同属性值范围内的用户。
- **应用场景**：在 DMP 平台中，属性可以用于用户筛选。

3）行为

行为是用户与企业发生交互时产生的日志记录。例如某条点击日志，表示在某个时间、某个媒体的某点位由某用户（用 ID 标识）产生了一次点击行为，日志中会包含所有的相关信息，这些信息通过数据源接口从数据源采集进 DMP 平台。日志可以加工成属性和标签。

- **行为日志的取值类型**：日志中不同字段的取值类型会不同，例如，对于一条订单日志，购买的 SKU 是枚举型，购买的金额是浮点型。
- **行为日志的时间属性**：行为日志具备时间属性，因此支持在一定时间范围内筛选出发生了某种行为的用户。
- **应用场景**：在 DMP 平台中，行为日志可以用于用户筛选和产品推荐。

明确了标签、属性和行为的概念后，我们就可以比较容易想到，标签位于属性和行为的上一层，对系统的计算资源消耗更大，一但设计了某个用户标签，DMP 平台就需要根据标签的更新周期，定期计算和更新每个用户的这一标签。也就是说，标签会持续消耗计算资源。因此，对时间跨度大、计算复杂度高的标签，应注意合理选择更新周期；对于仅需要支持用户筛选场景的，可以通过日志、属性直接筛选，而不必要将日志和属性加工成标签。

(2)标签的类型

标签分为事实类标签、权重类标签、模型类标签三种。

事实类标签指的是直接把用户的属性和行为的事实情况变为标签,没有进行人为逻辑判断,只是客观反映一个事实情况。一般来说,不易变化的属性会被加工成事实类标签,例如人口属性、会员等级等。某些企业由于不能直接获取到用户的人口属性,因此也会采用逻辑规则或者模型来加工此类标签,如果是用这种方法加工出来的人口属性标签,则应该被归类为权重类标签或模型类标签。由此可以看出,标签背后的加工逻辑是标签分类的标准。

权重类标签指的是经过一些逻辑规则判断加工出来的标签。逻辑规则判断有一定的时效性和强弱度,因此,这类标签会带权重,根据有效时段符合规则的次数来确定权重的大小。如果随着时间的推移,某个用户的某个权重类标签没有符合规则的情况发生,那么该标签权重会慢慢衰减到零,从而失去该标签。

模型类标签指的是根据机器学习模型加工出来的标签。根据模型的不同,模型类标签可进一步细分,例如,分为分类标签(价值的高、中、低,忠诚度的高、中、低等)、预测标签等。

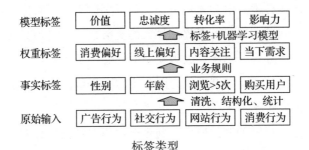

标签类型

标签设计过程中的几点原则:

- **标签体系不是一蹴而就的，需要不断更新和维护**。虽然标签体系相对标签来说更加稳定，但是也需要变化和维护。例如，随着营销的发展，社交营销、内容营销和场景营销的比重变高，此时就需要补充相应的标签；随着业务的发展，市场营销的职责范围变化了，标签体系也要随之做一些补充和变化。因此，标签体系在设计之初就要考虑可扩展性，包括标签层级和叶子标签的编码，都要预留足够的空间。一般来说，被废弃标签的编号不会重新使用，以免导致分析系统中的数据混乱，因此，需要规划足够的标签编码位数，这种情况在互联网数据公司中非常常见，在广告主一方稍好，但是也必须予以考虑。

- **事实类、权重类标签为主，辅以模型类标签**。标签体系追求的不是大而全，而是简单好用。事实类标签和权重类标签可尽量细分，建立完整的体系。因为在实际营销过程中，业务人员通常发现，"针对不同TA人群的营销效果往往比业务人员理解的精准人群转化效果差"的逻辑是不成立的，这可能是因为原来没想到的人群有很好的转化效果，因此需要探索人群和营销效果之间的关联关系。对标签进行一定程度的细分可以提高探索的灵敏性。模型类标签需要营销业务场景驱动，因为模型类标签的加工复杂度高，训练和验证调优的周期长，因此模型类标签的设计一定是解决具体业务问题的。

- **充分利用TGI的概念，利用个体用户在整体分布中所处的位置来确定规则阈值**。用户标签都不是孤立的，在应用场景中需要考虑个体横向和群体纵向对比的因素。规则门限最好不要定为静态的，而应根据用户行为分布的变化做出调整。用户的行为是在不断变化的，例如，随着消费水平的提高，原有的高价值用户的标准肯定也要提升。
- ❏ **可以有一定的创新**。标签体系可以有一定的创新尝试，例如，建立更高层级的、价值取向类偏心理层面的标签，通过跟踪用户标签的长期变化来探索行为模式的识别及变化类标签，这些都是可以尝试的点。

（3）标签计算口径梳理

标签的口径梳理包括业务口径梳理和技术口径梳理。对于业务口径的梳理，需要 DMP 平台搭建方和业务部门共同进行；对于技术口径的梳理，需要 DMP 平台搭建方和技术部门共同进行，并最终得到业务部门的确认。

业务口径梳理是确认标签业务含义的过程。例如，对于 AIPL 标签的设计，就要明确什么样的行为发生代表 A 阶段的用户，什么样的行为发生代表 L 阶段的用户。对于忠诚用户的判断，每个品牌都不同，我们在业务调研中发现，由于广告主具有多个子品牌，每个子品牌的目标人群有差异，所以年度的购买次数不同，到底设置成多高的购买次数算一个 L 阶段的用户，需要业务方做出判断。当然，业务方除了根据经验来判断外，还要由 DMP 平台提供一定的数据统计，例如提供所有客户购买频次和间隔的统计数据。如果一年的购买频次过低，可能还要拉长统计周期。如果各个地域的用户的行为差别比较大，那还要分地域分别进行统计。所有的这些统计数据都可以用来辅助业务部门进行规则制定。

业务口径梳理中还包括非常重要的一部分：根据业务场景需要确定该标签的更新频率。有时业务方会认为标签的更新频率越高越好，但标签的更新频率应根据业务场景的需要以及用户在该标签属性上的变化频率共同决定。例如，事实类标签的变化相对缓慢甚至不会改变，此时更新周期可适当放长，如按月更新；行为规则类标签变化较快，其会随着用户新增行为日志的变化而变化，此时可以把更新周期放短一些，如按周更新或按日更新；模型类标签相对比较稳定，不会非常频繁地变化，一般按月进行更新。

业务口径确认之后，要根据基础数据源的情况确定标签是由哪些物理表中的哪些字段计算得出的，具体的计算公式是什么。技术口径的确认过程除了需要考虑计算的准确性之外，还需要考虑提高计算效率，以及后续用户规模扩大后是否会造成性能下降。

标签口径梳理清楚后，DMP 平台就可以按规定的周期定期更新标签了。

5. 数据资产管理

当 DMP 系统中汇聚了大量有效数据之后，DMP 应该具备依据各种逻辑快速、高效地管理这些数据的能力。

数据资产管理（Data Asset Management，DAM）是规划、控制和提供数据及信息资产的一组业务职能，包括开发、执行和监督有关数据的计划、政策、方案、项目、流程、方法和程序，从而控制、保护、交付和提高数据资产的价值。

数据资产管理的概念已提出若干年，一般认为数据资产管理有 10 种职能：

- ❏ 数据治理
- ❏ 数据架构管理

- 数据开发
- 数据操作管理
- 数据安全管理
- 参考数据和主数据管理
- 数据仓库和商务智能管理
- 文档和内容管理
- 元数据管理
- 数据质量管理

数据资产管理更多是进行数据的管控、标准化、流程化、规范化的一系列工作，通常作为单独的项目来运行。DMP 平台需要符合企业数据资产管理的要求。DMP 平台的数据资产管理功能是企业数据资产管理体系的一部分。

4.2.3 数据分析

对 DMP 平台来说，主要的数据分析包括两类：针对用户的分析和针对媒体的分析。针对用户的分析包括用户分群、用户画像、Look-alike 等；针对媒体的分析包括效果归因、价值分析、转化路径分析等。

1. 用户分群

DMP 平台需要让使用者可以灵活地根据不同的数据维度对用户进行分类。用户分类是用户分析的基础。

用户分群有很多方式，归纳下来分为两类：简单规则分群和模型分群。

（1）简单规则分群

所谓简单规则分群就是业务人员根据自己对业务的理解，选取某些用户特征,并结合一定的规则,对用户进行分群。按这种方式分出来的用户群就是业务部门想要测试的目标用户群。例如,业务部门有一个营销或运营的思路,可以通过这种方式将用户筛选出来,并针对这群人应用相关策略,观察该策略针对特定群体的效果,从而积累业务经验,逐步优化策略。

简单规则分群包括:

- **通过用户行为分群**:直接针对行为日志进行筛选,筛选出其中符合某些特征条件的用户,例如,筛选出 2019 年 Q3 参与活动不少于 2 次的用户。
- **通过用户标签分群**:根据用户的标签及标签组合,筛选出符合要求的用户,例如,19~25 岁的男性用户。
- **通过用户统计指标分群**:根据每个用户的属性统计指标来分群,例如,年度购买金额多于 1000 元的用户。

(2)模型分群

所谓模型分群就是利用机器学习和数据挖掘技术,通过模型算法,将用户分为不同的群组。

模型分群和简单规则分群的区别主要体现在:

- 模型分群由于是利用模型算法针对不同用户在各种特征维度上进行比较,因此可以同时比较大量的特征维度,通常考虑的因素会比业务人员更多。
- 模型分群不会带入业务人员的主观业务经验,有时可以发现原来没有发现的影响业务的因素,从而带来营销上的创新。

常用的模型分群方式包括如下几种:

1)利用聚类算法(无监督学习)分群

如果没有训练样本可用,但还是需要利用模型对用户进行分群，这时要使用的就是无监督学习模型。例如，某国外品牌进入中国后，收集了若干用户在门店和线上购物的日志数据，现在希望根据这些数据分析一下该品牌在中国的购买者主要分为哪几种，与国外的购买者有什么不同，这个分析过程就是一个典型的无监督学习过程（对可以分为几个群没有概念，对每一群分别是什么更是一无所知）。无监督学习一般可以用来解决描述性问题。

常用的聚类算法包括 K-Means（K 均值）聚类、均值漂移聚类、基于密度的聚类（DBSCAN）、用高斯混合模型（GMM）的最大期望（EM）聚类、凝聚层次聚类、图团体检测（Graph Community Detection）等，感兴趣的读者可以进一步了解。

正是由于无监督学习没有训练样本，因此分出的用户群体有时候是局部最优解，很难从业务的视角上进行解读。在业务上无意义的分群是需要排除的，所以机器学习之后的业务解读也是非常重要的环节。

举个例子：通过 K-Means 聚类算法，希望对购买红酒的人进行分类，如果机器学习按商务人士、家庭主妇、小企业主将人群分为了 3 类，那么是可以从业务角度进行合理解读的；如果按身高在 180cm 以上、身高在 160~180cm 之间、身高在 160cm 以下分为了 3 类，那么无法将该分类与购买红酒关联到一起。

2）利用分类算法（监督学习）进行分群

如果我们在分类的过程中有训练样本可用，则可以考虑用监督学习的方法。例如，我们有很多用户访问官网的数据，其中有些用户产生了购买，有些用户没有产生购买，那么我们可以把产生购买的用户作为正样本，没有产生购买的用户作为负样本，利用这些数据训练模型，研究具有什么特征的人最终会产生购买。这样，当有新用户访问时，就可以根据他身上的特征迅速给出其产生购买的概率，根据购买概率可将用户分类为高转化概率用户和低转化概率用户，从而对不同用户应用不同策略。监督学习一般用来解决预测性问题。

常用的分类算法包括朴素贝叶斯分类算法、决策树分类算法、神经网络分类算法等。感兴趣的读者可以进一步了解。

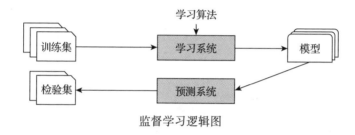

监督学习逻辑图

2. 用户画像

用户研究是 DMP 平台的一个非常重要的功能。很多传统企业其实对自己的用户了解并不全面，很多市场策略都是根据自身的产品去寻找目标用户，是产品驱动的。企业数字化转型的第一步是对企业的用户进行全面洞察。

我们在前面已经介绍过标签体系构建和加工的方法，每个用户身上的标签都被加工出来之后，就要通过用户画像对不同消费者群体的特征进行统计和展现。

用户画像应用在业务中，表现为通过一个可视化平台，对标签进行查看和检索。画像的可视化一般使用饼图、柱状图等对标签的覆盖人数、覆盖比例等指标做形象展示。下图所示是用户画像的一个可视化界面。

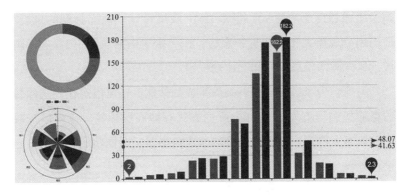

用户画像界面

画像分析在技术实现上其实并不复杂，故这里不做过多介绍，下面主要说明进行用户画像的过程中会遇到的挑战。

（1）用户画像用来解决业务问题

用户画像的目标是解决业务问题，例如精准营销、产品推荐、风险控制、潜客转化等，因此需要针对性地选择用户标签进行统计展现，提供对业务有价值的洞察，而不是对 DMP 中的所有标签都进行统计展现，必要时可添加自定义画像维度的功能。

（2）用户画像的性能问题

在 DMP 平台的设计过程中一定要重视用户画像的性能。对于业务人员来说，往往希望在选好目标用户群之后，能够尽快给出画像，因为业务的探索往往需要做很多分析，对目标用户群的分析仅仅是其中一部分，需要根据画像的结果确定接下来的分析方向。高性能的画像可以极大地提高业务人员制定策略的效率。

用户画像的计算复杂度与目标用户群的规模正相关，这一点很容易理解，针对亿级的全量用户做画像和针对十万级的 VIP 用户做画像，在计算时间方面的差距是很大的。为了防止人群规模对画像生成速度影响过大，很多 DMP 系统设计了抽样画像的机制，即当用户规模大于一定量级之后，按一定比例抽取用户 ID 进行画像，这样画像生成的时间会比较稳定。

另外，为了进一步提高画像生成的性能，还可以优化底层标签的存储机制，例如通过 bitmap 的方式存储底层标签；也可以按数量级提高人群构建及画像的性能。这些都属于画像功能的底层核心设计逻辑。

（3）用户画像的易用性设计

很多 DMP 平台的产品在设计用户画像功能的时候，更关注的是可视化 UI 界面的设计，却忽略了画像的易用性。例如，用户画像生成后，经过一定时间的推移，用户所对应的人群的特征会有一些变化，此时是否可以很方便地进行画像更新，并能够对人群的特征进行对比？由于画像不是在分钟级的时间内完成的，业务人员不可能总是登录 DMP 平台刷新画像查看完成的进度，此时是否可以在画像任务完成后人性化地发出邮件提醒？画像结果是否可以方便地下载和导出？在画像任务未计算完成时是否可以继续提交基于该任务的后续任务（例如画像对比等）？这些都是画像功能中对用户使用体验影响非常大的点。

（4）微观画像

提到人群画像，你可能还听过个体画像、微观画像。群体画像和个体画像的意义并不完全相同。一般来说，个体画像就是个体标签、行为、属性等一系列特征的集中展示，主要应用在处理客户投诉、VIP 用户服务方面，而不是应用在精准营销、产品推荐等场景。后面说的这些场景主要针对群体用户开展，个体用户的粒度是非必要的，需要根据业务场景来判断是否需要个体画像。

3. Look-alike

(1) Look-alike 的基本流程

Look-alike 是指寻找相似性。广告主提交一系列客群范围,在该范围内的客户群体称为种子客群,它是机器学习的正样本。负样本会从非种子客群或平台过去积累的一些人群中进行选取,于是 Look-alike 问题就转化为一个二分类的模型,由正负样本组成完整的学习样本。训练模型之后,利用模型结构对活跃客群进行打分,最后得到广告主需要的目标人群。

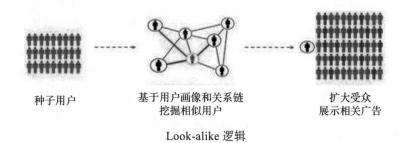

Look-alike 逻辑

(2) Look-alike 应用关键点

回顾一下这个流程,我们会发现 Look-alike 在应用上有三大关键点:

1)学习的数据维度

学习的数据维度是指在哪些方面寻找相似的客群,也就是说你的目标客群会在哪些方面有突出的特征聚集。学习的数据维度包含几个层次。

- ❑ **行为结果数据**:所谓行为结果数据就是已经采取了具体行动取得的数据,例如购买数据、入资数据等。
- ❑ **行为意向数据**:所谓行为意向数据就是倾向于采取某种行

为的人群数据，最典型的是搜索引擎的数据。一般来说，用户在做最终的购买决策之前，往往会通过搜索引擎了解产品周边的相关信息，通过搜索关键字数据可以定位到一个有强购买倾向的人。这也是很多广告主在 SEM 上投入较多预算的原因。但这种数据一般很难从搜索引擎侧获取，购买关键字的成本也越来越高。一般来说，通过行为意向数据来寻找人群，转化率会比较高，因为行为意向人群往往已经达到了转化前最后一步这一关键时刻，此时对意向人群进行营销，效果往往很明显。但同时广告主也面临一定的风险，因为这时客户可能已被别的竞品在更早的环节进行了影响，转化成本也相应提高。

❑ **行为偏好数据**：对于大多数第三方 DMP 平台来说，主要还是通过这类数据来帮助广告主找到潜在客户。从业务逻辑来说，具有某种偏好或者属于某种类型的人群往往会更倾向于购买某款产品，对这部分数据的学习也能促成最终的转化。行为偏好数据会保证广告主在潜在客户群覆盖规模和精准度之间达到一个很好的平衡，因此也是广告主普遍选用的一种数据。

❑ **行为模式数据**：所谓行为模式是指通过分析用户的行为与时间、空间的关系，以及一系列行为之间的时间和空间序列的关系，总结出的具有一定一致性意义的行为表现，通过这些一致性表现预测相关行为。行为模式数据往往被应用于场景营销，但是由于加工行为模式数据的计算复杂度较高，同时对分析的实时性要求也很高，因此目前对这种数据的应用还处在探索和优化阶段，应用实际落地的不多。

上述所说的几类数据在营销领域各有价值，并无优劣之分。

2）Look-alike 算法工程化

Look-alike 算法本身其实并不复杂，但是目前很多 DMP 平台提供的 Look-alike 算法对于广告主来说更像是一个黑盒子，数据输入算法后，通常广告主并不知道算法内部发生了什么，算法没有可供业务人员参与的接口。广告主只能等待算法按要求输出指定类型的数据。通常来说，广告主只有在通过线上广告真正触达相关受众群体之后，才能了解机器学习的效果是否符合预期。

上述 Look-alike 算法的客户体验肯定是不好的。判断某家 DMP 平台是否能在广告营销中为广告主带来价值，通常比拼的是 Look-alike 算法工程化方面的实力，这些实力体现在以下方面：

- **算法的学习维度是否可以调节**：虽然从理论上说，Look-alike 算法维度增多对提高学习精度是有利的，但是在现实生活中，人群表现出的一些特征有时候是主动选择的结果，有时候是由于客观条件限制被动选择的结果（例如某款产品只在部分区域发售），因此在算法学习维度上需要具备预先手动调节的能力，以保证排除不必要的学习维度。
- **是否可以根据相似度选取最终人群的规模**：学习输出的人群与种子人群的相似度越高就越符合要求，但同时规模也越小。一次广告营销所需要触达的人群会根据本次营销的目标不同而有很大的变化。例如，对于品效兼顾的营销，人群触达的规模也是一个非常重要的指标；而对于纯粹要求效果的广告，则是希望能够触达尽可能精准的目标人群。通过相似度灵活地选取最终人群的规模，对于业务人员来说是一个非常有用的功能。

❑ **学习结果是否可设定过滤条件**：具体的营销活动会有很多限制，例如，某款游戏在 iOS 和 Android 上的营销预算不同，因此希望 iOS 上的目标人群和 Android 上的目标人群规模符合一定的比例；某些垂直媒体主要做三四线城市的下沉，希望更多选取三四线城市的人群。对于上述情形，都可以通过灵活的筛选条件使算法支持更多、更丰富的应用场景。

❑ **一些工程化指标**：一些工程化指标对于算法的易用性、可用性非常重要，例如数据质量不好，用来学习的样本数据维度不完整，甚至有些样本的某些维度是缺失的，这就要求算法能很好地适应这种情况，同时保证一定的精度。

在现实业务应用场景中，营销人员通常不具备很深的数据挖掘背景，因此挖掘算法在应用环节不应该设计得太过复杂。例如，不能要求业务人员来调节某些参数以优化模型的精度等。

算法的效率和收敛速度同样非常重要，对于动辄上亿的样本、几百万的特征维度来说，业务场景要求在分钟量级返回计算结果，因此算法的性能和各厂家的计算能力是非常大的门槛。

注：Look-alike 算法的应用点拨

（1）与聚类算法一起使用

有时候客户提供的种子人群成分是非常复杂的，往往参杂了大量子类人群，如果直接拿这些种子人群进行 Look-alike 处理，则相当于对人群特征进行弱化，最终找出来的相似人群特征会变得不明显。例如某奢侈品品牌，他们的第一方种子人群包含两类：一类是真正有钱的人群，平时开豪车、住别墅；另外一类是普通的城市小白领,他们往往攒好几个月的工资才会进行一次消费。这两类人群必须先通过聚类算法区分出来,然后再输入 Look-alike 算法去扩大。

(2)在什么媒体上用

Look-alike 算法选出的人群最终是在媒体的流量人群中实现触达的,因此媒体自身流量对 Look-alike 算法的落地效果影响非常大。例如,我们做过的某次营销活动,当时选取某 DSP 作为精准营销的落地媒体,在整个 4 周的营销过程中,最终选取的精准人群只有 2% 成功曝光(一方面,由于该 DSP 媒体流量均为长尾流量,而我们选取的目标人群为金融类目标人群,该 DSP 对目标人群覆盖率低;另一方面,由于低价策略、竞价成功率低也导致最终触达的精准人群规模比较小)。最终,我们分析了这 2% 成功曝光的人群,发现他们也是 Look-alike 算法相似度相对较低的,也就是说,最相似的那部分目标人群在该媒体上并没有出现和竞得。

因此,为了保证 Look-alike 算法落地的效果,选取与广告主自身产品相匹配的目标媒体并给出合适的价格是非常重要的。

3)根据效果数据优化 Look-alike 算法

精准营销活动开始后,就可以回收用户对营销的反馈数据作为正样本并通过 Look-alike 算法进行优化了。通过对大量历史投放数据的分析,动态优化 Look-alike 算法可以极大地提升算法的转化效果。例如,在同样选取相似度前 100 万的样本进行精准投放的情况下,在一周的投放周期内,每日优化样本库组比不优化样本库组的激活率高 180% 以上。样本库优化的周期可以根据效果数据回收的量级、媒体的技术支持能力及 DMP 平台自身的数据更新周期综合决定,建议每 1~2 日就更新一次目标用户群。

以上是在应用Look-alike算法时需要注意的一些关键点，总之，任何算法都不是孤立存在的，必须结合数据及业务场景进行合理调配才能发挥其最大价值。

4. 效果归因

品牌的一次广告投放活动与目标用户的互动流程通常为：广告曝光→广告点击→落地页到达→关注公众号/下载App/填写表单/留下联系方式（除了留下联系方式，广告互动还会有其他的后端转化效果互动点）。有些用户可能只是被曝光了，但是没有和品牌产生任何后续互动，有些则会发生不同层次的互动。根据每次广告活动目标的不同，需要把最终产生的互动转化效果归属到前端产生曝光的媒体上，以评估每个媒体可能带来的曝光转化效果。

市场上存在大量比较成熟的效果监测工具，比较常见的广告投放效果监测工具往往仅监测前端媒体侧曝光和点击的数量，也有一些专门针对程序开发者的后端App激活的归因工具。

对于品牌类广告主来说，有自己的App的比较少，因此他们往往没有专门的App激活归因工具。对于广告投放的归因，通常应用的场景是进行社交效果和H5落地页的效果归因。这样的场景相对简单，特别需要注意如下几点：

（1）前端和后端数据的打通

无论哪个效果归因解决方案，都需要明确前后端数据的打通方案，需要确认方案中每个步骤的操作落地性。例如，与第三方监测的串并码方式、将监测代码添加到媒体的难度、媒体提供监测数据所采用的同步或异步方式、直接和媒体对接还是通过第三方Adserving平台对接等，所有细节都可能引起数据收集异常或缺失，故投放前应做多方测试。

数据打通的方案是否合理，需要通过测试彼此的打通率来确定，尤其是前端是移动端，后端要落地到 Web 官网或 H5 的情况，需要特别注意。

(2) 丰富的归因模型

另外需要考察的点是 DMP 平台是否提供丰富的归因模型。常见的归因模型如下。

1) 首次互动归因模型

首次互动归因模型（First-Touch）把营销功劳全部归功于第一次互动。首次互动归因模型即常说的 FirstClick，属于单触点归因模型（Single-touch）。由于该模型的所有归因都是基于单触点的，故可能会高估单个渠道的贡献，过分强调驱动用户认知的、位于转化漏斗最顶端的渠道。

同时，首次互动归因模型也会比其他单触点归因模型更易受到技术影响。例如，对电商网站进行转化归因分析，从首次点击到转化的时间，很可能会超过常规 30~60 天的 Cookie 存活期，因此，如果将功劳归于 Cookie 存活期内的首次互动，其实并不一定是正确的。

首次互动归因模型是一种容易实施的单触点模型，但容易受到渠道偏差和技术的影响。

2) 线索转化互动归因模型

线索转化互动归因模型常会与首次互动归因模型相混淆。这是因为，很多以围绕销售线索产生并建立的营销分析系统（如一些营销自动化平台），销售线索被创建的那个会话，恰恰是系统被跟踪和监测到的第一次会话。在这样的系统里，若真正的首次互动没有被追踪和识别，那其实就相当于这次互动是不存在的。

线索转化互动归因模型也属于单触点归因模型。它的好处是可帮助理解到底哪些营销渠道驱动了销售线索的转化。这一点虽然很重要，但也只是整个客户旅程中的一小部分。在一些周期很长的转化过程中，除了销售线索转化，还有很多其他转化。进行营销效果评估时，若把功劳全部归于销售线索转化，实际上是过分简化了多种营销活动在整个用户转化过程中的作用。

3）末次互动（机会建立互动）归因模型

末次互动归因模型（Last-Touch）最吸引人的地方就在于它是最容易测量的归因模型。末次互动归因模型即常说的LastClick，也属于单触点归因模型。

基于末次互动归因模型衡量和评估销售机会建立（大部分是转化漏斗的最后一环）的整个过程，在分析技术方面最不容易发生错误。因为在客户转化旅程较长的情况下，从末次互动到转化的周期，相比从首次互动或线索到转化的周期都要短得多。

4）末次非直接点击归因模型

这个模型与末次互动归因模型相比，优势在于它排除了"自然量"数据的限制，也属于单触点归因模型。

当谈到网站和营销分析时，自然量是一大痛点。在营销分析里，自然量通常是指用户主动手动输入网址而带来的流量。通常的做法是把没有来源页的流量归为自然量。例如，把没有加码（或错误加码）的社交媒体文章、社交媒体广告或未加码的营销邮件等划分为自然量。

末次非直接点击归因模型的好处是可以避免自然量对结果的影响。

5）末次（某营销渠道）互动归因模型

这是针对具体渠道提供的归因工具及模型的总称。例如，SEM

营销人员会倾向于使用末次付费广告互动模型，这样更能体现其工作价值；而社交营销人员则会倾向于使用社交媒体渠道默认的末次互动归因模型，其也属于单触点归因模型。

需要注意的是，这里的"末次互动"是指测量转化目标之前的最后一次互动。转化目标可能是销售线索、销售机会建立，也可能是所有其他自定义的目标。

这种模式的优点是，归因数据与各自渠道的标准一致——如字节跳动渠道使用末次字节跳动互动模式，腾讯渠道使用末次腾讯互动模式等。

末次互动归因模型的缺点是，这些模型都会特别偏向于各自的渠道，并高估其渠道的贡献。若各自单独使用这些归因模型，然后再将结果整合到一个报告中，很有可能会得到一倍甚至几倍的转化数据。例如，若某访客在周一点击了字节跳动的广告，然后在周二又点击了腾讯的广告，并发生了转化，那么末次字节跳动互动模型和末次腾讯广告归因模型都会把这次转化全部归到自己的渠道上。

6）线性归因模型

线性归因模型是多触点归因模型中最简单的一种，它将权重平均划分给客户旅程中的每一个触点。

线性归因模型的优点：它是一个多触点归因模型（Multi-Touch），因此会将贡献划分给转化漏斗中各个不同阶段的营销渠道。

线性归因模型的缺点：它无法正确衡量各种营销渠道的不同影响。例如，一个潜在客户在某场线下营销大会上待了两天，回家之后，直接访问网站19次，并发生了转化，那么线下营销大会在这次转化中就只会被分配到5%的权重，即使它很有可能是促进转化的最大因素。这种情况下，直接流量就会被分配95%的权重。

7）时间衰减归因模型

时间衰减归因模型是一种倾向把贡献划分给最接近转化的触点的多触点模型。该模型假设触点越接近转化对转化的贡献就越大。这种假设的问题在于永远也不会对位于漏斗顶部的营销渠道予以公平的权重，因为这些渠道距离转化最远。

8）U型归因模型

U型归因模型（U-shaped）又称基于位置的归因模型，对于重视销售转化的营销团队而言，是一个不错的多触点归因模型。与平均分配权重给每个触点的线性归因模型不同，它强调的是两个关键触点的重要性：把新客带来的首次触点和最后带来转化的末次触点。在该模型里，这两个触点分别能得到 40% 的权重，而其他触点则会平分剩下的 20% 的权重。

该模型的缺点在于它不会考虑带来销售转化之外其他触点的营销效果，而这也使得它成为只以转化为阶段目标的营销组织的理想归因模型。

9）W型归因模型

W型归因模型是对U型归因模型的一种补充。对很多企业而言，转化阶段已是转化漏斗中的最后一步。除了重点关注首次触点和末次触点外，W型模型还强调线索获取的触点。这三个关键触点分别得到 30% 的权重，最后 10% 的权重则会平均分摊到剩余的触点上。

10）全路径（Z型）归因模型

全路径（Z型）模型会考虑机会建立阶段之后的营销效果。与U型模型的两个关键点和W型模型的三个关键点不同，全路径模型新增了第四个关键点：用户转化完成。

在该模式中，四个关键点的触点都会得到 22.5% 的权重，剩下的 10% 的权重将会平均分配到其他触点上。

尽管更多的关键触点看起来能更精准地展现客户旅程，但这种模型只适用于为已有销售机会服务的营销组织。对于大部分组织来说，除非销售团队与营销团队能达成高度共识，否则在快要完成交易时，都是让客户服务部门管理销售转化和信息的沟通。因此，在尝试采用这一模型之前，务必确保营销、销售、服务团队之间的信息是同步的。

11）自定义算法归因模型

在定制的情况下，可根据业务特点自定义归因模型。请数据科学家针对客户流程建立自定义的或算法的归因模型，此类模型能够最佳地匹配客户旅程。通过分析现有客户行为的数据，基于大数据的机器学习，找出哪些营销渠道有突出贡献，或者发现是否有某个步骤在客户旅程中是很重要的。

每种归因模型都有各自适用的场景和环境，实际使用中通常需结合业务场景，对比测试模型的效果进行选用。

除了归因模型，是否可以根据品牌方对媒体效果的特定评估方式进行自定义归因、归因模型的追溯期是否灵活可设置等也是要考虑到的。归因模型一定要能够涵盖业务部门所有市场活动的归因逻辑。

5. 媒体价值分析

对于媒体价值的分析，除了看每次投放活动中具体能带来多少转化以外，还有很多评估维度：

- ❑ **媒体带来的新流量的绝对量级及其占比是否比较高。**如果新流量的量级比较高，说明这个媒体是一个获新客的优质媒体。

- **媒体中高价值客群或者品牌关注的未来核心客群的占比是否比较高**。如果媒体中品牌定义的高价值客群占比非常高，那这个媒体就是非常有价值的媒体。例如，很多垂直类的媒体可以源源不断地为品牌带来核心目标人群。
- **某媒体与其他媒体的流量重合度是否过高**。很多时候，投放预算应分配到流量重合度比较低的多个媒体上，这样可增加品牌的 UV 曝光度。
- **媒体流量的 ROI 是否高**。即以用品牌方关注的最终转化效果来衡量媒体价格与最终产出之间的比例，从而判断媒体的长期价值。

在进行媒体价值分析时需要注意以下几点：

- 媒体价值评估包含很多方面，这是要长期跟踪的。媒体的流量量级、新用户占比、转化率等各项指标的长期趋势如果是大比例提升的，那说明该媒体很可能是非常有潜力的明星媒体，应该在媒体流量性价比较高时加大对资源的利用。
- 第一方 DMP 的媒体价值分析建立在对广告投放过程中产生的第二方数据进行回收的设备 ID 上，仅能对目前品牌已经覆盖的媒体的价值及其变化趋势进行分析，如果想分析整个互联网中有哪些新兴的媒体对品牌的 TA 人群覆盖更好、性价比更高，从而指导品牌的媒介购买策略，则需要借助第三方 DMP 的媒体分析来完成。一般来说覆盖媒体范围非常广泛的第三方 DMP 可以提供类似的分析服务。对于品牌来说，类似的分析一年内进行 1～2 次更新就可以了，因为媒体流量的变化不会特别剧烈。

4.2.4 数据策略激活

经过数据的采集、加工和分析后,品牌方对消费者的行为特征有了非常深入的洞察,对利用哪些外部媒体触点来与消费者产生沟通也有了比较明确的策略,接下来,DMP 的一项非常重要的工作就是将这些策略激活。

1. 主要技术对接方式

DMP 数据策略的激活需要与媒体或者 Adserving 平台进行接口对接,一般来说存在两种对接方式。

(1)采用 API 接口对接

这种方式是将第一方 DMP 需要精准投放的人群数据通过接口传输到媒体和 Adserving,然后广告主就可以在媒体和 Adserving 的后台看到相应的人群数据了,这样在配置计划时就可以选择相应的人群包进行分组投放并比较后续的效果了。

第一方 DMP 数据在上传到媒体和 Adserving 后台后,一般还会与媒体、Adserving 后台近期出现过的流量 ID 进行匹配,给出一个匹配率。由于流量是不可预期的,因此这个匹配率是针对历史流量给出的,这个匹配率只能在理论上说明这些设备 ID 中有多少比例会出现在媒体的流量内。当然,由于还有其他因素会影响曝光机会,所以实际曝光比例还会进一步降低。

(2)采用前置机系统进行对接

上面说的第一种对接方式由于会把第一方数据传输给媒体和 Adserving 平台,因此对于某些对品牌数据安全控制比较严格的品牌来说并不适合,还需要别的对接方案。前置机部署方式就是针对这种场景给出的。

前置机系统是指由 DMP 平台提供的支撑广告投放的查询系统，由 DMP 提供前置机服务，媒体部署在自己的内网环境中以实现同步查询。

数据传输流程和相关角色如下图所示。

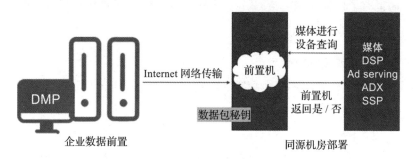

前置机数据流图

相关流程说明如下：

1）企业数据（Device ID）通过 DMP 前置给媒体，在前置之前，系统会对前置的数据进行 Bloom（布隆）加密处理，经过布隆加密后存储的数据是无法解密的。

2）布隆之后的数据在通过 Internet 进行传输的过程中也会存在风险，针对数据传输的风险，一般使用 HTTP/HTTPS 协议，且在 Http Header 中加入了特定信息，以保证下载数据包的安全性。

3）前置机只能通过唯一密钥（DMP 为媒体随机分配）进行数据（Device ID）请求下载，进一步加固数据安全。DMP 无须告知媒体、Adserving 等渠道具体数据包的人群含义，媒体和 Adserving 等渠道在投放广告的过程中，只通过前置机查询 Device ID 是否在前置的人群包里，前置机返回是或否的结果，媒体、Adserving 再据此决定是否进行曝光。

4）由于前置机与媒体、Adserving 等渠道处于同源机房，可提供高并发、低延迟的实时处理能力，且可支持 RTB、PDB、PD、PMP 等场景。我们在实际项目中也遇到过对数据安全管控非常严格的客户，例如金融类客户，即使是 Device ID 的布隆加密包也不允许传输到企业内网环境之外。此时，前置机只能部署在企业自己的网络环境中，无法和媒体、Adserving 等渠道处于同源机房。这种情况下，为了提高查询效率，需要在企业网络与媒体、Adserving 机房之间部署专线，或者采用提前锁量等方案进行投放前的批量查询。

扩展阅读：布隆过滤器的原理

布隆过滤器（BloomFilter）是一种可提高空间效率的概率型数据结构，用于判断一个元素是否在集合中。它实际上是由一个很长的二进制向量和一系列随机映射函数组成的。BloomFilter 可以插入元素，但不可以删除已有元素。BloomFilter 的使用广泛，如著名的 Google 分布式数据库 Bigtable、Squid 网页代理缓存服务器、Venti 文档存储系统、SPIN 模型检测器、Google Chrome 浏览器等。

BloomFilter 可以通过一个 Hash 函数将一个元素映射成位阵列（Bit Array）中的一个点。这样一来，我们只要看这个点是不是 1 就知道集合中有没有这个点了。这就是 BloomFilter 的基本实现思想。

BloomFilter 需要的是一个位数组（和位图类似）和 k 个映射函数（和 Hash 表类似），在初始状态时，长度为 m 的位数组 array 的所有位被置 0。

每位是一个二进制位

对于有 n 个元素的集合 $S = \{S_1, S_2, \cdots, S_n\}$，通过 k 个映射函数 $\{f_1, f_2, \cdots, f_k\}$，将集合 S 中的每个元素 $S_j(1 \leqslant j \leqslant n)$ 映射为 k 个值 $\{g_1, g_2, \cdots, g_k\}$，然后再将位数组 array 中相对应的 array$[g_1]$，array$[g_2]$，$\cdots$，array$[g_k]$ 置为 1。

每位是一个二进制位

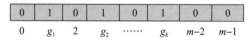

如果要查找某个元素 item 是否在 S 中，须通过映射函数 $\{f_1, f_2, \cdots, f_k\}$ 得到 k 个值 $\{g_1, g_2, \cdots, g_k\}$，然后再判断 array$[g_1]$，array$[g_2]$，$\cdots$，array$[g_k]$ 是否都为 1，若都为 1，则 item 在 S 中，否则 item 不在 S 中。这个就是 BloomFilter 的实现原理。

BloomFilter 会造成一定的误判，因为集合中的若干个元素通过映射之后得到的数值可能恰巧包括 $g_1, g_2, \cdots, g_k$，在这种情况下会造成误判，但是概率很小。

通过以上信息可知，经过 BloomFilter 加密后存储的数据是无法解密的，只能通过使用设备 ID 与 BloomFilter 数据包进行 Hash 碰撞的方式进行查询，且 DMP 在将设备 ID 放入 BloomFilter 之前会对设备 ID 进行加密（SHA1、MD5 等）。

访问前置机接口进行设备查询时，必须带有此次投放的唯一密钥。前置机服务查询结果只返回指定设备是否可投放的标识。

采用前置机方式的优势如下：

1）基于同源机房，提供高并发、低延迟的实时处理能力，比如对 RTB、PMP 场景的支持。

2）提供标准的 Web 接口，提高广告投放平台的接入效率。

3）数据安全优势：

- 采用布隆的方式，会对数据进行哈希，过程不可逆，加密数据不可还原，只能查询，营销活动结束后数据会自动删除；
- 前置的数据仅为分人群的设备 ID，只有持有人群密钥才能进行查询，且仅返回"是"或"否"的结果，不返回标签。

4）网络安全：

- 前置机系统位于 DSP、ADX、媒体等内部私有云上，既保证了前置机服务的安全性，又缩短了广告投放时的网络耗时。
- 前置机系统通过 Internet 下载投放数据包时，会使用 HTTP/HTTPS 协议，且在 Http Header 中加入了特定信息，从而最大化保证下载数据包请求时的安全性。

2. 统计指标

每次 DMP 的策略激活后，品牌主都需要根据一定的指标衡量策略执行的效果，以便为后续的策略调整提供依据。下面列出了主要的统计维度，可以帮广告主定位策略中的问题：

- **总查询量/独立查询量**：可以评估媒体给到的曝光机会。
- **查中量**：可以评估媒体给到的曝光机会中目标人群的比例，也就是说可以知道这个媒体是否可以帮我们触达对应的目标人群。

- **总曝光量/总查中量**：可以评估曝光成功率，如果过低，要看是否是性能、出价等因素对成功率产生了影响。
- **日新增独立曝光**：可以评估媒体中新流量的比例，即媒体拉新的能力。
- **各人群转化率**：通过多维度统计转化率，可以评估不同人群的表现，统计时可以看不同转化节点的转化率。如果监测代码可以区分媒体、点位、内容等维度，也可以结合细分维度和人群进行转化率分析。
- **各标签转化率**：通过统计标签转化率，可以评估不同标签的表现。

总之，策略激活指标可以从各个方面为广告主提供策略激活的多维度效果分析，辅助策略优化。策略优化也是一个长期的过程，在初期需要很多运营人员和优化人员的参与，后续可以通过 AI 算法固化到 DMP 平台中，实现算法自动优化。

子类别	激活指标	指标说明
查询量类	总查询量	本次 Campaign 过程中，媒体查询对应人群包的次数
	独立查询量	本次 Campaign 过程中，媒体查询对应数据包的次数（去重）
	查中量	本次 Campaign 过程中，独立查询量中匹配数量
TA 类	TA%	本次 Campaign 过程中，查询流量中的 TA 占比
	TA%3+	本次 Compaign 过程中，曝光 3 次及 3 次以上的去重设备中，属于 TA 的比例
曝光量类	总曝光量	本次 Campaign 过程中的整体曝光量
	独立曝光量	本次 Campaign 过程中的曝光量（去重）

(续)

子类别	激活指标	指标说明
曝光量类	平均重复曝光次数	本次 Campaign 过程中的整体重复曝光次数
	日新增独立曝光量	每日新出现的曝光总量，区分 Campaign
点击 / 转化量类	总点击 / 转化量	本次 Compaign 过程中的整体点击 / 转化量
	去重点击 / 转化量	本次 Compaign 过程中的整体点击 / 转化量（去重）
	转化率	本次 Compaign 过程中的点击 / 转化率
	转化率（TA）	本次 Compaign 过程中的 TA 人群的点击 / 转化率
	转化率（非 TA）	本次 Compaign 过程中的 TA 人群的点击 / 转化率
标签转化率	一级、二级标签转化率	点击 / 转化人群里面具有某标签的量 / 曝光人群中具有某标签的量

4.3 DMP 的主要应用场景及案例

一旦应用 DMP 系统完成了数据的收集、处理、分析工作之后，DMP 就要正式发挥价值了，即将数据实际落地应用。那么，DMP 有哪些应用？能够为企业带来什么帮助？

接下来将对 DMP 的主要应用场景和案例进行介绍。

4.3.1 持续迭代优化的闭环精准营销

1. 案例背景

本小节介绍的是某大型股份制银行的移动广告精准投放案例。

该行需要推广其理财产品。此前尝试过人群定向广告推广，但整体ROI比较低。现在希望通过DMP实现移动广告的精准营销。

2. 解决方案

使用DMP平台的数据分析和策略优化功能，使移动广告投放形成可落地的闭环，从而提高其ROI。

1）**人群洞察**：借助第三方数据对客户产品的目标客群进行画像，理解种子客群的兴趣偏好、身份职业、人生阶段、收入情况等营销相关属性，结合用户画像和产品特性，寻找和设计合适的营销场景（时间、地点、行为的组合）。本案例中，目标受众定位为大众客户中的白领，通过刻画出这群人的工作地、常用App等外部特性，确定了午休、工资到账、房租闲置三个营销场景。

2）**消费者互动**：通过移动端广告、Wifi入口广告等人群定向能力进行人群触达。针对广告创意、曝光次数、预热期等进行互动设计，并引入优质Adserving方进行广告试投。

3）**监测效果量化**：使用移动广告监测对互动环节的广告效果进行监测和量化评估，以便确定ROI。

4）**分析优化**：对转化人群和非转化人群进行深度行为分析，对比人群画像差异，寻找投放优化的关键点（如创意、人群、曝光时间等），从而形成营销闭环，提升下一次触达的效果。

3. 案例测试结果和收益

在一周的试投后，效果相似等条件下的普投提高了10倍。这一结果使客户提升了对移动广告投放的认识，并逐渐推动形成了数字化营销的闭环。在其后的多次线上营销和线上获客的尝试中，都获得了可持续、可重复的效果。

4.3.2　带有业务场景的客群细分

1. 案例背景

某跨国快消运动品牌,对自有核心购买人群没有整体了解,因此在做市场营销时投入的活动资源及人力成本过高,最后得到的营销效果低,客户的响应率不高,造成大量的资源浪费。客户希望能够提供带有场景化的业务解决方案。

2. 解决方案

建议品牌方:引入第三方数据,并与自有客户数据进行打通;使用相关关系模型进行购买人群的精准分类,并通过机器学习进行模型驯化,以提高模型准确性;使用模型输出的分群结果进行精准营销。

3. 案例测试结果和收益

品牌方提供 80 万的购买用户数据,运用关系模型分离出 4 类特征显著的客群数据,即一线城市女性白领(10.5 万)、运动健康(25 万)、小众时尚(10.8 万)、海淘(20 万)等 4 个特征明显的客户群体数据。

业务部门对这 4 类客群采用不同方式进行营销活动的触达,观察期内样本客户总体的响应率都超过 30%,总体客户的响应率较之前没有做客户分群时提高了 25%。

在帮助品牌提高了客户响应率的同时也避免了资源的浪费,降低了推广的成本。

4. 适用模型 & 参数条件

模型算法：聚类分析。

样本量：80万。

参数条件：设备数据、行为数据、位置数据、应用数据。

训练时间：10min。

4.3.3 潜在高意向客户挖掘

1. 案例背景

品牌方已经积累了若干核心客户数据，但是由于营销漏斗不够大，造成转化用户的整体规模无法满足企业的盈利要求，希望能够找到更多潜在客户，进而帮助品牌提供营销的整体解决方案。

2. 解决方案

将一批转化客户数据作为种子数据，并将种子数据与第三方DMP平台客户进行匹配，将匹配出的结果通过Look-alike算法模型进行机器学习，并对点击人群中具有相似特征值的人群进行标识。

3. 案例测试结果和收益

品牌方提供了6万条客户数据作为种子数据，通过模型的结果输出，最终帮助品牌方在点击人群中标识出14万个具有高潜在转化特征的客户，通过Retargeting营销，响应率达到6.4%。

4. 适用模型 & 参数条件

模型名称：Look-alike模型。

样本量：6万（正样本）。

参数条件：购买数据、设备数据、行为数据、位置数据。

训练时间：5min。

4.3.4 流量方 DMP 云动态扩容

1. 案例背景

某流量平台,由于数据供应 App 每小时的用户活跃数存在明显峰值,对服务端的处理会产生很大的冲击,该流量方的 DMP 数据中心想使用云上能力动态扩容来应对需求的增长。

2. 解决方案

DMP 云上能力扩容,计算处理容器化。在数据峰值结束后,释放在云上扩容的资源来减少服务器费用支出。同时,服务器端采用容器化部署,可实现快速、灵活的弹性伸缩资源调度,数据处理粒度也更加细化,让数据处理速度可控、可预期。

3. 案例测试结果和收益

使用云计算厂商提供的、完全集成的产品系列,获取更低成本的存储、更加便利的扩容以及动态的资源创建和释放方案,以降低技术成本和资金成本。这解决了传统数据中心搭建存在的技术门槛高的问题。结合云计算技术,可使数据中心的搭建由原先必须由数据中心专职架构师领导实现,转变为由大部分普通开发人员完成,进而实现了以最低的成本让企业的数据用起来。下图为该流量平台的 DMP 系统截图。采用灵活的云动态扩容方案,可支撑数千标签的秒级实时更新。

4.3.5 跨界营销

1. 案例背景

某跨国奶制品企业刚刚进入中国,计划通过线上营销活动来提高客户参与度和体验度,但考虑到运营成本,为避免资源的浪费,希望提供高效的营销解决方案。

DMP 系统实时数据更新截图

2. 解决方案

结合品牌采集到的广告曝光数据和引入的第三方外部数据来构建聚类模型并刻画用户画像，通过模型的计算对曝光、点击和交互客户进行聚类分群，然后通过优化模型算法来提高模型的准确度。根据模型输出的结果指导品牌对不同的客户群体进行差异化营销。

3. 案例测试结果和收益

通过对品牌提供的 5000 万用户数据进行聚类模型分析，从而聚集出 6 类不同的特征人群，其中某一类人群对美食类应用使用率很高，下厨房 App 的表现尤为明显，所以建议客户在对此类人群营销时可与下厨房展开合作。

品牌对点击用户进行广告投放，并与下厨房一起设计了品牌奖励活动。

我们汇总了一个月的活动效果：用户参与率环比提高 40%，交易率环比提高 25%。

4.3.6 "羊毛党"识别

1. 案例背景

某零售品牌为吸引更多用户到店购买产品,特推出了限时抢购赢红包活动。为期两个月的活动,共投入了 8 亿元的红包成本。通过对活动效果分析了解到,虽然红包活动带来很高的成交额,但有近 70% 的红包被同一批设备通过不同的账号抢走。也就是说 8 亿元的红包仅有不到三成被新客户拿到,近七成被"羊毛党"薅走。该品牌希望给出能够标识出"羊毛党"的解决方案,帮助品牌避免营销风险。

2. 解决方案

分析在营销过程中采集的设备数据、广告行为数据、交易数据,并将它们与账户数据打通,同时补充了外部第三方数据。通过识别"羊毛党"的拓扑分析模型归因事件路径,构建用户的交易行为图谱,通过设备与账户的交叉标识出"羊毛党"的行为轨迹。

3. 案例测试结果和收益

通过对打通后的数据进行行为轨迹分析,我们发现"羊毛党"在进行红包资源抢夺时使用的方式:一是同一设备登录多个不同的账号来完成多次抢红包行为;二是一个账号关联十几个真实或虚拟的设备,通过不同设备的标识进行红包抢夺。

通过拓扑聚类的模型方式并结合设备数据,我们绘制了"羊毛党"的设备行为路径图,对"羊毛党"的设备进行了标识,以协助品牌方在做活动时有效识别出"羊毛党"的设备。

4. 适用模型 & 参数条件

模型名称:拓扑聚类。

样本量:10 万(正样本)。

参数条件：账户数据、交易数据、设备数据、行为数据、位置数据。

训练时间：10min。

4.4 如何选择 DMP 服务商

通过对本章的学习，相信品牌主已经对 DMP 的技术要点、应用场景及案例有了必要的了解，接下来需要选择真正有实力的服务商来辅助品牌建立自己的第一方 DMP 平台。那么品牌主可以从哪些方面来评估 DMP 服务商的实力呢？

4.4.1 非技术要求

DMP 平台的建设除了要符合必要的功能技术指标外，还要考虑一些考核服务商综合能力的要求，这些要求是保证 DMP 项目成功的基础。这些要求包括：

- ❑ **服务持续稳定**：对于 DMP 平台类项目，由于持续的时间非常长，因此，服务商是否经营稳定，能否提供长期、稳定的服务是非常重要的考量因素。这方面可以考核公司的注册资金、成立时间、团队稳定性、是否在本地有服务团队等来确定。
- ❑ **数据安全合规**：DMP 平台是数据平台类项目，在数据处理过程中要符合国家各项法规的要求，例如中国的网络安全法、欧盟的 GDPR 等。如果企业能提供相应的认证，也可以加强数据安全合规方面的保障。
- ❑ **相关案例**：广告主可以要求服务商提供本行业的相关案例，并对案例的内容进行评估。一般来说，案例需要与对应的合同相匹配，只有这样才能说明案例的真实性。

4.4.2 技术要求

品牌方的技术部门可以对 DMP 平台服务方提出必要的技术要求，技术方面的要求除了功能性要求外，还要强调性能和稳定性。一般来说，需要组织多家服务商进行 1～2 周的 POC 测试，才能最终了解各家的能力。POC 测试可以包含以下内容：

- **功能测试**：包含功能点及易用性的测试。
- **性能测试**：需要设计测试用例，测试各种业务场景下功能完成的时间消耗情况。同时可进行必要的压力测试，测试在业务峰值时平台的抗压能力。
- **稳定性测试**：设计一些异常数据、异常流程情况，以测试 DMP 平台的报错、容错和鲁棒性等能力，这也是后续平台能否正常运行的重要保障。

4.4.3 应用要求

DMP 平台并非一个单纯的 IT 平台，而是一个能为品牌制定业务优化策略提供帮助的平台。现实中也有一些 DMP 平台仅具备数据存储和分析的能力，缺乏数据策略激活的能力，这样的 DMP 平台的价值会大打折扣。可以从三个方面衡量 DMP 平台服务商在应用方面的能力。

1. 数据补充能力

第一方 DMP 有时会出现第一方数据维度不足的情况，需要平台提供方具备补充、整合其他外部数据的能力。如果平台提供方自身具备一定的数据补充能力，则会在投入一定的情况下提高 DMP

的分析能力。

2. 数据应用能力

第一方 DMP 的营销策略需要对接到媒体平台并激活应用，也就要把数据用起来。因此，平台提供方需要具备强大的数据应用能力，其中包括策略激活的对接技术和丰富的程序化购买实操经验，只有这样，双方才会处在同样的业务语言体系下，进行沟通时才会更加顺畅，DMP 平台成功的概率也会更高。

3. 数据运营能力

前面说过，DMP 平台不是一个 IT 系统，而是一个 DT 系统，平台上线初期可能具备了基本的功能，但其中累积的数据还不是非常丰富，模型也不是非常精准，营销效果优化方法还没有形成自动化的算法，这些都需要依赖长期的运营过程来持续迭代优化。DMP 平台使用得越多，数据就会越丰富，模型就会越精准，给业务部门带来的价值也就会越大。

数据运营包含的内容非常多，例如：数据运营流程的标准化、营销过程中数据的采集和质量把控、营销过程中数据分析点的设计和解读、存量数据资产的质量分析和管理、分析模型算法的优化和迭代、营销效果的评估及算法沉淀、第一方标签的持续丰富和迭代等。优秀的数据运营是 DMP 发挥价值的关键。

需要特别注意的一点是，上面讲的几方面的能力，一定不能只停留在难以落地的方向性要求上，而是要体现在 POC 过程中的具体测试用例中，且均要做到定量化测试，从而准确衡量各个服务商的能力。我们希望每个品牌主不是仅凭借 PPT 或 Demo 就匆忙投入并开始 DMP 平台的建设，否则产出的系统在后续使用中会存在极高的风险。

第 5 章

Martech 实战——CDP 要点

　　线上流量增长见顶、人口红利褪去、消费者需求日益多元化、消费者变得更加聪明……这从侧面促进营销方面的新概念和新技术不断涌现。那么企业营销面对层出不穷的营销新概念与新技术时，应该如何选择？

　　从 Gartner 上的搜索量以及近年出现的 CDP 供应商数量就可以看出，CDP 是这两年在营销技术栈中被提及最多的概念。

　　比起回答 CDP 是什么，解释 CDP 不是什么更为容易。首先 CDP 不是以下平台：

- ❏ DMP：数据管理平台（Data Management Platform）。
- ❏ DEP：数字体验平台（Digital Experience Platform）。
- ❏ CRM：客户关系管理（Customer Relationship Management）。
- ❏ TMS：标签管理系统（Tag Management System）。

　　不过我们一味地强调 CDP 不是什么并没有特别大的意义，作为专门介绍 CDP（Customer Data Platform，客户数据平台）的章节，我们还是需要花费非常大的篇幅来说明 CDP 是什么、为什么要使用 CDP、CDP 在市场营销技术栈中处于什么样的位置、CDP 的逻辑架构和核心能力是什么、CDP 可以用于什么场景、何时投资客户数据平台最为合适、在 CDP 实施过程中会遇到什么问题等内容，同时还要探讨如何在众多 CDP 供应商的产品中甄别哪些才是适合自己业务需求的 CDP 平台。

5.1 CDP 的定义

从 2018 年开始，CDP 在营销领域的热度持续高涨，有关 CDP 与数据仓库、CRM、DMP 等的讨论愈演愈烈。但究竟什么才是 CDP，其实并没有一个统一的标准，各类机构和专家给出的定义也不尽相同，各有侧重。

5.1.1 几种常见的权威定义

关于 CDP 的概念我们找到几个权威定义。

1. David Raab 提出 CDP 概念

CDP 的概念是营销技术专家 David Raab 在 2013 年提出的。David Raab 同时创建了 CDP 研究协会（https://www.cdpinstitute.org/）。

David Raab 给出的 CDP 的定义是：A customer data platform is a marketer-managed system that creates a persistent, unified customer database that is accessible to other systems.（CDP 是一个由营销人员负责管理的系统，目的是创建一个持久、统一且可以被其他系统访问的客户数据库。）

由上可知，CDP 建设的目的是建立一个永久、统一、完整、共享的客户数据库，可以对接其他系统帮助营销人员解决具体的营销场景问题。同时，David Raab 也解释说，最开始 CDP 就是一个将客户数据集中整合并永久保存的数据库，可以应用于某个特定的营销场景，但具体用于什么营销场景、怎么使用，还需要配合其他系统来完成，CDP 并不能管理整个客户营销旅程。

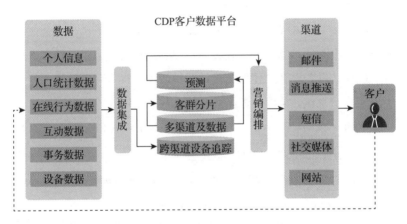

CDP 在营销技术栈架构中的位置

2. CDP 研究协会的定义

由几个 CDP 厂家联合参与，并由 CDP 研究协会（CDP Institute）发布的 CDP 定义原文如下：A customer data platform (CDP) is a type of packaged software which creates a persistent, unified customer database that is accessible to other systems. Data is pulled from multiple sources, cleaned and combined to create a single customer profile. This structured data is then made available to other marketing systems.（CDP 是一种软件包，可创建一个持久的、统一

的客户数据库,以供其他系统访问。多源数据通过采集、清洗、整合,最后生成单一的客户画像,这种结构化数据之后可供其他营销系统访问。)

可见,CDP 研究协会的定义在 David Raab 初始定义的基础上,强调了 CDP 的数据来源,同时也强调了 CDP 输出的是单一客户画像,数据可用于其他营销系统。

3. Gartner 对 CDP 的定义

Gartner 定义的 CDP 是:CDP 是一个营销系统平台,将企业不同渠道、不同营销场景中的各类客户数据进行统一采集、整合、分析、应用,以实现客户建模、设计营销活动、提升营销效率和优化客户体验的目标,从而促进企业业绩及利润的增长。

Gartner 强调 CDP 有能力对客户个体级别的资料和属性进行整合。

4. Forrester 对 CDP 的定义

Forrester 定义的 CDP 是:A CDP centralizes customer data from multiple sources and makes it available.(CDP 是中心化客户数据平台,整合了不同来源的数据,并且可为客户洞察和交互提供数据支持。)

5. 综合解读 CDP

对以上定义进行解读可得出,CDP 应该包含三部分能力:

- **整合**:归一整合所有客户数据,形成完整客户画像,目的是细分市场和受众群体。
- **行动**:根据企业的营销情况,提供相应的营销活动或决策建议。
- **洞察**:提供全面、多元、实时的数据分析报表,以掌握营销效果。

5.1.2 CDP 的主要能力解读

CDP 的主要能力如下。

1. 多数据源集成、整合能力

CDP 应包含第一方、第二方、第三方三种类型数据。

- ❑ **第一方数据**：来自于企业的自有数据，包括企业自己的销售系统、CRM、与客户接触互动等产生的数据。数据内容包括用户信息、个人资料信息、网站访问记录、移动应用会话、电子邮件回复、客户服务互动录音、社交媒体评论、订单、支付等。
- ❑ **第二方数据**：来自企业广告投放的数据、合作伙伴的数据等，比如媒体的广告监测数据。
- ❑ **第三方数据**：来自第三方独立数据，一般是供应商提供的数据，它经常伴随着隐私及数据如何拉通等问题。

来自第一方的数据通常包含用户 PII（Personal Identification Info）信息，而来自第二方、第三方的数据通常只包含设备信息。因此，CDP 中既包含已知身份的用户也包含匿名用户，同时 CDP 中既包含存量客户也包含潜在客户。

针对上述三种数据，CDP 应该具备实时身份数据解析的能力，通过 ID Mapping 的技术实时将同一个用户在不同触点的交互数据打通。同时因为 CDP 包含第一方数据，所以会涉及非结构化或半结构化数据处理。比如用户通过微信向客服进行咨询，就需要将咨询文本这种非结构化数据转化为结构化数据，然后再进行用户交互行为的拉通。

多数据源整合后，就会形成中心化的、统一的、持久的客户数据统一视图。

2. 基于营销自动化的客户运营能力

集中化的客户数据很大一部分需要应用在客户运营层面，需要触达客户并且与客户互动。

因此，CDP 的第二个关键能力就是基于营销自动化的客户运营能力，如：

- ❑ 目标客户群筛选。
- ❑ 全渠道对接。
- ❑ 营销活动管理。
- ❑ 建立营销活动策划方案，进行跨触点、跨媒体用户触达及个性化互动。
- ❑ 针对活动策划进行动态互动素材优化和 A/B Test，进而优选营销活动策略。
- ❑ 通过多活动、多媒体、多触点等形式接触用户时要进行活动策略优选、个性化推荐，避免对用户过多骚扰，并保证用户体验一致。
- ❑ 营销风控策略。
- ❑ 通过营销活动实现数据回流，并依此进行营销效果分析，不断迭代营销活动效果。

3. 分析洞察及客户研究能力

基于统一整合的客户数据，可对用户构建标签体系进而形成包含客户信息、客户标签的统一视图。通过统一视图完成客户洞察、客户细分、客户研究、产品洞察、渠道洞察、营销时机洞察等一系列分析洞察。基于分析洞察得到的结论来制定或优化客户营销策略。

5.2 是什么让 CDP 与众不同

5.2.1 CDP 出现的痛点

CDP 出现的痛点主要集中在以下三个方面。

- **营销渠道的多样化**：市场营销若还像过去一样只通过投广告、SEM 搜索的方法来引流，那是绝对行不通的，因为现在的流量太贵，从而导致投资回报率不高。而且现在客户的流量过度分散，很多客户已经不再使用搜索引擎获得产品信息，客户的关注度分散在微信、头条等众多流量媒体上。因此，客户引流已经不能单纯通过广告采买的方式实现，而要通过更精细化的规划和运营来实现。
- **市场营销对效果提出更高的要求**：运营不仅仅是流量运营，流量运营只是转化漏斗的起始点，还需要将流量转化为购买力，将访客转化为核心目标客户。因此以用户（潜在客户和转化客户）为中心的运营，最终目的是追求转化效果。现在营销领域对这种运营的需求越来越广泛。
- **不断提升的客户体验**：运营的目的是吸引用户（潜在客户和转化客户）的关注、与用户接触、与用户互动、为用户提供适合的服务和指导。而精细化运营则是在运营的每个环节针对不同用户采用不同的方法，有针对性地完成吸引、接触、互动、服务等培育环节。

面对以上痛点，我们必须注意到，现实情况中很多企业的用户数据分散在不同系统中，相互之间没有打通，所以无法准确识别不同系统中的同一个用户，无法深入细致地研究用户，更别提精细化用户运营了。

不能形成一个统一、完整的客户视图会连锁引发市场营销策略的一系列问题，比如对消费线索的预测建模、个性化推荐、跨渠道营销策略的编排、营销效果全面跟踪和分析评估等产生影响。

同时，面向 C 端消费者的营销比面向 B 端客户的营销更需要 CDP，这主要是因为 C 端消费者比 B 端消费者的客群数量更庞大、消费决策周期更短，所以更需要敏捷的技术能力和数据指标来对其进行研究。

5.2.2 CDP 的能力特点

根据对 CDP 的定义及痛点的介绍，我们可以总结出 CDP 具有如下特点：

- **数据连接**：CDP 的数据源主要是 CRM、网站、移动 App、第三方、广告监测等，是一种全部围绕用户行为的数据源。那么从数据层面来看，CDP 涉及的用户包含与品牌有过互动的所有人群，比如潜在客户、转化客户。
- **数据整合**：CDP 将所有来源的数据整合成统一、集中的用户视图，同时对从数据源采集来的数据（比如客户访问记录、客户购买记录等数据）进行明细处理。
- **数据服务**：CDP 在 Martech 中的定位是"专注客户数据的平台"。那么 CDP 必须灵活地为其他平台提供实时的数据服务支持，来支撑其他平台的实时营销活动，比如实时支持跨渠道营销活动编排、实时完成个性化推荐等。
- **数据安全**：CDP 作为数据平台，需要在保证数据采集合规的同时对数据服务进行隐私保护。

- **私有云部署**：通常 CDP 都是通过私有云部署来建设完成的。CDP 建设在企业内部的目的是沉淀用户数据资产。

5.2.3　CDP 的数据内容

CDP 集成了多种数据源、全部渠道的数据，首先需要用一个 ID 来标识客户，进而围绕着这个 ID 来描述客户的属性及行为。因此，CDP 的数据内容通常包括以下类别：

- **统一 ID**：用于统一标识客户，包括潜在客户和转化客户。
- **PII**：比如身份证、电话号码等。在不同渠道上可以获得不同类型的客户的 PII 信息。
- **其他 ID**：包括会员 ID、匿名 ID 等，比如 Cookie、设备 ID、OpenID 等。
- **客户属性数据**：描述客户属性的信息，一般包括人口统计信息（比如性别、年龄、收入、教育水平）、地理信息（比如居住地、工作地）等。
- **客户行为信息**：客户与企业交互的行为信息，比如注册时间、购物时间、购物单价、折扣、权益领取情况、权益使用情况等。
- **客户标签信息**：一般为通过模型规则得到的标签信息，比如客户价值、购买意图、所处生命周期阶段、生活风格、兴趣、性格等。

5.2.4　CDP 建设的好处

CDP 研究会在 2019 年做了一次关于 CDP 建设优势的调研，参与调研的厂家给出了一些结论，如下图所示。

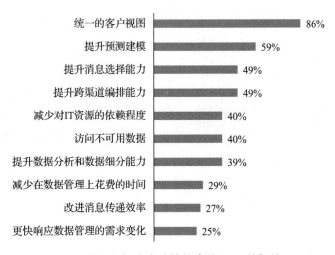

CDPI 的调研报告中总结的建设 CDP 的好处

在这次调研中，有 86% 的受访者认为统一的客户视图是 CDP 的主要优点，这一观点的认同度远远超出了预测建模提升（59%）、消息选择能力提升（49%）以及跨渠道编排能力提升（49%）。受访者将 CDP 视为一种基础技术，虽然 CDP 并不直接执行市场营销任务，但对支撑市场营销活动有很大价值，比如个性化推荐和消息传递。

从调查中我们还可以看出，受访者对营销生产力的效率的重视程度相对较低，比如，减少对 IT 资源的依赖程度（40%）、减少在数据管理上花费的时间（29%）、更快响应数据管理的需求变化（25%）。

5.2.5　CDP 的数据应用方向

若要综合考虑 CDP 的数据源和底层数据逻辑，我们就需要从 CDP 数据应用方向进行思考。CDP 的建设侧重于发挥私域数据价值，同时重视私域客户及私域流量精细化运营。

私域数据是企业在与它的消费人群进行接触、沟通、互动与交易时产生并收集的个人数据（行为数据和人口属性数据）。通过 CDP 可将这些数据打通并整合。私域涉及的人群包括但不限于营销推广中被企业广告或宣传触达的人群、在企业的各用户触点上进行交互的人群、表现出转化意向的潜在客户以及发生转化的实际客户。

5.3 CDP 逻辑架构

5.3.1 CDP 基本能力概括

CDP 作为数据管理领域的技术栈，其基本能力概括起来包括以下几点：

- **数据整合**：连接数据源并集成单客户粒度的数据能力。这里所说的数据包括客户在不同渠道上的 ID、客户资料数据、行为数据等。整合并打通来自不同数据源的单体客户数据，可以形成完整、统一的客户单体视图。
- **赋能营销活动**：通过客户特性和行为将客户细分，生成目标客群的能力。使用客户数据产生营销生产力，为营销活动执行提供客户数据依据。
- **赋能决策**：以数据能力支持全面、多维度、多视角的实时、离线数据分析报告的生成，以及观测了解营销效果，提供营销和决策优化建议的支持；同时，通过数据能力提供智能化场景，包括客群异动预测、个性化推荐、客户偏好预测等。

5.3.2 CDP 的逻辑架构

基于 CDP 的基本能力，我们给出了 CDP 的逻辑架构，如下图所示。

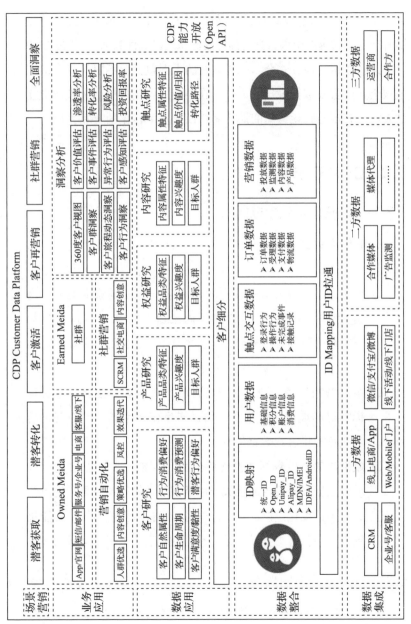

下面我们从 CDP 的功能和数据两个层面来说明 CDP 的逻辑架构。

1. CDP 功能定义

从功能层面来看，逻辑架构中 CDP 的功能可以分为数据集成、数据整合、数据应用、业务应用、数据能力开放这几个大部分。

（1）数据集成

数据集成的核心作用是负责连接多数据源并收集相关数据，比如 CRM 系统中的结构化的客户数据、客服产生的非结构化的通话记录、官方网站、企业 App、小程序、HTML5 等通过加监测代码和埋点产生的交互行为数据，其他系统的批量的 FTP 数据或者实时的 API 数据等。这些数据的类型多种多样，有结构化的也有非结构化的，有批量的也有实时的，数据周期、数据接口到达的方式（有主动推送的也有被动采集的）、数据结构均不一样。

另外，数据采集完成后的数据清洗、格式转换、数据加载、原始数据存储等都由数据集成能力完成。因此，支持何种采集方式、支持何种格式的数据、采集数据后如何管理、随着业务发展数据采集和集成的方式如何扩展等，都是 CDP 数据集成能力好坏的衡量因素。

同时需要注意的是，CDP 作为市场营销人员管理的技术栈，技术门槛过高会让市场营销人员无法完成管理工作。当数据环境发生变化时，市场营销人员能否敏捷地响应变化，也是衡量 CDP 好坏的重要因素之一。因此，为了降低技术门槛，提高营销效率，需要 CDP 平台提供敏捷的数据集成能力，并为营销人员提供友好的界面，以便能够直接操作数据集成规则，比如可视化的元数据管理、可视化的采集规则管理、可视化的数据更新规则等。这是 CDP 与其他数据管理类技术栈的最大差异。

（2）数据整合

CDP 的核心能力之一是提供一个完整、统一的客户视图。所以，最基础的数据整合能力就是拉通不同渠道的 ID，以便精准识别客户。ID 拉通（ID Mapping）就是将不同渠道上出现的 ID 进行匹配，同时为每个被识别出的客户构建一个统一的 ID，形成在 CDP 中唯一标识客户且全局唯一的客户 ID。

在 ID Mapping 的基础上，我们可以构建客户在不同渠道中所用 ID 的映射关系，由此可以知道客户、受众之间的身份映射关系。

基于统一的映射关系，我们可以完成对不同渠道上的客户、受众之间的行为关联，形成一个完整、统一的单体客户视图。这个单体客户视图是对单个客户的 360 度全景描绘。

一般单体客户视图包括客户资料、客户购买记录、客户与企业在不同渠道上的接触交互历史轨迹（比如到店情况、App 访问记录、通过 App 查看的产品、是否添加购物车、是否领取了权益、是否核销了权益、是否查看了营销活动信息等）等。

值得注意的是，在数据整合层面，数据是基于原始的客户数据。那么在数据整合层，需要深入考虑的是对数据业务口径进行深刻理解。因为数据来源不同，在不同系统中定义的业务口径也不同，那么需要将这些数据的业务含义完全保留下来，以便应用数据时有据可依，同时可以辨别什么数据适配什么样的数据应用场景。

同样，在数据整合能力上，考虑到 CDP 是由市场营销人员管理的技术栈，因此 ID Mapping 的规则、数据整合规则、元数据管理等也需要提供可视化服务，以方便市场营销人员操作。

（3）数据应用

CDP 的一个重要目标是基于场景的数据应用，可以完成对客户、产品、营销决策等的研究。同时，实现营销自动化的第一步是对受众进行定位，这样才能对受众进行渠道、时机、内容、权益等营销要素的个性化编排。因此，CDP 需要为营销及洞察研究的场景提供数据应用的支撑。

构建数据应用最重要的是对客户进行细分。所谓客户细分就是对具有共同特性的客群进行详细分组，构建出粒度较小的客群。进行客户细分后的客群可以被保存下来，作为后续洞察研究或者营销活动等数据应用的输入客群。

构建客户细分的方法有两种：

- 通过标签构建：通过为客群打上标签来标识客群的不同属性，比如高价值客户、流失预警客户、娱乐内容偏好客户等。可以通过标签筛选出客群，也可以基于现有标签来构建衍生标签，并给客户打上衍生标签，从而对客户进一步细分。
- 通过规则构建：通过客户的属性、特征、行为、标签等信息构建客群筛选规则，之后依据该规则来细分客群。

通过客户细分筛选出营销人员需要关注的客群，进而指导完成后续营销策略。

值得注意的是，客户细分除了为营销活动提供输入客群外，对决策洞察也是非常有用的。在客户运营的大多数场景中，都是基于客户细分对客群进行深入研究并得到客户的群体特征，进而完成营销策略的定义。还可以基于客户细分完成对产品、权益、内容、触点等的洞察研究，从而通过数据分析完善及优化产品设计、权益设计、权益运营策略、内容策略、传播策略等的选择。

(4)业务应用

CDP业务应用总体来说可以分两个大方向：营销生态的应用和决策洞察的应用。

1）**营销生态的应用**：CDP在营销生态方向的应用主要着重于私域客户及私域流量精细化运营，使自有媒体及社交媒体方向的营销场景更加高效、智能。CDP具有最完整、最及时的客户数据，可以为营销自动化技术栈、社群营销技术栈提供数据支撑，可以为场景化的客户细分及营销决策提供建议。CDP能够在第一时间感知客户状态，并为客户提供最合适的互动接触渠道及互动内容。通过CDP可以为营销自动化、社群营销提供客群数据输入及营销策略输入。

2）**决策洞察的应用**：在以数据为驱动的场景化营销过程中，需要更多数据手段来支撑营销策略的制定，CDP提供决策洞察能力让营销充分利用数据来获取竞争优势，且随着数据量级、数据维度、数据种类的增长，决策洞察将发挥更大的作用。一般决策洞察分析包括单体客户360视图、客户旅程的迁移预测、客户群体特征洞察、客户价值评估、客户风险预测、客户感知评估、渠道归因洞察等。

(5)数据能力开放

CDP作为数据管理平台，需要输出其核心价值——数据。单独一个CDP可以让营销更高效、更精准，但它并不能完成营销策划的所有工作，还需要与其他Martech技术栈配合。因此，我们需要将数据能力开放给其他技术栈。

典型的数据能力开放场景有：

❏ 将细分的客户人群输出给营销自动化技术栈。

❏ 将统一客户视图中的客户行为数据输出给数据科学家，对人群的原始数据进行建模以完成深度挖掘，找到客户行为的共性或者特征。
- CDP 决策洞察分析对外部系统的嵌入式支持。

CDP 的数据能力开放给以上场景以提供数据输出能力。但因为 CDP 中保存了最完整的客户数据，包括客户 PII 数据，所以也带来了一些数据安全方面的问题。为了同时解决开放和安全的问题，需要构建数据服务来保证 CDP 数据与其他技术栈对接时数据的可用性及安全性。

2. CDP 数据说明

对于 CDP 数据，我们分数据来源、数据结构、统一的客户视图三个方面来说明。

（1）数据来源

CDP 的定位是汇聚与转化客户、潜在客户相关的数据，因此需要包括来自第一方、第二方、第三方的数据。

第一方数据包括：
- CRM 的客户资料及交易信息。
- 客服的售后数据。
- 呼叫中心的通话数据。
- 官方网站上采集的客户资料数据及客户行为数据。
- 官方 App 上客户资料数据及客户行为数据。
- 企业自有小程序上客户资料数据及客户行为数据。
- 企业在各渠道上发布的 H5 页面采集的客户资料数据及客户行为数据。
- 线下门店访客信息。
- 线下活动收集的客户信息。

- 调查问卷信息。
- IoT 设备收集的客户行为数据。

第二方数据包括：

- 广告媒体、广告代理商、广告技术合作伙伴、广告监测服务商提供的与企业相关的媒体资料数据，比如人口属性、设备属性等。
- 广告媒体、广告代理商、广告技术合作伙伴、广告监测服务商提供的与企业受众相关的媒体行为数据。

第三方数据，包括合作方数据（比如运营商数据），但这些数据通常无法定位到单个客户，因此很难用于营销。

我们可以根据数据产生渠道的不同将以上数据分成线上和线下两种：

- 线上数据：线上渠道上产生的数据，包括官方 App、官方网站、电商、线上社交平台等渠道数据。
- 线下数据：线下渠道产生的数据，包括门店销售数据、门店 Wi-Fi 探针产生的数据等。

根据采集方式的不同，上述数据可以分为实时和批量（离线）两种：

- 实时数据：产生即被采集并传送给 CDP 的数据，比如 App、H5 中的客户交互数据。实时数据通常是客户的单一行为数据。
- 批量（离线）数据：经过周期性汇聚后批量传给 CDP 的数据（传送方式可以是 CDP 被动接受，也可以是 CDP 主动获取），比如 CRM、客服通话等相关数据。一般批量（离线）数据是通过数据文件的方式进行采集的，同时会附带系统间接口校验文件。

（2）数据结构

在说数据结构前，我们先说一下数据内容。通常 CDP 的数据内容包括全局唯一标识客户的 ID、PII 数据、渠道上客户的 ID、客户属性数据、客户行为数据、客户标签数据、客户的社交数据等，如下所示：

- **统一 ID**：用于统一标识客户，包括潜在客户和转化客户。
- **PII 数据**：比如身份证、电话号码等。在不同渠道上可以不同程度地获得转化客户或者潜在客户的 PII 信息。
- **其他渠道 ID**：会员 ID、匿名 ID 等，比如 Cookie、设备 ID、OpenID 等。
- **客户属性数据**：描述客户的属性信息，一般包括人口统计信息（比如性别、年龄、收入、教育水平等）、地理信息（比如居住地、工作地等）等。
- **客户行为数据**：客户与企业的交互行为数据，比如注册时间、购物时间、购物单价、折扣、权益领取情况、权益使用情况等。
- **客户标签数据**：通常是通过模型规则得到的标签信息，比如客户价值、购买意图、生命周期阶段、生活风格、兴趣、性格等。
- **社交数据**：描述客户的社交情况的数据，包括推荐人、经常联系人、社交传播路径等。

由数据内容可以推导出数据结构。数据结构中有结构数据、时序数据、图数据等，如下所示：

- 结构数据可以存储 ID Mapping 关系、客户基础资料、客户属性数据、客户行为数据、客户标签数据等。

❑ 时序数据可以存储客户交互行为信息，以便后续使用时保证查询效率。

❑ 图数据可以存储社交信息，使用图数据库进行存储，可快速解决复杂的关系问题，同样保证查询效率及可视化绘制效率。

CDP 需要记录一个全局用户 ID 及每个用户在渠道上出现的 ID，以便在全渠道用户运营中触达用户。这里我们特别提一下经过 ID Mapping 处理后的数据结构，如下表所示。

ID Mapping 结果示意

字段名	数据内容举例
CDP_ID	CDP001
Device_ID	359**********88
User_ID	张三
Open_ID	1704*********************878C
IDFA	41B2FD07-695A-4A27-8D26-C30ECE6F7EAD
...	...

5.4　CDP 与 Martech 领域其他技术栈的比较

CDP 在 Martech 领域定位为数据管理技术栈，专注于客户数据管理。接下来我们将比较 CDP 与营销自动化、营销云、DMP、CRM、数据湖等技术栈的异同及应用场景。

5.4.1　CDP 与营销自动化的比较

营销自动化（Marketing Automation）是指通过技术手段提升市

场营销效率的软件套件。营销自动化通过数据驱动市场营销活动自动执行并完成营销任务，以代替人工完成重复性工作。

营销自动化可以通过数据建模识别潜在客户，并自动将这些潜在客户培育成有效客户，其以达成交易、保持与客户的持续互动为目标，并自动根据潜在销售线索在适当的时机提醒销售团队介入与客户进行互动。营销自动化在与客户互动的过程中收集的数据能进一步推动营销策略优化。

营销自动化通过使用各种策略组合，可迅速将大量潜在客户转化为有效客户，以此来提升销售漏斗的效率。

那么 CDP 与营销自动化有什么异同呢？

1. CDP 与营销自动化要达成的目标不同

营销自动化的目标是自动化运行日常营销活动，在执行日常营销活动的过程中收集数据信息，同时以数据驱动营销活动的执行及优化。

CDP 的目标是提升洞察力，通过数据洞察力来指导并优化营销活动策略。

2. CDP 与营销自动化的数据来源可以相同

CDP 旨在从业务来源中提取数据，CDP 的数据可以来自网站、移动 App、线上渠道、CRM、线下商店、呼叫中心等。

营销自动化需要通过数据来驱动营销效率的提升，因此营销自动化可以使用 CDP 的数据作为决定营销策略的数据支持。

3. CDP 与营销自动化的个性化互动场景不同

营销自动化在某些主动推送的渠道上表现非常出色，比如电子邮件、短信等。通过营销自动化可以推送有针对性的营销互动活动；一些被动到访的渠道，比如官网、移动 App 等，CDP 可以提供实时个性化推荐，以改善客户体验，促进交易的达成。

因此，从技术栈定位、场景来看，CDP 可以作为营销自动化的决策数据来源之一。

5.4.2 CDP 与营销云的比较

营销云（Marketing Cloud）相对 CDP 来说并不是一个单一的产品，它是一套面向市场营销的、基于 SaaS 的技术解决方案，是多个 Martech 领域的多个技术栈的组合。同时，营销云的供应商可以根据企业的需求进行定向打包，形成有针对性的营销云解决方案。

营销云的通用能力一般包含以下几大类：

- **数据管理平台**：负责提供连接、集成能力，并提供营销活动数据支持能力。典型的数据管理类的技术栈有 DMP、CDP 等。
- **多渠道管理**：负责多渠道的技术对接，以及营销活动渠道策略的构建、执行、分析洞察、优化。现阶段大多营销策略已从多渠道转化成全渠道（这里指的是渠道管理及营销策略的转变）。
- **营销活动管理**：支持对灵活多样的营销活动进行管理，包括媒体广告活动、客户运营活动等。营销活动管理包括营销策略的制定、投放、优化等。
- **内容管理**：负责管理灵活多样的内容数字资产，包括以可视化的方式构建营销创意内容、内容营销团队协同、内容资产发布及共享、内容营销效果洞察及评估等。

❑ **个性化推荐引擎**：主要负责客户交互过程中的个性化推荐，目的是提升客户交互体验。包括对内容个性化、产品个性化等营销要素有针对性地进行个性化推荐。

❑ **分析洞察**：负责对营销活动策略、广告投放策略、内容策略、传播策略等进行洞察分析，为策略优化、客户研究等提供分析洞察依据。

在使用营销云时，技术栈需要灵活、交叉协同使用，在不同的营销活动中使用的技术栈搭配不尽相同。因此，从 CDP 的定义和营销云的定义可以很容易得到它们之间的差异：CDP 可以作为营销云数据管理平台的一部分为营销云提供技术及数据支撑，以获得更为智能的营销策略。

5.4.3　CDP 与第一方 DMP 的比较

DMP 全称是 Data Management Platform，在 Martech 技术栈中也属于数据管理范畴。站在广告主的视角，DMP 可以分为第一方 DMP、第二方 DMP 和第三方 DMP。因为 CDP 大多为私有部署模式，因此，这里我们只讨论 CDP 与第一方 DMP 之间的差异。

1. CDP 和 DMP 要解决的业务目标不同

CDP 和 DMP 都是以用户为中心的数据管理平台。业界倾向于这样定义这两个技术栈的建设目标：DMP 是面向 Adtech（广告技术）领域的技术栈，而 CDP 是面向 Martech（营销技术）领域的技术栈。从业务定位来看，DMP 更倾向于解决获客问题，而 CDP 更聚焦于管理潜在客户、转化客户、会员、价值客户的运营、再营销、价值提升等问题，更偏向于为企业营销自动化、销售自动化、服务自动化提供人群数据。

2. CDP 和第一方 DMP 所涉数据来源不同

从 CDP 和 DMP 要解决的业务问题我们可以推导出来，CDP 和第一方 DMP 所涉数据来源是有差异的。

CDP 的数据来自全渠道，如 CRM、销售技术栈、服务技术栈、自建营销渠道、广告投放及广告监测等。

第一方 DMP 的数据来自付费广告媒体、自建营销渠道等。

3. CDP 和第一方 DMP 所管理的人群范围不同

与品牌有接触的所有人群都属于 CDP 的管理范围，如潜在客户、转化客户、自建营销渠道出现的人群、广告投放受众等。

第一方 DMP 对人群的管理范围主要集中在广告投放的受众、自建营销渠道出现的人群等。

4. CDP 和第一方 DMP 提供的技术能力不同

CDP 主要为企业营销自动化、销售自动化、服务自动化等提供数据支持，包括人群管理、人群细分、人群数据输出等，同时 CDP 还会提供单个消费者的数据输出。

第一方 DMP 主要负责提供广告投放输出，重点在于人群管理、人群细分、人群数据输出，并不提供单个消费者的数据输出。

5.4.4　CDP 与 CRM 的比较

关于 CDP 与 CRM 异同的争论一直以来都有很多，我们先来从定义上进行剖析，后面的章节会在建设层面进行分析。

CRM（Customer Relationship Management，客户关系管理），是 Gartner 在 1999 年提出的一个以客户为中心，以获取客户、留存客户、提升客户价值为目标，以管理和技术为手段的综合解决方案。

CRM 的核心价值是提升企业销售业绩并降低销售成本。

随着业务的变化，CRM 已经从面向销售的单一产品成长为一个涵盖多个子功能域的庞大的商业领域，几乎所有与客户相关的功能都可以归属到 CRM 的范畴。

大体来说，CRM 的子功能包括营销、销售、电子商务、客户服务，分别对应企业与客户交互涉及的不同部门。营销负责获客、留存、价值提升；销售和电子商务负责交易转化；客户服务负责交易后的服务支撑。营销、销售、电子商务、客户服务这四个子功能也贯穿了客户和企业的大部分交互流程。

在这里，我们只分析 CRM 营销子功能和 CDP 之间的关系。

CRM 总体定位于业务系统，因此 CRM 的营销子功能通常负责提供客户主数据管理、会员管理、忠诚度管理、权益平台、内容管理等业务支撑。

CDP 则定位于数据管理系统，其中一部分数据源来自于 CRM，同时将来自 CRM 之外的数据（比如客户与品牌交互的行为数据等）提供给 CRM。

聚焦到数据管理层面，CRM 的客户主数据管理与 CDP 有以下异同：

- ❏ **人群范围**：通常 CRM 客户主数据管理的是通过销售或客服的交互界面（比如，销售人员、客服、门店等）与企业有互动的人群，包括转化客户和潜在客户。而 CDP 所管理的是通过全渠道触点与企业交互的人群，包括在付费媒体、自建渠道、社交渠道等交互界面上出现的所有转化客户及潜在客户。
- ❏ **客户 ID**：CRM 的客户主数据管理一般只包含单个主 ID，

比如客户ID、电话号码、会员号码、身份证号码等，在创建客户主数据时必须有主ID。而CDP数据来源比较广泛，通常除了包含统一标识客户的ID外，还会包含其他ID，比如Cookies、设备ID、OpenID、PayID等，因此一个客户会包含多个ID，需要通过ID Mapping的技术手段将ID打通。

- **数据类型**：通常CRM的客户主数据提供业务交易支撑，一般只处理业务交易过程中产生的结构化数据。而CDP则会处理全渠道与客户交互的数据，既包括交易数据又包括交互数据，因此既会处理结构化数据又会处理非结构化数据。
- **CRM客户主数据与CDP数据相互补充**：CDP的客户资料数据来自CRM客户主数据，比如性别、年龄、住址、电话、会员注册时间等。同时，CDP的数据也可以补充到CRM客户主数据管理中，以提升客户主数据管理及共享的可用性。

5.4.5 CDP与企业数据湖的比较

CDP是数据管理技术栈，但在很多厂商提供的解决方案中，最底层都是由数据湖提供数据采集和集成能力的。那么CDP和企业级数据湖是什么关系呢？

1. 建设业务目标不同

CDP主要以转化客户和潜在客户为中心进行数据洞察分析及支撑市场营销活动，主要面向市场营销人员。

企业级数据湖的主要目的是支撑企业内部决策分析。使用数据湖数据的人员不仅包含市场营销人员，还包括企业运营、财务分析、成本分析等不同业务部门的人员。

2. 数据范围不同

CDP 主要以转化客户和潜在客户为中心进行数据采集。

企业级数据湖的主要目的是支撑企业内部决策分析。因此其涉及的数据除了客户数据外，还有企业交易数据、企业生产运营数据、企业财务数据、供应链数据等企业内外部的所有数据。

3. 数据应用场景不相同

CDP 的客户属性数据或标签数据均是通过算法模型计算出的结果数据，以此支撑客户研究的分析和洞察。

从应用场景看，企业级数据湖的使用场景是长期决策分析，以及通过数据及算法找到业务规律等。

4. 数据实时能力不相同

CDP 可以支持在线实时业务交易、个性化推荐等实时场景。

企业级数据湖从架构上讲无法支持实时数据分析，通常使用周期较长的窗口进行分析和洞察。

5.4.6　CDP 与其他技术栈的横向对比总结

可以从三个维度来对比 CDP 和其他技术栈：

1）**数据完整性**。数据完整性通过三个角度来衡量，分别为：是否有客户单体级别颗粒度数据；是否有匿名客户或者已识别客户的单体数据；数据是否高度可信。

2）**市场营销人员的掌控力**。市场营销人员的掌控力通过两个角度来衡量，分别为：客户数据采集、客户细分、客户激活的可用性及灵活性的高低；是否需要 IT 资源或者开发资源参与。

3）**数据可用性**。数据可用性通过两个角度衡量，分别为：是否支持对内外部数据进行集成的能力；是否具备针对已识别客户和未识别客户进行数据集成的能力。

CDP 与其他技术栈的对比如下表所示。

CDP 与其他技术栈的对比表

对比维度	CDP	DMP	CRM	数据湖
数据完整性	好 单体级别的客户数据，同时提供识别和未识别的客户数据	不好 提供人群数据，只有未识别客户数据	一般 单体级别的客户数据，但没有未识别客户数据	好 单体级别的客户数据，同时提供识别和未识别的客户数据
市场营销人员的掌控力	好 由市场营销人员完全掌控	好 由市场营销人员完全掌控	不好 不由市场营销人员掌控	不好 不由市场营销人员掌控
数据可用性	好 集成内外部数据、集成识别和未识别的客户数据	一般 集成外部数据、集成未识别的客户数据	一般 集成内部数据、集成识别的客户数据	不好 集成外部数据较难，需要IT团队参与

5.5 CDP 主要场景

5.5.1 全域营销 CDP 如何赋能营销

1. 阿里巴巴全域营销（Uni Marketing）案例

我们以阿里巴巴的全域营销（Uni Marketing）为例进行介绍。阿里巴巴的全域营销是指在新零售体系下，以消费者运营为核心，以数据为能源，实现全链路、全媒体、全数据、全渠道营销的方法论。

以此概念来进一步剖析全域营销，就是以消费者为圆心，利用可触达消费者的所有渠道资源与消费者建立联系，即与消费者建立全触点互动。与此同时，对每个消费者、每个触点、每一次互动中产生的数据进行观测，以完成精准、高效、智能的全渠道营销体系。

全域营销的策略有两个关键点：

- 不重不漏。
- 在适合的渠道与适合的目标客群建立互动联系，即实现精准互动。全域营销在数据层面的构建依然把"以用户为中心"的思想作为建设依据，并且也是围绕着"以用户生命周期的数据资产"为核心进行跨平台、跨渠道、跨触点的全域整合。

阿里巴巴全域营销的数据分为三部分：

- Uni ID：打通阿里系服务平台账号间的关系，做到可辨识、可分析、可触达受众。
- 品牌私有数据银行：某品牌与它的受众相关的全链路数据都被记录在数据银行中，非该品牌的系统用户没有权限查看数据银行的数据，做到可存储、可洞察、再应用。
- 广告数据：可以追踪广告投放后受众与品牌间全部触点的链路数据。

2. 企业如何建立全域营销

回到企业角度，使用 BAT 等巨头提供的营销生态，其数据只能在各自的生态体系内流转，没有任何消费者单体级别的数据可以分享给企业或者其他媒体平台。由此形成的营销模式只能是在各自的生态体系内部全渠道互通，而与外部完全绝缘。对于企业而言，无法对自己的用户有一个统一、客观的认识，无法整合营销策划和营销资源，达不到真正意义上的全域营销。

使用 CDP 可实现对企业自身数据、投放合作数据、第三方交换数据等各种渠道和各种触点的用户数据的管理，为企业建设自己的客户数据银行，实现全域、全触点的数据整合，真正实现企业自己的全域营销。

企业建立全域营销，首先需要打通触点服务平台账号体系间的关系。以统一的 Uni ID 作为识别消费者的唯一 ID，围绕 Uni ID 为消费者记录资料数据，建立立体、全面的画像。

基于统一的消费者 Uni ID 体系，对每个消费者、每个触点、每一次互动中产生的数据进行观测，从而做到精准地、不重不漏地与目标客群建立互动联系，使企业建立精准、高效、智能的全域营销体系。

CDP 除了可以在客户运营层面上发挥作用外，对获客、拉新的作用也是不可估量的。例如运用在营销中十分常见的重要环节：营销信息的精准触达、潜在客户的开发、潜在销售线索的甄别等。随着 CDP 更广泛地运用在营销的各个重要环节，不断加强对客户生命周期数据的管理，可以给企业带来获客盈利机会，实现业务增长。

在社群营销方面，CDP 在社群传播和裂变方面也可以有很好的应用。随着社交口碑、社群推荐、IP 资产、KOL/ 自媒体商业等体系的成熟，企业在产品与服务的推广过程中也多了许多选择，而这也为用户扩散与裂变带来更多有趣的运营设计方向。每一次营销战役都是众多资源与任务的组合，每一次用户裂变都是创意与机制的交互。能支持自动化设计营销活动流程，实时调整营销任务与环节 KPI 的 CDP，凸显出其在智能应用、动态管理方面的价值。

5.5.2　CDP 对私域流量池运营的重要作用

什么是私域流量？私域流量的意思是这些流量是自己的，可以随时低成本、反复利用，不需要通过第三方媒体介入，也不受外界平台环境的影响。而相对的，公域流量是第三方媒体提供的流量，这些流量需要花费高价购买，而且近年来质量越来越差。

1. 运营私域流量的作用

运营私域流量对于企业来说有什么作用呢？

企业运营私域流量可以帮助完成流量转化，通过更便捷、成本更低的方式触达用户，从而获得更高的收入。对已转化的流量（不管是否为成交客户）进行再次激活、留存、传播是运营私域流量的核心价值。

运营私域流量池的方式：可以自己制定游戏规则，也可以以提升复购率为目的来挖掘用户终身价值，还可以将用户发展成合伙人，而对于高级玩家还能对私域流量池进行裂变增长。

2. 运营私域流量池的优势

总体来看，私域流量池的优势有如下几个：

- 运营私域流量几乎是免费的，即使有成本也是极低的；
- 长尾价值很高；
- 可以拥有自己的用户体系；
- 能够进行多波次运营；
- 可以建立自己的品牌和用户忠诚度；
- 可建立品牌与客户的交互渠道，且不需要依靠第三方媒体或者代理；
- 可以用于做产品、服务的延伸和多元化营销；
- 可以用 80% 的精力来为产生 80% 收入的那 20% 客户来提供服务，且效率更高。

经典的漏斗模型是 AARRR 模型。其中 AARRR 分别是 Acquisition（获取）、Activation（激活）、Retention（留存）、Revenue（变现）、Refer（自传播）这五个单词的缩写，分别对应用户生命周期中的5个重要环节。基于AARRR模型，品牌营销重视的是获客环节，以获得更多的潜在客户、扩大起始阶段的漏斗为市场营销策划的目标。但私域流量的运营目的是让用户留下来，再让用户去推荐，让老用户带来新用户。私域流量运营的重点从获客变成了留客，其更在意客户对品牌提供的产品和服务的认可度，因为这决定了客户是否愿意将其产品和服务推荐给别人。

因此，私域流量运营的模型多使用RARRA模型，即Retention（留存）、Activation（激活）、Referral（推荐）、Revenue（变现）、Acquisition（获客）。

CDP是企业管理私域数据和运营私域流量的数据管理平台，其可帮助企业更好地实现更高水平的数字化营销和企业运营。CDP的主要定位就是在转化客户及潜在客户的运营方向发力，其将用户资源作为运营的重中之重。

5.5.3 客户旅程分析

1. 什么是客户旅程分析

客户旅程（Customer Journey）是指客户对企业的完整体验。在客户生命周期的每个阶段（从意识到忠诚度），它包括所有渠道和所有与客户的交互。

而对于客户旅程分析（Customer Journey analytics），Gartner和Forrester给出了不同的定义。

Gartner：Customer journey analytics (CJA) is the process of tracking and analyzing the way customers use a combination of available channels to interact with an organization.（客户旅程分析是跟踪和分析客户可用渠道组合与组织交互方式的过程。）

Forrester：Customer Journey analytics — an analytics practice that combines quantitative and qualitative data to analyze customers' behaviors and motivations across touchpoints and over time to optimize customer interactions and predict future behavior.（客户旅程分析是一种分析实践，结合定量和定性数据来分析客户的行为和动机，它是跨越接触点的，会随着时间的推移不断优化客户互动方式和预测未来客户行为。）

由上可知，客户旅程分析的目标是对客户旅程（客户与企业在所有渠道的所有交互和动机）进行分析和预测，从而优化企业与客户的互动方式，以便持续为客户提供优质的服务，让客户得到更好的体验，同时为企业带来更多的转化和收入。

2. CDP 对客户旅程分析的帮助

CDP 以客户为中心，记录了每个用户在每个触点上与企业的每一次互动。同时，客户细分还提供了基于预测模型和评估模型的客户标签，这可以为客户旅程分析提供非常好的数据支撑。通过对客户旅程的拆解，可以分析客户在全业务链条触点上的体验和支撑客户旅程的利益关系，从而提升每个交互环节的客户体验。

基于 CDP 的客户旅程分析在体验上可以做到以下三个层次的提升：

（1）基于客户关键接触点的优化

早期的客户体验管理，通常从客户全流程中的"关键接触点"开始，通过基于运营数据和客户调研的分析，探索出客户在业务联通中体验的"痛点"，并对这些痛点进行优先级排序，优先改造那些影响关键业务环节的体验。同时,还会在客户旅程中创造一个或多个客户"尖叫点",以带来更好的客户体验,创造口碑传播的机会。

早期的客户体验管理思维,专注于"单个"客户接触点的改造,而非"整个"客户旅程的体验。

(2)跨渠道全流程客户体验的优化

随着智能手机的普及和移动终端的快速发展,企业与客户的接触点进一步增加,并呈现碎片化趋势,客户开始期待在任何时间、任何地点拥有线上和线下无缝融合的产品和服务体验。此时的客户体验是围绕连接"人—设备—服务"展开的,无论是从线上到线下,还是从线下到线上,客户可以从任何数字渠道或传统渠道中的任一环节进入场景,并获得相关的产品和服务。

(3)客户价值驱动的客户体验重塑

在"以产品为中心"的时代,企业聚焦于为客户提供基础的产品和服务,客户也满足于简单地获得产品。而随着市场逐渐由供给侧转向需求侧,"以客户为中心"的时代到来了,此时的客户体验管理从聚焦于关键客户接触点,转到聚焦于跨渠道全流程客户体验的优化。在这个演进的过程中,客户再也不会主动探索某个品牌或产品,而是在自己的生活场景中"被触达"或"被吸引"。

在这种变化下,企业无法再像从前那样仅从提供产品的视角思考问题,而是需要重新定义客户的期望。例如,对于银行而言,购车的客户对银行的需求局限于车贷方面,但是客户的期望可能是"拥有梦想中的第一辆车",这时银行可以基于客户这个"梦想",在购买车、驾驶车、装饰车、分享车、置换车等多个客户旅程中进行布局，并为客户提供新的服务方式，将一整套金融方案有效嵌入"车生活"的客户场景中。

5.5.4 数字化客户体验管理

CDP 以客户为中心整合了全渠道的交互数据，形成中心化、统一、持久的客户数据统一视图。

我们从 CDP 的定义进行延伸，利用 CDP 的客户数据及算法技术构建数字化客户体验模型，进一步了解客户，从而预测客户旅程的发展走向，为下一步与客户进行有效互动提供决策依据。

1. 什么是客户体验管理

客户体验管理是一种客户管理的方法和技术。根据哥伦比亚商学院教授伯尔尼·H·施密特（Bernd H·Schmitt）2003 年在《客户体验管理》一书中的解释，客户体验管理（Customer Experience Management，CEM）是"战略性地管理客户对产品或公司全面体验的过程"，而客户体验管理框架则是用于全方位指导客户体验管理实施的流程和策略集合。

客户体验管理以提高客户整体体验为目标，注重与客户的每一次交互，协同售前、售中、售后的各个环节与客户的各种触点，有目的且无缝地为客户传递正面信息，创造匹配品牌的正面利好感知，从而实现客户与品牌的良性互动，增加企业的收入和资产价值。

在客户体验管理中，涉及所有与客户交互的触点，包括销售人员、呼叫中心、代理商、广告、活动、收账人员、客户接待、产品使用手册和网站等。

客户体验作为一种综合评价，会受到非常多因素的影响，涉及产品、服务、企业与客户的关系（VIP 客户、星级客户）、客户生命周期内与企业交互的便利性、品牌形象、产品或服务的价格等多种因素。

因此，客户体验管理十分复杂，既与触点相关又与产品、服务、品牌的表现相关，同时还与客户的情绪、偏好相关。

2. 管理客户体验的两个主要方面

在构建客户体验管理时，需要从两方面进行：

❑ 客观交互经历感知，通常反映的是客户客观的体验结果。

❑ 主观心理层面感知，通常反映的是客户主观的体验感受。

将这两种体验感知综合起来就形成了客户对某一特定的产品、服务、品牌的体验。

CDP 作为数据支撑，可以提供交互经历感知的客观数据依据，同时也可以通过客户的行为数据、调查问卷等进行主观心理层面的感知预测和推理。

5.5.5　AI 技术在 CDP 中的应用

1. 实时个性化推荐

客户正在面对各个渠道的许多信息，在这个信息过载的时代，优秀的个性化推荐可以提升客户体验，更好地留住客户。同时，在产品品类和产品过多时，个性化推荐也能解决"热门的产品更热门，冷门的产品更冷门"的问题。

什么场景可以使用个性化推荐？这里列出三个场景：

❑ **客户无需求，但需要提升客户黏性**。可以设置猜你喜欢、个性推荐等模块，根据客户行为进行个性化推荐。

❑ **客户有明确需求**。帮助客户更快找到自己需要的产品。通过客户的浏览行为，包括搜索和浏览的记录，提炼客户的兴趣点，对搜索结果进行个性化推荐优化，提高客户搜索效率并缩短客户的搜索路径。

- **上新产品**。通过客户的最近浏览、最近关注、关注的品类特点等，对新品进行个性化消息推送。

数据和算法是个性化推荐的两个重点。CDP 的客户浏览行为、交互行为、客户标签等可以作为个性化推荐的数据来源。

个性化推荐常见的算法有以下几种：

- **基于内容推荐**：分析用户看过的内容（历史内容等）再进行推荐。
- **基于用户的协同过滤推荐（UserCF）**：为用户推荐和他有相似兴趣的其他用户喜欢的物品。
- **基于物品的协同过滤推荐（ItemCF）**：为用户推荐和他之前喜欢的物品相似的物品。
- **基于标签的推荐**：通过用户行为为用户打上标签，通过给用户打标签或是用户给产品打的标签为其推荐物品。
- **隐语义模型推荐（LFM）**：通过隐含特征为用户推荐与兴趣匹配的物品。
- **社会化推荐**：通过社交圈为用户推荐物品。
- **根据时间上下文推荐**：利用用户访问产品的时间来优化推荐算法，或是根据季节性、时令性变化进行推荐（如春节推荐春节相关物品）。
- **基于地理位置的推荐（LARS）**：根据用户的地理位置进行推荐。

除此之外，协同过滤也是 Look-alike 模型常用的算法之一。

2. 人脸识别技术在 CDP 中的应用

人脸识别已不鲜见，在机场安检、支付鉴权等诸多场景中已得到广泛应用。除了能够识别出"我是谁"以外，通过融合生理学、心理学知识的智能识别和模型计算，还可以判断出人的情绪。

这种技术能大大提高客户情感层体验识别的准确性和及时性。相较于传统的依靠事后问卷调研的方式，该技术已经从人为主观判断提升到了客观精准的数字化层面，使对前端客服触点的支撑变得更快，也部分解决了对客户主观体验进行判断时存在的难点问题。

在门店场景下，可以通过人脸识别技术识别到店客户的情感体验，从而数字化门店客户的进店体验。

3. 语音识别在 CDP 中的应用

语音识别技术已被广泛应用到客户服务领域，各种智能应答机器人、智能音箱都采用了语音识别技术来进行"人机交互"。自然语言处理（NLP）也不断投入实际应用中，从而使机器更好地理解人类语言的含义。另一项与语音相关的 AI 技术也悄然面世，即通过语音进行语气、情绪的判断。

随着自然语言情绪智能分析技术的出现，企业（尤其是银行、通信、邮政、电商、航空等拥有庞大客户群体的企业）可更有效地利用与客户的交互语音和文本信息，准确、及时地判断客户情感体验。

在客户服务过程中，可以通过自然语言情绪智能分析技术感知客户的情绪，从而数字化客户服务过程中的客户体验和客户需求。

5.6　CDP 项目实施中最可能遇到的数据问题

CDP 的需求是非常明确的，但在 CDP 项目实施过程中会遇到一些需要规避的数据问题。

1. 技术问题导致构建的统一客户视图不完整

CDP 对数据及时性和时序性的要求，以及对非结构化数据的处理要求，使得传统的数据处理和数据存储的技术手段不足以支撑 CDP 统一客户视图的业务需求。构建 CDP 客户统一视图需要用到 NoSQL 数据库、时序数据库、图数据库等非传统数据技术，以此来消除许多技术障碍。

2. 数据时效性导致数据不一致

数据的系统来源不一样，不同系统之间更新的时间也不统一，这会导致数据的时效性不一致。比如，当天的 ID Mapping 没有更新完成，营销活动就已经把短信发送出去，这会造成营销活动发给了很多错误的手机号码，导致成本浪费。

如果营销自动化系统直接读取的是源数据，会在推送过程中遇到各种错误，很容易造成经济损失。因此需要构建数据服务来规避数据时效性和可用性问题。

3. 数据推送效率

随着数据量级和维度的增长，CDP 的客户数据量及其承载的营销活动会越来越多。比如，每天要通过不同的营销事件来触发大量营销消息的推送，消息推送的效率非常重要。

在项目建设初期，要明确数据保存的期限或者事件触发的时间窗。另外，也要在执行营销策划前用沙盘演练来预测营销策划的发送时间。

4. 保障数据能力开放过程中的数据安全

CDP 集中管理着最全、最实时的客户数据，包括客户 PII 数据。同时还为其他技术栈提供数据支撑，保证企业内部客户信息统一，减少重复投入。

而共享的数据很大程度上已经深度涉及隐私数据，这些隐私数据如果非法使用，将带来不可估量的后果。

在 CDP 构建数据共享服务时，需要在数据安全层面考虑以下三个问题：

- ❑ **对数据进行分级分类，明确 CDP 数据资产分布及使用情况，并制定相应的安全策略。**使用数据加密、数据脱敏、联邦学习等数据隐私保护技术，对 CDP 中的隐私数据进行隐私保护。
- ❑ **基于数据使用角色和场景选定安全技术。**通过安全元数据的等级管理来进行数据访问权限控制。不同的系统用户对应不同的数据访问等级，比如：高等级用户可以访问隐私数据中的原始明细级数据；中等级用户可以访问大部分明细级客户属性数据及标签数据；低等级用户不能看到任何明细级数据，只能看到应用数据。
- ❑ 除了对数据使用加密、脱敏等隐私保护技术和基于安全等级的访问控制外，还可以通过对 CDP 系统用户数据权限的访问控制来对数据共享服务进行全方位安全管理。

5.7 选择正确的 CDP 平台

5.7.1 什么时候投资建 CDP 平台

在企业有以下需求的时候，就需要考虑投资建 CDP 平台了：

- ❑ **希望统一整合触点的客户数据**：如果企业拥有多个触点，

比如微信公众号、官网、移动 App、短信、邮箱、门店、客服、第三方广告媒体等，这些触点有很多客户和企业进行沟通和互动产生的数据，同时，企业希望将所有客户数据整合到统一的地方。

- 希望对客户进行深入研究及细分：企业希望更了解自己的客户，对客户进行深入研究及细分。
- 希望对不同细分人群提供个性化营销方案：企业希望通过客户洞察和客户研究，针对不同细分客户、潜在客户设计有针对性的精细化运营方案，为每类人群提供不同的客户感知体验。
- 希望提升全渠道营销效率：企业希望利用全渠道的营销策划投放找到更贴近的目标人群，获得更好的客户响应率，提升销售转化效率。
- 希望提升客户价值或者进行二次营销：企业希望利用营销自动化手段通过自有渠道对已有客户进行运营，以达到提升客户价值、二次营销、提升客户忠诚度的目的。

5.7.2　如何选择正确的 CDP 平台

从建设角度来看，不管是已建立了 CRM 还是已建立了第一方 DMP，都可以在原有的基础上进行扩展或者另外立项建设。但在建设的定位上需要明确以下几个标准：

- 全渠道数据采集：建设的 CDP 必须能够从与客户业务交互的所有渠道和触点上采集数据。这些渠道和触点除了包括自有的渠道，比如企业官网、企业 App、官方微信公众号、短信渠道、电子邮件渠道、客服、订单系统、支付系统等，也要包括付费媒体的广告渠道和社交媒体渠道。
- **高质量的数据集成**：CDP 应该是数据和洞察工具之间的桥梁。CDP 负责采集客户数据，并通过数据集成等能力与洞察工具无缝集成（无须代码），使现有的洞察工具不需要做改造就可以使用 CDP 数据。
- **统一的客户视图**：CDP 应该以客户为中心，为所有前端触点提供每个客户的单体视图。CDP 需要准确地在客户数据中记录每个客户在每个渠道中的 ID，这样才能做到为不同前端触点提供客户单体视图，同时也可以在营销活动中在不同前端触点上触达用户，完成跨渠道、跨屏幕的邮件、广告、营销活动的消息推送。
- **可以进行客户细分**：CDP 在 Martech 中定位为数据管理技术栈，需要根据采集集成的客户属性数据来自定义创建受众人群，同时能够使用这些自定义的受众人群在第三方付费广告媒体、营销自动化工具或者前端触点上触达客户，进而与客户进行有效互动。
- **数据管理能力**：CDP 作为数据管理技术栈，需要具备元数据管理、血缘分析、数据回退等可视化数据管理能力，且能够有效治理数据，保证数据质量。
- **数据可靠性及可扩展性**：作为统一管理客户数据的平台，CDP 需要保证数据的可靠性、可用性、准确性，并且随着业务的发展、客户规模的扩大、前端触点的扩充，CDP 需要有足够的可扩展性来适配业务高速发展。
- **数据安全和客户隐私保护**：在 CDP 数据采集、集成处理的过程中会有大量的客户隐私数据，包括 PII 数据，因此在数据传输、加工处理过程中需要有数据安全隐私保护措施。同时，因为 CDP 中存放了大量客户数据，所以在 CDP 数据访问及数据共享阶段，对于数据安全和客户隐私数据保护要进行全面、认真地考虑及设计，以确保客户隐私数据没有泄露的风险。

❑ **原始数据访问**：在数据安全策略允许的情况下，CDP 是可以访问原始数据的，且可以做到通过原始数据进行客户研究，并回答营销策略相关的问题。

❑ **跨团队跨职能提供数据服务**：CDP 不仅要为市场营销人员提供用于客户研究的数据，同时要为产品设计、运营、洞察分析等团队提供用于客户研究的数据。因此，需要 CDP 提供可以跨团队、跨职能的数据服务。

CDP 平台在客户运营管理中的位置和作用如下图所示。

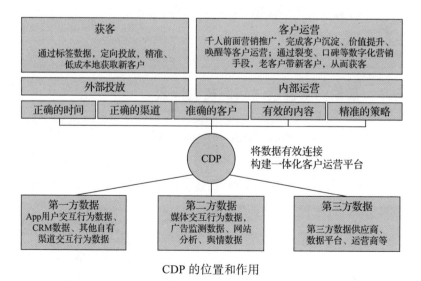

CDP 的位置和作用

第 6 章

Martech 实战——CMP 要点

CMP（Content Management Platform）是 Martech 领域中支撑内容营销的技术栈。在讲 CMP 前，我们先来了解什么是内容营销，在内容营销过程中需要什么样的技术栈来支撑。

6.1 谈论内容营销时我们在说什么

CMI（Content Marketing Institute，内容营销研究协会）对内容营销的定义是：内容营销是一种战略性的营销方式，它主要通过创作和分享有价值、相关性强和持续连贯的内容来吸引并留住明确的目标受众，最终驱动消费者产生购买等行为，为企业带来商业收益。

内容营销是通过一种教育，而不是用不断重复的方式来让消费者记住品牌或产品。品牌持续提供有价值的信息，使消费者提升对品牌的忠诚度，进而转化成购买行为，实现企业的利润增长。

在客户运营层面，内容营销的效果体现在以下几个方面：

- **产品理念长期教育**：内容营销并不追求短期的、不理性的直接购买行为，而是追求通过理性的、长期的产品教育与客户达成共鸣。因此，内容营销可以有效地帮助品牌成为"思想领导"的角色，稳扎稳打地提升品牌忠诚度、用户黏度。品牌资讯越多样化，内容营销越重要。
- **让客户有参与感，让客户成为产品和品牌的主人**：内容营销能够帮助品牌建立品牌认知度、品牌忠诚度，促成销售，提升客户参与度。事实上，内容营销在无形中就已经和目标受众建立了一种非常强烈并且长期的微妙关系，而真正的好内容也会在无形中提升品牌价值。
- **传播裂变**：高质量的内容和高质量的客户会惺惺相惜，并能形成传播裂变，用户会主动传播企业优质内容，直接影响更多身边用户的购买决策。足够好的内容营销能够通过社交平台免费分享对客户值有价值内容。

综上所述，内容营销是一种营销策略。内容营销包含以下特性：

- 内容营销适用于所有的媒介渠道和平台。
- 内容营销要为用户提供一种有价值的服务，能吸引用户、打动用户、通过解决方案帮客户解决实际问题、影响用户和品牌或产品间的正面关系、培养客户信任。
- 内容营销要有可衡量的成果，最终能带来盈利。

6.2 与客户互动的内容形式和媒体

与客户互动的内容形式有很多，比如海报、插图、照片、文章、软文、视频、小视频、音乐、游戏、在线教学、电视广播、新闻稿、博客、播客、白皮书、研究报告、现场活动、研讨会、图书、问卷等。

而内容的展示媒体也有很多,比如付费媒体(纸媒、电子书刊、户外广告、广播、电视、OTT、程序化购买媒体、公域广告媒体等)和自有媒体(短信、博客、微博、微信公众号、官方贴吧、论坛、社交媒体等)。

在如此多的内容形式和媒体中,内容营销的重要趋势有三个:

- **基于视觉的内容营销**:可视化作品能增强商业沟通的效果,并且可以在传达真正商业价值的过程中,产生爆炸性的效果并获得广泛成功。
- **KOL 营销和社区建设**:随着流量的成本越来越高,与其主动去找消费者,不如让消费者自己找上门来,这样不仅节约了开支,还提高了效率。KOL 营销和社区建设的核心价值就在于让客户主动来找我们。
- **内容互动和游戏化**:与品牌受众建立互动并不一定是字面上的,品牌可以通过提供读者想要的内容来构建感觉中的互动效果(并非真实互动)。实现这种交互性有多种方式,例如,通过对品牌、消费者和在线业务进行广泛研究,进行视频问答、特定标签的微博问答等活动。当然,交互性不仅可以通过交谈或回答问题实现,还可以通过多种方式将其运用到内容营销活动中。互动性营销具有的双向交流性,让用户能表达自己对品牌或者宣传活动的喜好、感受及体会。

在客户运营层面,对已有客户进行品牌教育或与其进行个性化互动时可以选择成本较低的媒体,比如企业客户端 App、微信公众号、小程序、微博、短信等自有媒体。微博、微信等社交媒体的操作简单，信息发布便捷且互动性强，而且能与粉丝及时沟通，获得用户反馈的成本也较低。通过微信、微博进行社群转发，可以达到传播裂变的效果，真正实现内容营销的传播意义。

6.3 与客户互动的内容策略

6.3.1 通用内容策略特征

所谓内容策略就是围绕客户、内容、场景、产品的互动策略。通常，我们说客户互动内容策略时，免不了会说到几个通用内容策略特征：

- **热点性**：某段时间内搜索量迅速提高，人气关注度节节攀升的内容。
- **时效性**：在特定的某段时间内具有最高价值的内容。
- **即时性**：充分展现当下所发生的物和事的内容。
- **持续性**：内容有效性不受时间变化而变化，无论在哪个时间段内容都不受时效性限制。
- **方案性**：具有一定逻辑、符合营销策略方案的内容。
- **实战性**：通过在实战过程中积累的丰富经验产生的内容。
- **促销性**：在特定时间内进行促销活动而产生的营销内容。促销性内容的价值往往体现在提高产品销量、提升企业形象上。

6.3.2 应对"内容疲劳"

随着用户注意力日渐成为稀缺资源，内容产品正在面临内容疲劳所带来的困境。

据统计，普通用户平均每天累计在数字媒体上花费的时间是5.9小时，这个时长并不低，但是他们并没有足够的时间去浏览、参与各种营销内容。与此形成鲜明对比的是，2019年大约有57%的B2C营销机构计划比2018年投入更多的内容营销预算。这两种变化意味着对用户关注度的争夺日益激烈。

如何应对内容疲劳？在内容不断垂直细分的背景下，通用内容已经丧失了吸引力，建立更细颗粒的内容来捕获细分客户群体是发展趋势。因此，基于数据的内容营销策略会让运营者更了解客户需求，提供戳中他们细微痛感的内容。那么，什么样的内容策略才能有效俘获客户的芳心？根据调查，我们发现可以从如下几个方面展开：

- ❏ 消费者喜欢有指导性和有帮助价值的内容。
- ❏ 个性化内容更能促进消费者购买。
- ❏ 消费者希望持续获得内容。
- ❏ UGC内容让消费者更有亲近感。
- ❏ 内容传播渠道碎片化使消费者更关注内容本身而忽略了品牌。

由此可知：内容与消费者的相关性是吸引客户稀缺注意力的关键因素，通过满足客户的不同需求建立品牌和客户的亲密关系。

6.3.3 制定有效的内容策略和传播策略

内容策略和传播策略是连接客户和品牌的桥梁，基于数据制定有效的内容策略和传播策略是内容营销成功的关键。以数据为基础的内容策略及传播策略需要做到围绕客户生命周期和客户进行持续沟通与互动、针对细分客户提供可以吸引客户的个性化内容、用场景化内容吸引客户注意。

1. 围绕客户生命周期建立持续互动的内容策略及传播策略

内容策略及传播策略的制定需要围绕客户全生命周期来展开。创建与客户生命周期相适配的互动内容，围绕客户全生命周期的不同阶段制定的内容策略所体现出的价值也不同。同时，针对客户的个性化内容策略也很重要。

通过内容策略和传播策略，相关人员应有节奏地与客户持续沟通，建立持久互动关系。从内容策略层面构建有层次的内容，比如，引用 Youtube 的"3H"内容方法就可以帮助我们构建持续内容策略。

- ❑ Hero（英雄型内容）：建立展示品牌精神、扩大知名度和影响力的传播型内容。
- ❑ Hub（聚拢型内容）：聚焦核心受众情感和爱好，引导客户访问网站的导流型内容。
- ❑ Hygiene（日常型内容）：满足消费者日常利益需求的日常型内容。

这三种内容形式有节奏且持续性地通过不同的传播策略进行传播，可以为品牌提升曝光量并获得更多忠诚用户。

2. 建立超细分客户的个性化内容策略

这种策略的核心是对客户进行人群洞察及细分，从内容的不同维度建立个性化沟通能力，提升品牌的话题度和传播能力。品牌可以针对不同细分客户的诉求推出定制化的内容策略及传播策略。

比如将受众细分为"价格敏感""鸡汤党""追剧党"等，然后找到合适的语言与之沟通，而优质内容无疑是重要切入口。内容瞄准的是客户各自的兴趣点。

3. 建立场景化内容策略

在内容中融合产品定位、受众身份、使用场景三个要素，通过用户熟悉的场景把产品和客户的需求快速连接起来。

6.4 衡量内容互动的效果

如何衡量有效的内容营销？衡量要本着指标具体、可采集、可测量、相关度高、及时性强的原则，具体可以分为以下几个步骤。

1. 制定内容营销活动的目标

内容营销的目标通常可以被定义为几种类型，比如品牌知名度、客户互动、获取销售线索、产品销售、客户留存、向上/交叉销售。如果一次内容营销有几个目标，那么需要按目标的优先级排列。

2. 构建用于衡量内容营销目标 KPI

针对不同的内容营销目标可制定相应的 KPI。

内容营销的目标和 KPI

目标	可能的 KPI
品牌认知度	网站流量；网页浏览数；视频播放数；文档浏览数；下载量；社交媒体的讨论量；入站链接访问量……
客户参与度	评论量；点赞量；转发量；链接点击量；咨询量……
销售线索数	表单填写量；表单下载量；订阅量；对话率；营销合格线索数量（MQLs）、销售合格线索数量（SQLs）……
产品销售	线上销售量；线下销售量……
客户留存/客户忠诚	客户留存率；客户苏醒率；客户复购率；存量客户内容渗透率……
向上/交叉销售	新产品销售量；新服务销售量……

3. 按周期出具内容营销的效果评估报告

形成内容营销的效果评估报告，同时根据评估结果进行复盘，有针对性地进行原因分析。根据分析所得原因对内容策略及传播策略进行修正和优化。

值得注意的是，定期观测内容指标的平均值对内容营销是非常有帮助的。比如，统计一定时间范围内某一个内容评、转、赞的平均数量，可以横向对比不同内容和内容组合之间的平均数量并进行分析；或者追踪某一内容在一段时间内的趋势，以查看内容是否比其他月份表现得更好或者更差。

6.5 内容营销策略如何制定

6.5.1 制定的原则

CMI（Content Marketing Institute）建议我们创建有效的内容营销策略时围绕着 Why-Who-What-How-How Much 进行策划。Why-Who-What-How-How Much 的定义如下：

- Why：内容营销的目的和目标是什么？为什么要创建内容营销策略以及希望内容营销策略产生什么价值？
- Who：谁是内容策略的受众？
- What：构建的内容策略具体是什么？独特性在哪里？什么可以给受众客户带来有价值的启发？
- How：如何构建和管理内容营销策略？在什么时候启动？在什么特定场景触发内容策略？
- How Much：如何衡量内容营销的绩效？如何评估内容营

销对业务影响的结果，并找出改进方法？

6.5.2 制定的步骤

围绕着 Why-Who-What-How-How Much，我们可以把具体措施细分成几个步骤，如下图所示。

策略制定	内容创意	内容制作	内容推广	效果评估
月度营销策略 季度营销策略 年度营销策略	TVC创意 H5创意 主KV平面 话题炒作	方案 动画 音乐 视频	Social传播 事件营销 跨界合作 传播策略	ROI 传播数据分析 效果数据分析

内容营销策划步骤

1. 内容营销策略规划

有效的内容营销策略规划包括四部分：

- ❏ **制定内容营销策略**：内容营销策略可以说是品牌或产品的内容体验的路线图。内容营销策略是将品牌或产品与受众客户联系起来，逐步接近内容营销目标的手段。内容营销策略包括什么是内容营销、受众客户期望得到什么内容、产品优势是什么、预算和可用资源是什么。

- ❏ **确定内容营销目标**：内容营销的目标通常可以被定义为几种类型，比如品牌知名度、客户互动、销售线索获取、产品销售、客户留存、向上/交叉销售。

- ❏ **研究受众特征**：包括研究受众的心理特征、行为特征、决策细节、沟通触点等。有针对性地为受众提供有价值的信息。通过内容与客户互动沟通，收集客户对品牌及产品的意见。

- ❏ **团队协作流程**：从内容创意阶段开始，到内容策略的设计、内容策略的定义及排期都会涉及多个团队的协作。当涉及多个团队、参与角色、负责人时，可视化工作流程、审批流程就成为内容营销策略的质量保证。

2. 内容营销策略设计

可落地的内容营销计划是内容营销规划落地执行过程中的重要一步。内容营销策略设计涉及客户细分的定义、内容创意的定义、内容策略的排期、传播策略的定义等诸多内容营销策划的环节。

（1）客户细分及客户旅程

为客户提供有意义的内容体验是内容营销的重点。针对客户细分提供有意义和有价值的内容有助于建立更持久和有效的客户关系，提升客户价值。那么了解客户的消费偏好、产品偏好、互动习惯、痛点以及这些特征随时间推移而产生的变化就变得非常重要了。

我们应针对不同客户细分及客户旅程阶段为不同的客户通过不同互动触点提供不同的故事、互动内容。同时，关注客户在客户旅程中不同阶段的变化，并提供相关内容。

（2）创建多触点内容营销计划

在适当的时间通过正确的触点吸引目标客户，并最终让目标客户采取行动，需要通过数据驱动内容创意和触达方式，以满足目标客户对内容的需求。

将客户细分、内容形式、内容创意、触达渠道、触达时间等内容营销要素进行合理编排，便可形成内容营销计划。

定义内容相关标签，包括品牌的价值主张、内容特征、内容发布频率、是否可以转发、是否有外链等标签。

多渠道内容营销计划示例

多渠道内容营销计划

正确的人群		正确的内容			正确的时机					
客户细分	数据驱动洞察	内容形式	话题		渠道触点					
				短信	官网	官方App	门店	微信	微博	
准妈妈	82%的准妈妈每周都会在线上得到孕期信息	信息图表	交互式信息图表展示不同孕期阶段的需求	√	√	√	√	√	√	
准妈妈	67%的准妈妈会查看邮件得到孕期信息	邮件	发送包含新内容的个性化邮件	√				√		
准妈妈	78%的准妈妈会阅读孕期和育儿相关的博客	博客	不同年龄阶段女性写的博客	√	√	√		√	√	

(3)内容策略的排期

内容策略排期定义会涉及开始时间、结束时间、频率、周期等信息。

3. 内容营销策略定义及执行

在营销自动化工具中可定义内容策略及传播策略，定义的项目包括：内容策略的责任人、内容的受众、内容发布的触点、时间排期、内容创意、内容营销策略绩效目标等。

值得注意的有以下几点：

- ❑ 内容一定要足够吸引目标客户的注意。
- ❑ 有效校验内容质量，避免错误。
- ❑ 内容策略及传播策略要平衡营销效率及营销效果。

4. 评估和优化内容营销效果

内容营销策略一定是为辅助整体营销目标而制定的，需要衡量内容是否可以驱动客户采取进一步行动或者进一步建立客户互动关系。

对内容营销策略的效果进行跟踪有助于迭代优化内容营销策略。

5. 将内容作为资产以更好地服务于营销

将效果较好的内容作为资产进行管理，可以对其重复利用，进而使其更好地服务于营销，覆盖并吸引更多的客户。

6.6 内容营销对技术的要求

以客户运营为目标的内容营销，要以品牌长期教育、C2B 参与感和传播裂变为目标。因此我们就要源源不断地创造客户期望的内容以更好地吸引客户的注意力。内容要有很强的时效性，要能为每个客户提供既具个性化又能保持一致的内容体验，同时需要内容可以跨触点、跨终端并可有效自动适配。

创造的内容的布局有些只适合在 PC 端浏览器访问，有些只适合在移动设备上访问。我们要为每位客户提供个性化的内容，同时，要在不同的访问时间、不同的访问触点上保持内容的一致性。这需要营销人员和 IT 人员高效协作。

所以创造适合每一个触点、每一个设备、每一位客户的内容并不容易，这需要借助技术手段和内容管理工具。

在这个注重个性化的时代，用户的需求不尽相同，精妙的策划和合适的传播渠道是未来各企业在营销策略制定上要加以考量的重要内容，这一切也都离不开技术和内容的支持。"内容"和"技术"同时作用的营销将成为未来一段时间营销的主流。

大数据和算法为以内容为主导的营销带来了技术变革，同时也让内容的传播更趋智能。

要通过数据指导内容的制作、生产、运营、消费，内容管理平台需要具备以下几个关键能力：

- ❏ **跨触点和跨设备的内容管理的能力**：在客户与品牌互动的过程中，客户注意力会分布在不同的触点上。而我们需要在不同触点上跟上客户移动的脚步，有效地与客户互动。我们不可能为每次互动都手动安排内容，但可以利用跨触点、跨设备的内容管理能力为用户提供不同内容。比如，通过 App、小程序、H5 页面、物联网设备、大屏等多触点、多设备让不同的内容触及客户。
- ❏ **为不同客户提供个性化内容的能力**：如果提供的内容不能吸引客户，那么无论什么样的内容运营都是没有意义的。

为不同活动、不同客户、不同场景、不同触点提供个性化的内容，是吸引客户有限注意力的关键。借助内容标签和客户标签，再配合场景算法可以根据客户预期及时调整要展示的内容，从而有针对性地、个性化地与客户适时进行每一次互动。

- **借助平台为数字化内容创作提供素材及灵感**：内容营销要为客户提供有价值的信息，从而吸引客户、打动客户、影响客户，让用户与品牌、产品形成正面关系。创作数字化内容对专业性要求非常强，并且数字化内容的时效性也很重要。要提升互动内容的制作效率和营销转化效率，必须借助平台的能力并针对不同客户圈层的特点定制化打造内容的矩阵，借助舆情平台、创意平台、内容敏捷制作平台等来满足跨场景的内容营销需求。
- **内容策略分发能力和内容策略效果追踪及评估能力**：基于数据的内容策略一定要用数据不断复盘，并跟踪内容营销效果、监控项目。通过衡量内容营销项目各阶段的进展及成果，持续不断迭代，以达到持续与客户建立良好互动关系的目标。

6.7 CMP 核心能力

内容营销注重写和发，高质量的内容决定着传播的效果，发布的平台决定了传播速度。

从写和发这两个角度可将内容营销策略拆解为内容策略和传播策略。基于内容策略和传播策略我们可以将 CMP（内容管理平台）

的核心能力拆解为内容创建及优化、内容管理、内容营销自动化、内容分发、效果跟踪及分析等几个方面。

6.7.1 内容创建及优化

对于营销人员而言,最重要的莫过于产出能够吸引用户的创意、快速地将创意进行工业化量产、持续地制作多样化的内容。

"内容+数据+技术"可为内容营销时代提供更有效率的生产工具。

1. AI 技术在内容生产方向的应用

内容生产和制作是内容营销业务链条中的第一个环节,一直以来都对人力有着严重依赖,属于典型的劳动密集型环节。而随技术赋能,数据一方面作为一种工具手段,解放了媒体的内容生产力;另一方面,也让内容生产变得有"据"可循,提升了生产效率。AI 技术在内容生产方向的应用有很多,例如:

- ❑ 预判内容的爆点,指导作者写出让用户更感兴趣的文章。
- ❑ Topic 生成,针对不同受众特点生成不同 Topic 以吸引受众。
- ❑ 机器人撰稿,通过预设的撰稿结构使用机器人进行撰稿,提升撰稿效率。
- ❑ AI 视频剪辑,利用媒体库的沉淀,对给定的视频主题进行文本分析、素材匹配、在线剪辑、云端视频渲染,最终生成视频短片。

2. 可视化内容编辑器

图片生成工具、Gif 生成工具、短视频制作工具、小游戏制作工具、AI 视频剪辑工具、客户调研互动工具等都可以提供可视化的内容生产素材。

交互式图像工具很重要，可在制作的内容素材中轻松添加 Call To Action 图标或者链接，受众点击就可以链接到目的网址。

内容素材布局的时候，美观和色彩协调是很重要的，比如有些时候需要让 Call To Action 与品牌 Logo 的色调一致。色调工具可以帮助营销人员快速得到对应颜色的 HEX、RGB 和 HSV 值。

H5 制作工具可提供布局、图片、表单、页面导航等组件来帮助创建页面，同时也可以利用制作好的图片、Gif、视频等素材制作一个便于传播的 H5 页面，还可以方便地增加 Call To Action 组件。

3. 动态内容，一次制作多渠道多设备适配

动态内容是帮助品牌市场营销人员提高广告制作效率及营销效果转化的工具。可以通过一次设置为不同的广告受众提供符合需求的展示，同时降低制作成本。动态内容通过内容标签还可以应用于个性化推荐。

通过内容制作工具和布局器不仅可以创作内容资产，还可以自动调整和适配不同渠道、不同设备，并保证受众有一致性的体验。

通过一次创作可将标题、布局、内容、导航、图像等元素在不同设备上进行自动重新配置、调整文本字体、可视化像素和导航的布局，以满足不同屏幕和功能的需求。

在制作过程中可以预览和优化各种设备的展示效果，提升内容制作的效率，并提升内容营销在内容生产制作过程的速度。

除了创建内容外，若对内容有修改，也可以实现对所有内容同时更新。

6.7.2 内容管理

随着越来越多的内容被制作、分发、访问，对内容资产的集中管理变得越来越重要。内容管理能保证为受众随时随地提供正确的内容，而内容资产管理主要聚焦在内容资产的生命周期管理上。下面我们分两点来讲。

1. 内容资产元数据管理

随着内容资产成为品牌表达的主要方式，同时大多数内容资产都是非结构化数据资产，这就对内容的存储和使用提出了更高的要求，内容资产元数据的自动化能力在内容管理中显得尤为重要。

在内容资产的制作过程中为内容资产定义元数据及属性，可便于对内容资产进行统一管理、查找和使用。我们可以将内容的标题、描述、标签、语言、版本、缩略图等信息作为描述内容资产的信息，并对其进行统一管理。

内容资产的元数据还将被广泛用于内容个性化推荐场景。将内容标签和受众的特征（地理位置、终端类型、触点媒体特征、浏览行为、购买行为等）相结合可进行内容个性化推荐，使内容分发更广泛。

2. 内容资产版本管理

内容营销效果的好坏跟内容策略和传播策略相关。而内容策略的制定需要了解：内容营销团队在过去做过哪些尝试？每一个改变对用户的体验有什么影响？内容策略迭代的路径是什么？

有时候需要快速定位到某一时间点的内容策略的快照副本；有时候需要得到不同版本之间的不同之处，以了解内容策略的改进路径。如果内容策略出了差错，还需要快速恢复到先前的版本以避免造成无法挽回的损失。内容资产的版本管理可以很好地解决上述问题，在内容策略制定过程中需要将内容资产、元数据进行存档处理。

版本管理可以让被修改的内容策略同时无缝分发到终端，实现引用相关内容资产的内容营销策略被同步更新。

6.7.3 内容营销自动化

再好的内容，若没有人看到那也是无意义的。好的内容传播策略是好的内容营销策略的重要组成部分之一。内容策略加上传播策略构成了内容营销自动化的内容营销策略。

1. 主要构建方面

营销自动化归根结底是对营销策略的自动化执行，因此在构建营销策略的时候，CMI 建议从下图所示几个方面进行。

时机	受众	发送者	关键信息	期望结果	渠道	内容类型	频次
内容分发的时间	谁应该接到相关内容	谁发送？可能有来自多人的内容，所以确保在计划中列明	想要沟通的要点是什么？	想要激发什么行动？	内容将如何分发？	什么格式的内容被分发？	是否定期重复？

内容营销自动化构建

2. 不同媒体类型的特点

内容传播平台通常有：

❑ 自有媒体：品牌自己创建的媒体。比如网站、邮件、新闻稿、微信公众号、企业微博等，但这些媒体都是需要用户主动访问的媒体。
- ❏ 共享媒体：社交媒体渠道为营销人员提供了大量发布原创内容的机会。营销人员既可以按内容营销策略有计划地发布内容，也可以在社区中和相关消费者对话。但是，共享媒体最终由第三方的业务决策控制，第三方可以随时更改相关政策和程序，甚至完全停止运营。
- ❏ 付费媒体：一般在促销活动或者品牌推广的时候会深入使用这类媒体。这些媒体都会产生较高的使用成本，同时又需要深度跟踪以辨别转化率的真伪。

3. 制定内容传播策略的基本原则

在制定内容传播策略时，需要先建立内容分发的实践观。要建立实践观和传播策略，应遵循以下基本原则。

（1）找到适合内容营销的传播渠道

很多品牌错误地认为，内容需要分发到所有地方、所有渠道，这样才能扩大预期效果。但是这种方式不一定能触达合适的受众，就算与一些人建立了联系，也不一定能带来和产生商业价值，最终花费了成本却没有赢得销售机会。

对社交媒体发展趋势时刻保持关注是很有必要的。抖音的生态、今日头条的规则，都是我们必须要了解的。但是，社交媒体真的就是内容营销的唯一渠道吗？品牌仍然需要挖掘得更深一些，才能探索到触达目标受众的独特传播渠道。

是否在产品包装中增加内容营销的文案？销售和营销是否能一起协作为某一类特定的客户提供定制化的内容，将有效的营销内容传递给客户？是否需要开一场品牌发布会或者分享会，通过宣讲的方式与消费者产生共鸣？这些都是品牌需要考虑的问题。

在营销策略的渠道矩阵中每增加一个前端触点，管理工作量、度量分析的工作量都会相应增加，因此在制定内容传播策略时需要衡量每一个分发渠道的相对价值。要用数据来驱动内容传播策略的制定和优化。

无论是内容营销新手，还是经验丰富的专家，都需要了解哪些渠道最能发挥分发作用，以及每个渠道独特的价值主张，还需要了解这些利益与自己的品牌受众、品牌声音和目标之间的紧密联系。

（2）建立主体内容传播策略

在确定了合适的内容传播渠道矩阵后，我们可以初步尝试建立主体内容传播策略。

所谓内容传播策略就是在选定受众后，通过合适的渠道为受众提供合适的、个性化的内容。

- ❏ **找到目标受众**：可以利用具体规则，比如实时数据规则（如访客到访的方式、访客的地理位置和访客行为特征），精准地对客户进行洞察，目的是为客户提供一个较好的用户体验。
- ❏ **提供个性化内容**：一般来说，访客花费在浏览页面、浏览内容、查看广告等会与品牌互动的行为上的时间越长越好。只有客户觉得内容有趣且与自己相关才会在内容上停留，所以应为客户提供个性化内容。

（3）扩大内容传播策略的既有成果

所有的内容传播策略最终都是要在各种渠道触点上有效地触达用户，以保持品牌竞争力并扩大品牌影响力。内容传播策略可以通过几个波次的迭代逐步完成优化。

6.7.4 内容分发

内容多渠道分发是提高内容营销效率的重点之一。

多渠道分发时可能会涉及许多不同的媒体，比如社群、应用、电子邮件、登录页面等；也可能面向不同地域的受众，此时可能需要提供多种语言的内容；还可能在同一个活动中需要针对不同地域提供不同的内容版本，比如同样都是可乐的广告，在北京投放的广告和在四川投放的广告就可能有截然不同的风格。

综上所述，应通过一个内容管理平台管理及控制所有内容，保证不同营销活动的内容在分发时传递的品牌价值是一致的。内容分发主要达到三个目的：

- ❏ 高效连接人与内容，让客户快速响应内容。
- ❏ 针对不同渠道及触点分发不同形式的内容。
- ❏ 针对不同地域分发不同的内容。

6.7.5 效果跟踪及分析

1. 基于数据跟踪及分析的重要原因

即使细分受众定位准确、个性化推荐也精准，也还是需要知道内容营销策略转化成销售额的比例。使用归因工具获得可衡量的结果以证明投资回报率是至关重要的。

内容营销使用数据进行效果跟踪和评测的原因有以下三点：

- ❏ 可以帮助发现内容营销的所有投入是否真正驱动了销售增长。
- ❏ 赋予相关人员做出下一步营销决策的洞察力。
- ❏ 分析得到的文档和报告可以在未来使用。

2. 效果分析

基于在不同渠道得到的指标集，我们可以构建品牌认知度、受众参与度、线索生成数、客户转化率、客户忠诚度等几个方面的效果分析专题，并以此全方面考量内容营销策略在营销生命周期中的效果。

- ❏ **品牌认知度**：可通过内容浏览量、社交媒体的关注者数、客户与品牌互动数量、品牌在媒体上被搜索量、官网引流量等指标来对品牌认知度进行度量。

- ❏ **受众参与度**：可通过评转赞数量、邮件链接点击量、着陆页的分享数量等指标来构建内容受众参与度。通过受众参与度，可以分析得出哪些内容影响力较高、哪些内容形式更奏效。

- ❏ **线索生成数**：可通过线索评分、营销合格线索数量（MQLs）、销售合格线索数量（SQLs）、引导进店人数等进行构建。通过线索生成数，可以分析哪些内容策略是可以提供给销售漏斗的销售线索。

- ❏ **客户转化（真正产生收入的环节）**：可通过订单量、订单额、收藏加购数、引导支付人数等指标来衡量。由于内容营销过程一直都有创意、技术等成本投入，在这个环节需要将获客成本、线索转化率等重要指标考虑进来，以进一步探索下一个内容营销的方向。

- ❏ **客户忠诚度**：可通过客户的购买频度、购买金额、推荐转发量、交叉销售或二次销售量、内容转发量等来进行客户忠诚度的分析。还可以通过客户忠诚度的指标来衡量内容在客户资产方面的沉淀能力，以此说明客户已经对品牌产生强烈兴趣，但并不局限于购买力。

3. 辅助后续营销决策的洞察

基于数据分析，可以赋予品牌做出下一步营销决策的洞察能力，从以下几个方面我们可以做到更好的优化。

- ❑ **内容浏览量**：可以在公域渠道选择、KOL选择、内容Topic、主推款选择方面进行有效优化。
- ❑ **内容参与度**：可以在品牌个性、内容场景、互动趣味等方面进行有效优化。
- ❑ **线索转化能力**：可以在受众内容偏好匹配、传播关键词、权益刺激等方面进行优化。
- ❑ **客户转化能力**：可以对私域店铺建设、私域口碑建设、活动引导等方面进行针对性优化。
- ❑ **内容推荐转发量**：可以在粉丝内容偏好、粉丝特权、分享特权等方面进行有效优化。

除了要针对内容营销策略进行评估和优化外，我们还要：对内容创意本身的质量进行评估和洞察；通过对不同的创意进行概念测试，分析内容创意的优劣；针对不同的传播策略，通过归因模型得到最优的传播路径；通过数据不断优化内容策略和传播策略。

6.8　内容营销场景案例

6.8.1　内容策略+渠道整合营销场景

某某酒店品牌"内容策略+渠道整合营销"的场景示意如下图

所示。

曝光：吸引关注			曝光：深度认知		搜索：口碑优化	
视频平台	小红书	新闻平台	知乎	马蜂窝	百度	微信
长视频以品牌宣传为主短视频网红酒店打卡地	以创意趣味内容为主，增加曝光和口碑	以口碑和活动宣传为主，结合平台和关键词获得曝光和口碑	围绕酒店、美食、购物、优化知乎问答排名，同时产出新的问答	以美食、购物为重点，植入酒店品牌和活动信息，打造精品游记	问答、经验、地图等多种内容信息，改善口碑和优化用户体验	以品牌词为主，多渠道发力，抢占微信搜索结果页面

"内容策略＋渠道整合营销"策略举例

首先，针对不同渠道确定渠道上不同受众兴趣点，从而构建受众与产品的关联。

然后，结合不同渠道的属性、受众特性，及渠道产品的关联，确定内容策略的不同环节，从而实现"内容策略＋渠道整合营销"。

具体传播策略如下：

- ❏ 抖音：将酒店打造为网红打卡地，展示酒店的节日气氛、热门娱乐设施等，并吸引用户主动参与，引发用户传播。
- ❏ 小红书：从讨论声量较高的话题出发，结合用户群体和使用场景，产出有创意和高质量的视频，同时产出以真实体验或干货内容为主的笔记内容。
- ❏ 微信：作为泛搜索营销渠道，在微信生态内，客户可借助公众号、搜狗搜索、小程序等搜到相应的文章、问答、视频等。通过抢占微信搜索结果页面，实现活动和品牌的持续传播。重点通过优化公众号文章、问答、视频及网页内容等抢占搜索结果页。
- ❏ 问答方面：重点优化知乎和搜狗问问。
- ❏ 视频内容方面：以腾讯视频为主。

❑ 网页内容方面：从旅游平台、买购平台、新闻媒体等渠道发力。

6.8.2 内容策略+传播策略场景

某美妆品牌在内容社会化传播过程中，将受众细分为学生群体、心灵鸡汤受众和追剧党等，品牌瞄准不同人群各自感兴趣的诉求点，分别以性价比、生活方式和节目合作等策略，逐个击穿，转化出百万销量，如下图所示。

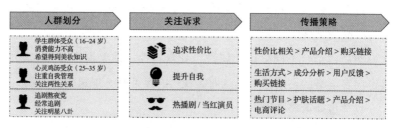

内容策略+传播策略场景举例

细分圈层后，找到合适的语言与受众沟通就成为重头戏，而优质内容无疑是非常重要的切入口。

第 7 章

Martech 实战——流量变现要点

以用户为中心的营销和运营，就是要不断地去寻找与用户的接触点，以获取用户的注意力，也就是常说的用户流量。内容、服务、社交等都是获取流量的常用方式。传统的以内容为主的媒体形式，是一种十分常见的获取用户流量的方式。而随着各种需求场景越来越丰富，在满足用户各种需求的同时，也会产生大量用户触点和用户注意力流量。

营销过程就是不断抓住用户注意力，通过影响用户心智来推动用户接受企业提供的产品或解决方案，为用户创造价值并获取收益的过程。所以，可以说一切商业营销的本质都是不断地从各种线上线下的渠道引入外部流量，建立私域流量池，然后不断清洗流量，最终为企业创造价值。

前面介绍过，私域流量是相对于公域流量来说的，它们是两种不同的流量模式。当然，不论以何种模式获得用户流量，活跃用户量和平均用户停留时长都是十分重要的指标。因为活跃用户量及平均用户停留时长意味着能产生多大量级的用户接触点，或者说会产生多少用户注意力流量。

用户需求正在不断细分，因此出现了越来越多的细分垂直场景，用户在各种触媒及场景下所消耗的时间也越来越细碎，用户的注意力流量不断被分流，这使得用户流量的供给方、流量的需求方之间的合作与融合的形态更加灵活，界线更加模糊（流量需求方除需要自用流量外，也有大量富余流量，这些流量可供其他流量需求方使用）。同时，在数据和技术的双重驱动下，基于流量的用户营销的效率也在不断提升，企业更加注重以目标为导向，这使得整个行业的上下游生态不断升级。

SSP（Supply Side Platform，广告流量供应方平台）和 ADX（Ad Exchange，广告交易平台）是流量供给及交易环节的重要技术枢纽。大数据智能营销要想最大化用好流量及相关数据，就必须了解 SSP 和 ADX 流量供给侧和交易平台，包括其提供相关数据的能力、交易模式的特点等。

本章将从用户营销流量池化、平台化，广告流量交易模式升级，ADX 交易标准化及技术栈要点等几个方面展开介绍。

7.1 流量池化、平台化

越来越多的营销主发现营销的关键就是用户流量，在自己为用户提供服务的同时，也会不断产生流量。那么如何更好地将这些宝贵的资源充分利用起来？如何更多地获取这些宝贵的资源？

7.1.1 流量池化、平台化概述

如下图所示，为了高效地进行用户营销及转化，营销主会基于自己的产品及解决方案的垂直场景建立可黏住用户的私域流量池。私域流量池的形式会不断与时俱进，不断整合线上线下各种丰富的营销形态，以降低用户获取服务及内容的成本。其中线上线下的营销形态包括传统线下门店、终端、直销工具（如电话、Email）、移动端网站、PC 端网站、App、微信小程序、支付宝小程序、社群（如论坛、公众号、微博）、新兴的短视频、直播、VR 等，甚至可包括基于用户数据分析的 CRM 和 CDP 管理等技术手段的再触达。

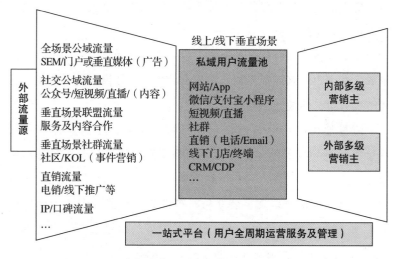

流量池化、平台化管理示意图

流量池化能够使企业更好地专注于垂直场景的内容及服务。为解决用户垂直场景需求，企业可通过池化的流量在用户全周期各环节提供更贴切的内容及服务，从而为用户创造更大的价值。在这个过程中会在用户心目中牢牢刻下一个印象：在这个垂直场景中，你的企业是优秀的一站式服务商,日后其若产生该垂直需求,会第一时间主动上门寻求解决方案,从而为流量池带来源源不断的私域流量。比如,在产生衣、食、住、行、社交、购物、旅游、休闲等各种垂直化场景需求时,我们优先想到了哪一个供应商?我们首先想到的往往就是我们最终选择的。这就是典型的让用户自己找上门的营销策略,即常说的"Inbound Marketing"(中文译为"集客营销"),其产生的流量称为自然流量。

很多时候出于供应链成本的考虑,所有的服务很难仅靠自有资源完成,除了为内部多级营销主提供流量池,还可平台化引入更多、更丰富的产品及服务,为外部多级营销主提供流量。平台化可将流量池收益最大化。

流量池化、平台化仅是形式,目的主要是通过内外部多级营销主或入驻商户,高效地使用用户流量,为用户提供更为丰富的产品和解决方案,达成转化的目标。

流量池中除需要自然产生的私域流量外,还需从各种外部流量源大量导入其他流量,常见的外部流量源有:全场景公域流量(如各种搜索引擎、门户网站或垂直媒体广告流量)、社交公域流量(如各种媒体软文、公众号、短视频、直播等带来的内容流量)、垂直场景联盟流量(如因服务及内容的换量合作等产生的流量)、垂直场景社群流量(如基于社区、KOL事件营销等产生的流量)、直销流量(如电销、线下推广等产生的流量);IP(Intellectual Property,智慧财产)流量(如品牌口碑、内容文化IP等产生的流量)等。

对混合域流量的使用,内外部多级营销主或入驻商户需要在一个一站式的系统平台上完成,以便进行用户全周期运营服务及管理。

7.1.2 混合域流量营销平台

下图所示为混合域流量营销平台的主要功能模块及作业活动,该平台将营销主的营销内容连接到混合域的用户流量中,同时将各用户触点的用户互动数据回传到平台并存储。该平台可服务于营销主的整个营销作业活动。

1. 主要营销作业流程

1)营销主根据生意目标及平台流量数据情况制定营销计划,合理安排预算及营销策略。

2)根据该混合域流量特点,并结合产品及解决方案的特点,明晰用户画像。

3)有针对性地设计与用户沟通及互动的内容(广告、用户运营等内容)。

4)选择在流量池内投放的广告内容,以及通过各种流量接口或渠道从外部公域或联盟域导入流量。

5)不断地针对具有不同兴趣爱好、不同特点,以及处在不同转化周期阶段的用户进行深度运营及服务,进而提升用户体验,提高用户黏性,提升转化率,达成业绩方面的目标。

6)对通过各种渠道及形式引入的用户流量进行归因分析,评估不同渠道的质量、性价比、规模,以不断调整各渠道策略。

7)为已转化或黏性较高的用户持续提供服务,增加复购率,提高用户忠诚度,使其成为自然流量。

8)同时根据上述这些活动中产生的各种数据进行分析,调整产品、服务与目标用户人群需求的匹配度,不断升级产品及解决方案,并推动更新的营销活动计划的产出。就这样以用户为中心,周而复始地进行相关动作。

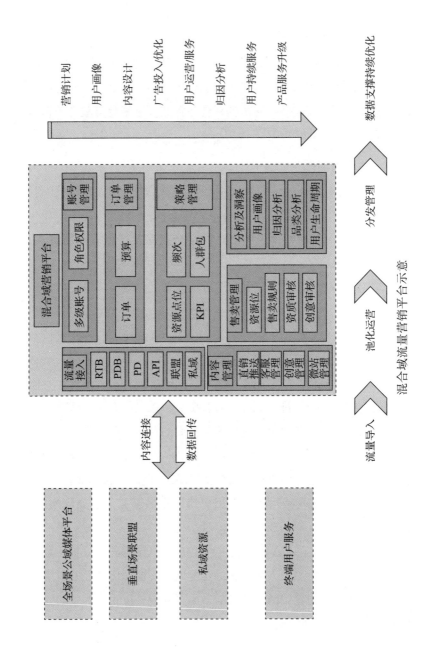

2. 混合域营销平台主要功能模块

在混合域营销平台中，面向多级营销主层面的功能模块主要包括账号管理（多级账号、角色权限等）、订单管理（订单、预算、计划、排期等）、营销策略管理（资源点位、频次、人群包、各种细分定向、KPI 等）、内容管理（直销推送、客服、创意、微站、会员订阅等）、流量接入管理（RTB、PDB、PD、API、联盟、私域等资源）、数据分析及洞察（对流量、投放、内容、消耗、频次、人群包等进行的分析）、用户画像、归因分析、品类分析（不同品类售卖策略、内容、ROI 等）、用户转化生命周期管理等模块。

在整个平台的运营管理层面，需接入各种流量，并管理和运营私域流量，故平台主要功能还可能包括系统账号权限管理、私域流量的售卖资源管理（资源位、售卖规则、资质审核、创意审核等）、接入模式管理、流量智能分发策略管理等。平台还要为接入的流量方提供账号权限管理、售卖资源管理（资源位、售卖规则、资质审核、创意审核等）、接入模式管理、流量智能分发策略管理、数据分析（资源/账务/行业等分析）等功能。

3. 流量的导入、分发及高效利用

流量通过各种渠道及交易模式被导入并池化之后还要不断运营，以培养用户习惯，孕育私域流量。依据内部多级营销主及平台入驻商户的营销需求，还要进行流量的分发管理，并以闭环回馈的营销效果作为数据支撑不断优化该智能分发策略，以求达到流量利用率 ROI 的最大化。同时根据流量消耗情况，从外部导入更多所需流量。另外，若平台内有消耗不完的流量，还应通过各

种技术接口及交易模式导给外部流量需求方，以求最大化流量利用率。

7.1.3 流量供需角色持续转化

从上述介绍可以看出，用户流量在不停地被各种平台筛选清洗。首先是通过各种渠道采买或自运营产生等方式不断获得流量，用转化漏斗筛选流量中有价值的可转化的流量，并为其提供产品及解决方案。对于无法转化的流量，要给到其他流量需求方。

流量供需角色会随着商业活动各阶段的需求的不同而不断转化，如下图所示。

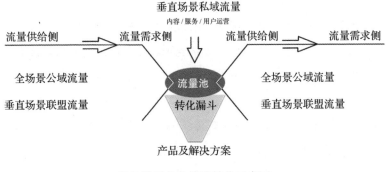

流量供需角色持续转化示意图

营销主建立流量池，并不断拉动转化漏斗，推动用户购买其产品及解决方案。同时不断通过内容、服务、运营等手段来沉淀用户，培养用户习惯，培育垂直场景私域流量。

前面说过，当流量池中存在自身平台无法消化的流量时，就可把这些流量通过各种交易模式（传统流量售卖、SSP、ADX、自建DSP平台等）及技术接口方式售卖给外部流量需求方。在这个阶段,流量池平台就从之前的需求方变为了供给方。而此时被交易的流量,从新的需求侧看,就是外部的公域流量或联盟流量。新的需求方会再次清洗这些流量,以求推动产品售卖,新的需求方同样会建立自己的流量池,对流量进行池化和平台化。

由此可见,精通流量交易的各种玩法、各方诉求、上下游主要角色及关键功能,可更好地提高流量利用率及商业化变现的效率。这也是整个互联网产业仍在不断高速升级的关键所在。

下面我们举一个拥有自有私域流量池,并结合大数据对公域流量或联盟流量进行使用的例子。

（一）项目背景

项目名称：XX新款饮料的上市推广

推广目的：为配合XX新款饮料上市,通过DSP对自有的私域流量池进行广泛信息投放,尽量覆盖所有目标群体（男,年龄15～35岁）,力求产品信息真正传达给用户,从而为后期的销售转化奠定基础。

（二）广告投放策略

提高名牌知名度：对于众多公域及联盟流量,通过在Trading Desk中一站式选择多个DSP平台进行广告投放,跨人群进行大量曝光。

目标人群判断：通过对投放数据和实际结果的分析来决定产品的细分人群,根据人群特征对产品进行后续规划。

（三）投放过程

根据广告计划设置精确预算,保证预算在混合流量中投放广告时始终处于可控的范围之内。

预算管理系统截图

选择用户定向，前期可大范围推广，后期要根据目标人群进行精准推广。

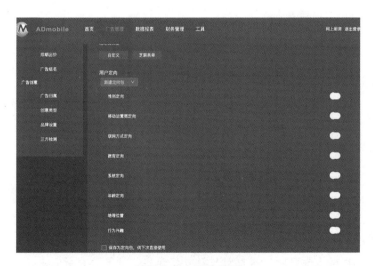

精细化定向系统截图

（四）项目总结

- 经过25天的投放，广告曝光次数超5000万次。
- 使用Trading Desk一站式管理广告投放，将效果差的外部流量拉入黑名单中，有效保障了广告展示环境。

7.2　广告流量交易模式升级

下面我们将重点对广告流量的各种交易模式、升级过程、主要动因及各方主要诉求进行介绍。

7.2.1　"传统排期"的交易模式

传统排期采买，即流量买卖双方事先就不同的广告资源约定好价格和量，并签订商务合约。具体会用一个广告投放排期表（spot plan）约定广告投放的资源点位、时间、日期、量等信息，流量卖方按此排期表进行广告投放。常见的售卖模式有：固定广告位置按时包段售卖（Cost Per Time，CPT，按时结算；Cost Per Day，CPD，按天结算）；视频及信息流广告常按量售卖（Cost Per Mille，CPM，按千次曝光结算）。下图所示即为排期表。

"排期表"示例

传统排期的交易模式自广告交易出现以来就一直存在，所以十分成熟。因商务条款较易约定和谈判，且所交易的资源相对明确，故买卖双方的权益都能得到有效保证。

但广告投放是由流量供给方安排执行的，流量买方无法实时动态根据各种 Martech 积累的数据挑选流量，所以会被迫买下很多非目标受众的资源，造成营销预算的大大浪费。所以，这种模式根本无法满足"在合适的时间，对合适的人传递合适的信息"这个目标。

在这种传统排期包段售卖的模式下，一些"较好的位置"（例如首页、热播剧之类的点位）基本都供不应求，买方争抢严重。而不显要的广告位，或在某些专题内容中深藏的广告位，往往无人问津。其实这些广告位同样可与用户接触，深度专题内容可能更符合这类用户的喜好。由此可见，这种模式的升级空间很大。

7.2.2 联盟模式

联盟模式是一种早期在广告流量行业中被广泛应用的模式，即将众多中小流量聚合起来，按一定规则分类并售卖给流量买方。

对于许多中小流量主而言，通过这种模式可直接将流量导给联盟去售卖，是流量变现初期的首选方式。

而组建流量联盟常见的商业模式及动因有：低买高卖吃差价（典型的如中间商代理模式）、自有业务延伸（如搜索业务通过联盟广告扩大消耗）、降低流量成本（如门户媒体等通过掺入联盟流量以降低流量的售卖价格并扩大消耗），以及电商平台聚合大量入驻商家获取流量的需求，并不断通过联盟接入流量对这些需求予以满足。

一般联盟中收集流量的系统平台就是 SSP。通过 SSP 系统，流量买方不仅可自助管理流量售卖规则，如设定相应的流量媒体属性（媒体所属分类等信息）、流量广告位属性（尺寸、可投物料规格）、卖方价格规则（底价、交易方式等）、广告主行业规则（允许或禁投不同行业渠道等）、禁投某些广告主、某些业务保护规则、投放资质审核等，还可自助进行流量售卖的账务管理及相关数据分析（行业、CTR 效果等）等。这样可帮助流量买方更好地盘活流量，提高变现效率。

早期联盟流量都是靠人工售卖及执行的，而随着 Adtech 程序化广告的出现，SSP 很少单独出现，而是都会随同程序化 ADX 交易平台一同出现。因流量通过 SSP 收上来后，需要尽快通过一个 ADX 自动化交易平台售卖出去，所以 SSP 系统也会相应升级，增加很多程序化广告交易规则设定的功能，例如 PD/PA 交易规则、人群包/流量细分筛选、数据开放设置规则等。

7.2.3 实时竞价模式

RTB 实时竞价模式是程序化广告交易模式革命性的升级。相关的定义、竞价流程及买卖各参与方，我们在 1.3.1 节已经介绍过，这里不再赘述。

需重点强调，随着竞争加剧，一些大的媒体流量主开始主推自己的 DSP 系统。因为自有 DSP 能使用媒体 SSP、ADX 内部数据构建围墙花园壁垒，同时自有 DSP 的消耗增多，也能减少对外部 DSP 的商务激励成本。所以各大型流量卖方越来越多地鼓励买方直接使用自有 DSP 竞购流量，很多大的流量卖方 DSP 都支持以开放 Marketing API 的方式对接营销主的营销平台，实现营销策略（结合营销主 DMP/CDP 数据 + 媒体的数据/流量智能细分优化能力）自动化下发、投放广告，以实现在该流量上智能营销的目的。

当然 ADX 依然会存在，一来它是竞价的核心模块，二来还是会有一些大型电商及有技术和数据实力的广告主希望能够直接通过自己的 DSP 对接流量方的 ADX 来挑选流量。由此我们不难看出，对于流量卖方而言，DSP 是面向自助操作买家的零售终端，而 ADX 更像是面向那些进行大宗交易的批发商的自动化售卖接口。

真正推动 RTB 模式的其实是流量卖方，卖方在流量没有大量增加的前提下，每年还要增加收入，还要将那些"剩余流量（无人问津的流量）"变现，不得以才会采用 RTB。同时，RTB 模式也迎合了买方精准智能营销的需求。尤其是最近大家经常听到的 OCPX（Optimized Cost per X，Click 点击、Mille 千次曝光、Action 转化行为等）按优化效果目标智能出价，就是以优化广告效果为目标，对流量进行实时竞价，提高单个流量的成交价和收益的典型应用形式。

大家刚接触程序化广告时，最先了解的可能都是实时竞价模式。该模式其实是效率最高的一种模式（买卖双方在实时高效、高度市场化竞争下完成交易），特别适合纯转化效果导向的广告主。但由于其售卖资源较"长尾"，"老板"很可能会看不到广告，所以对于很多高大上的品牌营销主来说，在选择该模式时会有一定的顾虑。

7.2.4　私有程序化模式

程序化广告最重要的标志是"通过技术手段管理广告展示的每次曝光机会"。很多聪明的营销主既想使用程序化实时挑人的能力提升广告投放效率，又想在流量资源的质量及量级上有一定保障。这样就催生了介于传统排期优质流量包段与实时竞价模式中间的一些变通模式——PMP（Private Market Place）私有程序化流量交易相关模式。PMP 为主、RTB 为辅助的广告模式被越来越多的营销主所关注。

PMP、PDB、PD 和 PA 的相关内容我们在 1.3.1 节已经介绍过，这里不再赘述。

7.2.5　小结

前面已多次强调，企业营销领域正在快速经历以客户为中心，全面数字化转型升级的过程。以程序化、数据化、智能化、闭环持续优化的方式，逐步取代传统人工低效的媒介营销方式。

如下图所示，营销主运用程序化广告手段对目标受众进行广告投放，由传统的直接人工对接广告流量卖方的广告采买过程，升级为经过 DSP（程序化买家及 Adserving 投放）、ADX（广告交易平台）并结合 DMP/CDP（大数据平台）核心大数据的指导，自动化营销的过程。ADX 作为衔接流量买卖各方需求并高效撮合的重要枢纽，承载着交易中心环节标准化、流程化、数据化、透明化的重要角色。下面我们对 ADX 相关的交易标准化及技术栈要点展开介绍。

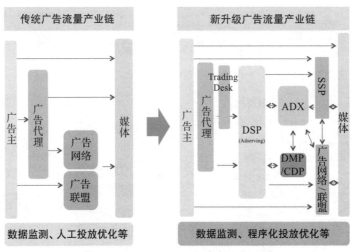

智能营销广告流量交易模式升级示意图

7.3 ADX 交易标准化及技术栈要点

7.3.1 ADX 交易标准化

从商业模式及行业规范的角度来看，ADX 其实是基于一套系统平台，使用标准化的流程和方法来"撮合程序化广告交易各方的需求"，并以此促成公开高效的流量交易上下游生态，提升供需双方交易效率。ADX 可让各方正确理解各自的需求，并高效匹配，同时形成充分竞争的机制。通过 ADX 可以完全以市场化自由竞争的方式来满足各方的需求，盘活流量买方剩余的广告库存（Inventory），提升精准数字营销的效率和效果，达成多方共赢。ADX 重点针对交易环节几大关键要素，即交易方、交易物、交易模式、交易价格、交易量进行规范化和标准化。

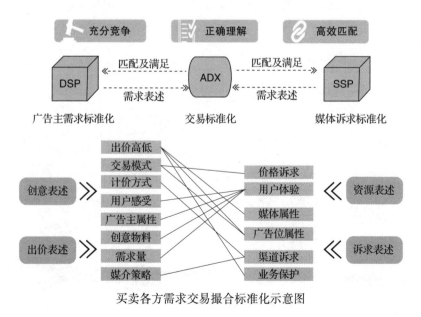

买卖各方需求交易撮合标准化示意图

卖方流量接入 SSP 系统，卖方可自助设定流量相应的媒体属性（媒体所属分类等信息）、广告位属性（尺寸、可投物料规格）、价格诉求（底价、交易方式等）、投放广告主行业渠道的诉求（允许或禁投不同行业渠道等）、禁投广告主及业务保护等，目的是将卖方诉求标准化。

程序化买方 DSP 在系统中可设定买方广告主属性、创意物料、用户体验目标、对不同 ADX 的优先媒介策略、不同交易模式（RTB 公开竞价、PA、PD 等）的运用、计价方式（CPM、CPC 等）、出价的高低、需求量等，目的是将买方需求标准化。

在双方都充分标准化、充分表述需求的基础之上，再由 ADX 通过公平竞价的机制，即可将整个交易过程标准化、货币化、数字化。

7.3.2　ADX 中的 SSP 系统的基础功能

SSP 系统主要服务于流量卖方，用于接入流量，其主要功能有如下几类：

- **流量卖方接入 ADX 的管理功能**。通过该功能，流量卖方可将流量接入 ADX 平台并设定一些基本的售卖策略。涉及的主要功能包括媒体管理、网站管理（网站基本信息的增、删、改、查）、广告位管理（广告位基本信息的增、删、改、查；广告分类限制；广告买家限制）、售卖规则管理（售卖规则的增、删、改、查；日期段定向；地域定向；时段定向；定价策略；交易模式管理；Deal 管理）等。
- **预订量 Deal 管理功能**。通过该功能，流量卖方可自助发布可供 PDB、PD、PA 等 PMP 特殊交易模式使用的资源库存、价、量，并在系统中（类似电商平台中小二与买家讨价还价）同 DSP 买家商议 PMP 的资源、价、量、排期等。买卖双方商定 Deal 后，会预定流量排期并投入 ADX 中以供使用。

❑ **报表/报告功能**。主要为了帮助流量卖方了解流量在 ADX 中的售卖情况及售卖效率。辅助卖方与 ADX 对账，并依据报表做出售卖相关的决策调整。主要涉及的功能包括流量或消耗数据概览、网站报告、广告位报告、CTR 分析、DSP 消耗行业报告等。

❑ **财务功能**。通过该功能，流量卖方可对财务信息进行管理。辅助卖方同 ADX 对账，并查询相关的付款记录及扣款记录等。主要涉及的功能有基本财务信息、收款账号等的管理；结算方式（CPM 或 CPC）设置；财务对账报告管理；付款记录管理；发票记录管理；作弊扣款记录管理（有的 ADX 平台会对作弊进行扣款）等。

❑ **系统账号权限管理**。通过该功能，流量卖方可对登录的用户账号及子账号进行管理或设定权限。主要涉及的功能有对用户账号及子账号等的信息或权限进行增、删、改、查等操作。

下图为某 SSP 系统截图示意。该 SSP 系统会植入一些优化的功能，例如：根据优先级和业务组合调整放量策略。一个流量可并发向多家 API 广告平台发出请求，同时通过规则优先级下发广告，进而在保证广告填充的基础上更好地优化收益，还能帮助媒体一站式接入渠道广告，减少商务谈判时间，降低技术对接投入。

SSP 系统截图示意

同时，该 SSP 的广告 SDK，也支持对第三方广告 SDK 进行优化，媒体可以将广告请求发送给多个广告 SDK，从而确保找到最合适的广告来源来填充广告请求。客户端会根据服务端优化规则对所有广告 SDK 进行排名，有广告请求时，采用瀑布流的形式回退请求配置的广告 SDK，帮助媒体最大限度提高收益。

7.3.3　ADX 中 DSP 买方自助操作基础功能

本节主要介绍 ADX 系统中服务于 DSP 的功能模块，通过这些功能模块，DSP 可以自助完成流量过滤配置、Deal 交易管理、审核管理、账务查询等业务操作。这些功能模块主要可划分为如下几大类：

- **DSP 基础设置管理功能模块**。通过这些功能，DSP 可对 API 验证信息（DSP ID、Token、IP）、价格加解密密钥、流量控制 QPS 等基础参数进行设置。主要涉及的功能包括对

DSP 基本账号信息进行增、删、改、查等操作；DSP 接入配置（QPS 设置、相关 API 地址设置等）；对 DSP 登录用户账号及子账号进行权限管理；对 DSP 子账号操作记录进行查询。

- 预订 Deal 功能模块。通过这些功能，买方可与卖方协商可供 PDB、PD、PA 等 PMP 特殊交易模式使用的资源，最终确定 Deal，并获取相应的 Deal ID。在采用实时竞价方式时，依据 DMP 或 CDP 对该流量背后的人进行评分，并由算法智能决策选择采用何种交易模式对该流量进行交易。

- DSP 流量过滤管理功能模块。通过这些功能，买方 DSP 可在 ADX 上通过设置来过滤不需要的广告流量，设置之后，不需要的流量的竞价请求就不发给 DSP 方了，这样能大大节省 ADX 和 DSP 双方带宽及服务器资源占用。主要涉及的功能包括：设置 DSP 流量过滤规则；对流量过滤规则进行增、删、改、查等操作；过滤日期段（尺寸、流量类型过滤等）。主要的流量过滤规则有时段、媒体广告位类型、广告位尺寸、网站分类、网站黑名单、App 分类、App 黑名单、地域、数据不完整过滤（无设备 ID、无经纬度/IP 等）、人群包过滤等。

- 广告主/创意资质审核管理功能模块。ADX 还为 DSP 提供了广告主及素材审核状态查询管理功能，以帮助 DSP 在审核被拒需再次申诉前，提前查明被拒原因。主要涉及的功能包括：对广告主进行增、删、改、查等操作；对广告主资质和信息进行管理；创意素材列表及查询；对创意素材信息进行管理；对广告主或创意素材审核状态进行查询、处理。

- **流量分析报表/报告功能模块**。主要为了帮助买方了解 ADX 中流量分布情况，有的还会提供大盘的各行业及不同类型流量消耗分析，辅助 DSP 依据这些分析，根据业务情况调整竞价策略及流量过滤规则等。主要涉及的功能包括：流量及账务数据概览仪表盘（DSP 在该 ADX 竞价广告中投放的广告展示的次数、点击的次数、点击率、平均点击价格、千次展示价格、消耗等，以及趋势曲线、账户中剩余额度、本月消耗、未结清账单等）、广告位分析、媒体分析、域名或子栏目分析、地域分析、行业分析、时段分析、运营商分析、操作系统分析、流量携带数据情况分析（设备 ID、经纬度、IP、关键词、URL 等）等。

- **财务功能模块**。通过这些功能，DSP 可对账户中的剩余额度、本月消耗、未结清账单等财务信息进行查询。同时对历史的交费情况、发票情况进行查询，大大方便了双方对账的工作。有的 ADX 平台对作弊流量有补偿政策，以及刺激消耗的返货或返点政策，这些都会体现在财务功能模块中。

7.3.4 卖方流量优先级和交易模式管理

如下图所示，卖方出于收益最大化及提高填充率的考虑，按不同买家及不同程序化交易模式为流量设置不同优先级并进行管理。

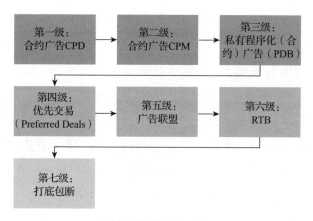

买方流量优先级示意

1. 最高层级：常规订单及预留库存 PDB 订单

流量方一般都有现成的传统广告排期投放系统，可按位置和时间设定投放计划。很多媒体的传统广告排期系统都支持为不同广告主或订单安排不同的优先级。同一优先级别有时也会按消耗进行再排序，消耗越大、越重要的客户优先级越高（也可以根据客户大小在订单录入系统时，由业务人员手工设置优先级，不同媒体排期系统具体设置方式各有不同）。CPD 一般消耗较大，故有时会略优于 CPM，上图中所示的第一、二、三级基本在一个层级。PDB 是要先在传统广告排期投放系统中锁定流量，再通过 ADX 接口对接 Adserving 系统的，所以流量与传统排期订单在一个优先级层级。

2. 次级层级：PD、PA、联盟、RTB 等

流量方通过传统广告排期系统将无预订排期的"剩余流量"导入 ADX 系统进行流量优先级和售卖管理。

一般该层级中优先级最高的是 PD（优先交易，买方拥有优先挑选权）。再次就是给到联盟或 PA、RTB 买家的优先级。

3. 打底层级

最后是打底广告。一般流量媒体方为了避免广告位"开天窗"（即出现空白），都会设置打底广告。尤其是在程序化广告模式中，流量交易是实时进行的，为了避免广告流量的浪费，无买家竞价购买的流量会展示打底广告。故相对而言，打底广告较便宜（如视频媒体常以游戏或医药行业广告作为打底广告），也有很多媒体会将某些消耗较大的广告联盟的广告作为打底广告。

注：预订量标识（Deal ID）可用于对PDB、PD、PA等PMP不同交易模式的管理中，但在流量技术对接上，都是基于OpenRTB技术接口协议与ADX服务端进行对接的。所以在流量中必须携带Deal ID，才可区分出不同流量的交易模式，进而完成对PDB、PD、PA等不同交易模式的管理。卖方不仅会通过Deal ID的方式来管理买方的交易模式，还会根据哪些广告主能使用该流量进行更细致的约束管理。有时候流量卖方为了鼓励成交，RTB流量也会携带优先交易的Deal ID。在买家实时竞价时，会依据营销主DMP或CDP对该流量用户的评分高低，由算法智能决策选择采用何种交易模式对该流量进行交易。若该流量用户的价值非常高，就会采用带Deal ID（高优先级）的出价回应使用优先权助其优先拿下该流量。若该流量用户价值不是特别高，但也可以尝试，则会采用不带Deal ID的出价进行回应，以普通的、拥有较低优先权的RTB去争取该用户流量。

一般高优先权Deal意味着比RTB更高的成交价格，但由于PD是提前约定好的固定价，在RTB实时参竞者较多的情况下，偶尔会出现PD成交价低于RTB成交价的情况。有些极个别的流量买方会因比价优先使得 PD 拿不到量。当然有些媒体会通过调整 PD 价格来对此进行调控。所以不论是流量买方还是流量卖方，都需关注交易的几大要素：交易方、物（资源）、价、量、交易模式、排期等。

7.3.5　透明化和卖方诉求

透明化是标准化的重要基石，程序化流量变现从某种意义上看就是数据变现，通过透明化、标准化、货币化的方式，开放卖方数据能力，使价格透明化并对交易模式进行创新，从而给予买方更多挑选流量的机会。然而如何开放、开放到什么程度，卖方始终却只能以增长收入及利润规模作为决策依据。因为不能因增加某种业务模式而影响了（成熟）业务模式的收入及价格政策，也不能为了迎合买家而贱卖流量。

1. 价格及行业保护透明化

有时卖方会通过一些底价规则保护一些特殊流量，或通过行业禁投策略排除某些行业的买家。这些政策就像无形的手引导买家在消耗流量时朝着卖家期望的方向发展。常见的价格保护政策如下：

- ❑ **不同行业采用不同的价格政策及禁投政策**。这是经常用的方法。比如，电商、游戏等行业只要流量效果好，其广告预算一般不封顶，所以对于这些行业政策上会进行倾斜。当然，当媒体发现品牌广告填充不足时，也会给予品牌更优惠的价格。

- ❑ **不同城市层级采用不同的价格政策**。有时媒体发现某些级别的城市流量填充率不够，就会针对性地调整这些城市的价格政策。比如想鼓励某个级别的城市多一些流量消耗，就会针对性地调整价格政策。
- **不同终端流量采用不同的价格政策**。比如，在很多媒体中经常会出现移动 Web 上的流量没人买的情景（为了提升这部分量的消耗，有些媒体会将这部分流量与 App 的流量一起都混为移动的流量，也有些媒体会因其是浏览器中的流量，将其归为 PC 流量），为了提升这部分流量的消耗，会给予不同的价格政策。
- **不同广告形式采用不同的价格政策**。这种情况在新开发的广告位或广告形式中用得最多。因为买方对流量进行优化时，或多或少都会依赖优化师及投放人员的经验。对于新点位及新形式大家都没有经验，甚至都不知道有这部分流量存在，故只能通过价格进行刺激。

除了收入上的考量，用户体验及隐私数据保护也是媒体方十分关心的问题。不能因为程序化广告的加入就影响了用户体验（如广告响应慢、干扰了用户注意力、误导用户等）或侵犯用户隐私数据等。

2. 数据透明化

一般流量卖方在流量中都会携带广告位及用户行为的相关数据。以下所列为 OpenRTB 协议标准中已约定了的广告请求携带相关数据段的参考，这些数据段是分析用户行为及机器学习建模十分重要的因子维度，也是 Martech 中重要的媒介数据来源。

- banner 数据段：尺寸、位置、mimes（说明该广告位支持的多媒体类型，例如 Flash、gif、MP4 等）等。
- Video 数据段：mimes、时长、尺寸、位置等。
- Native 数据段：mimes、尺寸、位置等。
- Site 数据段：名、域名、类（网站所属类别）、大类（网站所属大类)、页面类(广告所在页所属类别)、URL(该页面的URL)、来源(从哪个页面跳转到该页面)、搜索词、是否移动为Web、关键词等。

❑ App数据段：名、AppId、域名、storeurl(该App在AppStore中的地址)、类(App所属类别)、大类(App所属大类)、页面类(广告所在页所属类别)、是否收费App、关键词等。

❑ Geo(位置信息)：经纬度(常见于移动端)、国、市、区等。

❑ User(用户信息)：出生年、性别、关键词、浏览器等。

❑ Device(设备信息)：IP、设备类型(PC、手机、平板等)、设备ID(IMEI、IDFA、MAC等)、型号、操作系统、操作系统版本、硬件版本、设备屏幕尺寸、设备分辨率、系统语言、设备上网运营商、设备上网方式(Wi-Fi、3G、4G等)等。

数据透明化是程序化交易模式中十分重要的一环。这些数据对精准分析用户的相关属性特别关键，需要买方来推动卖方开放足够多的信息。但实际情况是，并不是所有流量都能获取到这些数据，媒体方会根据自身变现情况有选择地开放数据。例如：有的只开放媒体顶级域名相关数据；有的会开放频道或栏目数据(很多视频媒体流量中携带剧目、频道等重要信息)；有的会提供用户访问媒体页面的完整URL(Full URL)数据；有的会对页面URL进行保护处理；甚至有的不提供任何数据(如移动端App很少能取到用户阅读页的上下文内容，买方会完全不知道购买媒体何处的流量，使行为分析受到一定限制)。

当然，出于竞争战略的考虑，行业中也有些后来者会牺牲短期利益以求弯道超车。

所以哪些维度的数据可透明化,是流量程序化交易过程中供需双方互相角力的结果,是十分重要的媒体评估点及商务谈判点。

7.3.6　基于数据指导的人群定向智能营销

Martech 智能营销,在程序化交易模式中存在大量使用目标人群数据的情况。常见的如:营销主运用第一方 DMP 收集的媒介数据(点击、到达、转化),对历史营销活动广告投放中的广告互动人群,以及那些到达过落地页的访客进行召回,以此提升广告效果;以 DMP/CDP 核心会员数据为样本,并结合投放中的执行数据进行持续优化,挖掘出转化人群的典型行为特征,并按这些特征扩展出潜客人群,并进行定向投放来提升转化效果。

注:基于数据指导智能营销的前提是要有人群数据库及已打过标签的人群数据库,即 DMP/CDP;割裂的 DMP 数据,因为脱离了媒介投放执行环节,故无法持续优化及提高绩效;用户 ID 在不同流量中的召回率及打通率决定了数据是否能发挥价值,例如,在 PC 端 Cookie 需 mapping 后,积累的 Cookie 才能被使用。

第 8 章

Martech 实战进阶——大数据生态的深度解读

前面的章节对 Martech 的主要技术栈和平台进行了介绍，经过体系化的学习，我们已经对 Martech 的技术理论框架有了基本了解。Martech 技术最终的落地和发挥作用离不开数据。数据对于 Martech 技术来说，如同血液对于人体，关乎 Martech 技术应用的成败，所以我们单独拿出一章来对目前国内的大数据生态环境进行介绍。本章中还将包含一些关于数据模型的进阶知识，以及行业的应用案例。

8.1 各种数据源的采集要点

品牌在应用 Martech 技术辅助营销目标达成的过程中，除了自有一方数据的获取、运营和维护外，还会涉及对大量外部数据的利用。接下来我们分别对目前数据生态环境中主流的数据源及其特点进行介绍。

8.1.1 运营商

1. 运营商的数据来源

运营商是先于其他行业开始进行数字化运营的行业。数据源主要分为五部分，如下表所示。

运营商的数据源

数据来源	核心信息	数据分类
CRM 系统	用户信息数据、客户信息数据、账户信息数据、产品订购关系数据等	批量数据
计费系统	用户通话详单、用户流量详单、账单数据	批量/实时数据
客户呼叫中心	客户感知数据	批量数据
信令数据	对信令数据进行 DPI（Deep Packet Inspection）解析的用户行为数据，比如用户的上网行为数据、位置信息等	批量/实时数据
触点交互	用户触点产生的交互数据，用来补充运营过程中与用户接触的交互行为数据	实时数据

运营商数据主要是关于用户行为的，也就是回答用户是谁、在什么时间、什么地点、以什么交互形式做了什么操作。

举个例子：Stacee（138××××××××）2019 年 5 月 23 日下午 3 点 30 分在单位（地址 Z）通过掌上营业厅搜索了某视频 App 的定向流量包并花了 10 元订购了这个流量包。晚上下班回家在地铁上使用视频 App 看游戏直播，但地铁里信号不好，直播比较卡，然后打电话给客服投诉在地铁站 A 到地铁站 B 附近信号不好。

人	地点	终端设备信息	交互	数据来源
138××××××××	地点 Z	IMEI-A	访问网上营业厅	信令数据
138××××××××	—	—	访问网上营业厅	触点交互
138××××××××	—	—	搜索某视频 App 的定向流量	触点交互
138××××××××	—	—	下单订购某视频 App 1 个 GB 定向流量包	触点交互
138××××××××	—	—	使用微信支付了 10 元	触点交互
138××××××××	—	—	订购成功	触点交互
138××××××××	—	—	订购某视频 App 1GB 定向流量包	CRM
138××××××××	地铁 A 站	IMEI-A	访问某视频 App	信令数据
138××××××××	地铁 A 站	IMEI-A	访问游戏直播频道	信令数据
138××××××××	地铁 A 站 – 地铁 B 站	IMEI-A	观看某游戏直播	信令数据
138××××××××	地铁 A 站 – 地铁 B 站	IMEI-A	投诉网络信号不好	客服系统

时间轴 →

从数据层面还原场景示意图

另外，可以从 CRM 的客户信息中得到 138×××××××× 这个号码是 Stacee 的号码。

2. 运营商特殊数据采集方法及原理

（1）流量 DPI 数据采集及处理

DPI（Deep Packet Inspection）技术中所谓的 Deep 是相对 SPI（Shallow Packet Inspection）技术提出的。与 SPI 侧重在第三和第四层承载层解析不同，DPI 侧重在第七层应用层进行协议分析，包括第三和第四层解析和第七层解析。DPI 的目的是对用户上、下行数据包进行识别和解析，基于识别的业务种类或解析到的关键字来匹配计费和控制规则，以达到区分不同业务类型、实施不同计费方式和控制流量 QoS（Quality of Service，服务质量）策略的目的。

DPI 将网络上的流量数据报文根据源地址、目的地址、源端口、目的端口及协议类型分为一个一个的应用流，并通过识别技术对应用流中的特定数据报文进行探测，从而确定与应用流对应的应用或者用户的动作。

除了计费及服务策略控制之外，DPI 完成用户数据报文的解析、协议和内容的识别，以及获得目的 URL 等有价值的信息，也会为业务解析和安全防护等特性提供依据。

DPI 对用户数据报文的解析按第三和第四层解析、协议识别、第七层解析的顺序进行。

1）**第三和第四层解析**：是一种浅度报文检测技术，DPI 的实现以此为基础。在完成第三和第四层解析后会继续进行协议识别和第七层解析。

第三层解析发生在网络层，处理数据包的 IP 路由。在该层可以监控 IP 报文的源端 IP 地址和目的 IP 地址。

第四层解析发生在传输层，为两台主机上的应用程序提供端到端的服务。不同的应用层协议在传输层用不同的端口号来定义。在该层可以监控报文段的协议端口号，如下表所示。

端口号与协议间映射关系

序号	端口号	应用层协议
1	20	FTP（数据流）
2	21	FTP（控制流）
3	23	Telnet
4	25	SMTP
5	53	DNS
6	69	TFTP（服务器监听端口，数据层面端口为服务器随机确定）
7	80/8080	HTTP
8	443	HTTPS
9	110	POP3
10	143	IMAP4
11	554	RTSP（控制流）
12	1755	MMSP
13	9200~9201	WAP1.x

2）协议识别：报文深度解析的基础。只有在识别出用户报文的协议后，才能对报文做精确的深度解析。通过知名端口和特征字识别协议可以实现精确协议识别功能。

3）第七层解析：一种深度报文检测技术，在第三和第四层解析、协议识别后对报文进行精确深度解析，以获取第七层协议类型或目的 URL 等有价值信息。特征字协议识别可以按照预设的特征库进行，在第七层返回 URL 识别出的报文协议（如 HTTP、HTTPS、FTP 等）。解析出相应的关键字也可以识别出流量协议类型。

用于用户行为分析的流量解析数据总体分为两类。

第一，用户上网行为、浏览内容数据。解析步骤如下：

1）对用户上网行为的流量包进行抓取，一般分移动网络流量包和宽带网络流量包两种。

2）通过 DPI 解析抓取的网络设备流量包，得到用户号码、设备 IMEI、访问的 URL、流量大小、发生流量的位置等信息。

3）通过反向爬取技术关联得到用户访问的内容，比如打开的 App、访问的频道。

4）通过相关 URL 定向内容的流量大小判断用户上网行为的偏好。

第二，用户位置数据。通常用户在使用移动流量时，使用 DPI 可以解析到流量包中用户流量产生的位置，但位置并不准确，因此 DPI 解析的用户位置并不适合用于对流量 DPI 的位置进行统计，可通过对用户移动终端接入移动网的位置信令数据完成位置统计。

因此，用户在移动网络上的行为是通过时间、用户号码对几类信令数据进行关联得到的。

（2）客户交互数据采集及处理

客户交互数据采集是将分散在各触点上的接触信息和交互内容采集并统一进行记录，为客户交互体验优化和基于客户交互行为的个性化服务提供数据支撑。

客户交互数据与传统 CRM 数据的主要区别是：客户交互数据是交互过程中的数据，而传统 CRM 数据是订购结果的数据。

客户交互指客户在运营商各触点上进行的业务接触行为。从交互行为来看，客户交互主要分为业务级交互和页面级交互。其中业务级交互包括客户订购、客户拆机、客户障碍、客户投诉、客户建议、客户缴费、客户查询、客户咨询、积分兑换、装机维修、销售活动、通知提示、客户回访、客户关怀、客户催缴、客户赢回、客户挽留、客户调查等；页面级交互包括浏览和操作轨迹等交互行为。

从采集方式来看，客户交互主要分为线上和线下两种。线下交互主要指通过营业厅客服系统进行的交互，而线上交互数据主要依靠内置 SDK 或埋点等方式进行交互事件定义和客户行为轨迹收集得到的，收集的触点包含网上营业厅、掌上营业厅、活动 H5 页面。触点收集到的轨迹可采用文件、消息等方式传递给至数据中心，这些数据被解析后可用于客户关注的应用、内容，以及活跃情况等方面的分析。

3. 数据处理技术

在数据处理技术层面，通常分为两个处理流程：

- 实时流数据通过流分析，可用于实时营销场景，包括实时营销事件触发、用户实时标签生产等。
- 所有数据都可沉淀到数据湖，包括批量数据、实时流数据、实时流分析产生的实时事件及标签数据等，之后提供给数据应用方。

4. 运营商数据特点

在营销过程中，无论是用户洞察，还是精准营销，如果能恰当地借助运营商的数据，会极大地提高营销策略的精度，所以运营商数据源是非常重要的一类数据源。在利用运营商数据的时候，我们需要了解数据的几个特点，以便既可充分利用其优势，又不会对数据有不合理的期望。

- **覆盖度**：其实我们说到覆盖度，就是希望了解一个数据源覆盖了多大规模的用户，覆盖比例有多大。三大运营商都有自己的整体用户覆盖比例。同一家运营商内部还要分三十几个省，各省数据往往是分割存储的，如果要获取全国数据，难度很大。某些运营商（电信和联通）进行了数据全国化的工作，有一些全国的集中数据。随着移动互联网的发展，各个运营商也有自己的互联网业务基地，对客户提供一些互联网应用服务，这些服务是全国性的，并没有分省份建设，因此这些数据也是全国性的。

- **深度**：对品牌主来说，由于消费者是营销的核心，因此其关心的是数据源是否可以更详细地反映一个消费者各方面的特征。对于运营商数据来说，由于用户线上的行为都是通过运营商的底层网络完成的，也就必然会在运营商那里留下行为数据，如果运营商采取 DPI 技术，理论上是可以获取到深度的用户行为数据的。但在现实中要考虑一些实际情况，例如，消费者使用移动互联网时底层网络可能是 4G、WLAN、WIFI 等，这些在运营商中是由不同的部门支持的，所产生的数据也是很难融合在一起的。

在深度上我们还要区分一个很重要的概念——协议分层。对于运营商来说，其负责的是网络上的底层传输协议，在运营商看来，网络层、传输层传输的是若干非常规整的数据包（可能很多用户的数据被打在一个包里，有时数据不够，还要填充一些空字节以达到标准的长度）。因此，网络层、传输层并不需要了解具体传输的内容。到了接收端，要把这些包拆开，分发给各自的应用。所以，很多时候我们需要了解一个信息是属于应用层还是底层。如果是应用层的信息，就会被打包到数据包里无差别传输，运营商很难获取。如果是一个底层数据，就会在运营商的每次网络传输时都进行判断。

通过下面的网络协议分层示意图，可以更清晰地了解上面说的几点。

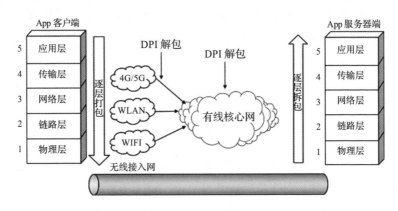

网络协议分层示意图

8.1.2　互联网第三方服务商

随着移动互联网时代的到来，涌现出大量的 App 及为移动 App 提供服务的软件服务商，如行为分析类软件、消息推送类软件、广告监测工具、程序化购买平台（ADX、Adserving、SSP 等）等相关的服务商，这些软件工具为了实现自身的功能，需要从 App 客户端或者服务器侧采集必要的数据。互联网第三方服务商在服务过程中也积累了大量的 App 相关的用户行为数据。

1. 数据采集方式

下图所示是互联网第三方服务商采集数据的逻辑，即通过

SDK 从客户端或通过 API 接口从 App 服务器端采集必要的数据。这两者可以同时选择，也可以只选择其中一种。(此图仅代表了普遍情况，实际中具体情况还要具体分析。)

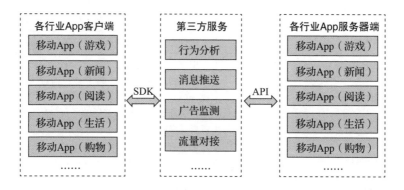

互联网第三方服务商的数据采集逻辑示意

一个典型的 Android 平台 SDK 采集字段的示例如下表所示(仅代表通用情况)。

SDK 采集字段表

名 称	类 型	说 明
DeviceID	String	设备唯一标识
AppId	String	给应用分配的 ID
AppProfile	AppProfile	应用的描述信息
DeviceProfile	DeviceProfile	设备的描述信息
Events	Event[]	传输的事件数据

其中 AppProfile 的典型字段如下表所示。

AppProfile 典型字段表

名 称	类 型	说 明
AppName	String	应用的全局唯一标识
VersionDisplayed	String	用户可读的应用版本信息，比如"V1.3"
AppNameDisplayed	String	用户可读的应用显示名，比如"切蔬菜"
InitTime	Long	应用在设备上初次激活的时间
SDKVersion	String	SDK 的版本信息，比如"Android + 服务商名称 +V1.0.11"，其中第一部分为平台，第二部分为分发厂商，第三部分为版本；服务器端会根据这里的平台信息来确定当前应用的平台
Channel	String	应用开发者指定的应用分发渠道，比如"91"
IsCracked	boolean	应用是否被破解
InstallTime	Long	应用的初次安装时间
PurchaseTime	Long	应用的购买时间

其中 DeviceProfile 的典型字段如下表所示。

DeviceProfile 典型字段

名 称	类 型	说 明
Model	String	设备的型号，厂商和型号用":"分隔，比如"Samsung:GT-9500"
SDKVersion	String	
UserLocation	Location	用户的当前位置信息
Resolution	String	设备屏幕的显示分辨率，格式为"宽度*长度"，比如"480*800"
LocaleCountry	String	设备 locale 信息内的国家信息
Carrier	String	当前电信运营商
LocaleLanguage	String	设备 locale 信息内的语言信息

(续)

名称	类型	说明
Timezone	Int	设备 locale 信息内的时区信息，比如 GMT+8 返回 8
OSVersion	String	设备 OS 的版本号，比如"Android 2.3.3"
ConnectionType	Int	设备当前活跃数据网络的类别，Wifi 为 0，蜂窝网络为 1
CellularNetworkType	String	设备当前连接蜂窝网络的类型，比如"GPRS""HSPA""LTE"等
IsJailBroken	Boolean	设备是否越狱
SimMccMnc	String	SIM 卡信息中的 MCC/MNC。MCC 为 ITU 为每个国家分配的国家编码，MNC 为移动网络编码
NetworkMccMnc	String	当前蜂窝网络的 MCC/MNC
HostName	String	
DeviceName	String	
KernelBootTime	Long	
DeviceID2	String	
WifiAPInfo	String	当前扫描到的 Wifi 接入点信息
BaseStationType	String	当前连接的基站的类型，为"gsm"或者"cdma"
BaseStationId	Int	当前连接的基站的 ID
BaseStationLAC	Int	当前连接的基站的 LAC

Events 部分会传输相应的事件信息，这部分与该第三方服务所需要完成的功能所依赖的数据相关。例如，对于 App 用户行为分析，SDK 会采集用户打开、关闭及使用 App 的信息，以便为 App 开发者提供用户使用 App 的行为数据，目的是优化 App 的客户体验。广告监测 SDK 则会采集曝光和点击等行为数据。

总之，通过这种方式，互联网第三方服务商可以在移动端积累与自身服务相关的用户行为数据。

2. 数据特点

互联网第三方服务商的数据相比运营商的数据有如下特点：

（1）覆盖度

对于互联网第三方服务商来说，同一款 App 的用户本身就是全国分布的，因此数据天然覆盖全国各地域。运营商可以获取到其用户所有的基本上网行为，互联网第三方服务商仅能了解用户在某款 App 内的用户行为，要判断其数据覆盖度，还要判断该服务商究竟可以覆盖多少 App，即需要衡量其市场占有率。若市场占有率高，是同行业的头部服务商，大多数头部 App 都使用其服务，则其数据覆盖度会有较大提升。上述假设基于 App 采用的是互联网第三方的 SaaS 服务，这种情况下，互联网第三方服务商才能积累 App 的用户数据，如果头部 App 采用的是 in-house 的私有部署方式，互联网第三方服务商也无法收集到这些 App 的用户数据。

（2）深度

互联网第三方服务商拥有的数据内容与它们为 App 提供的服务内容相关。例如，用户分析类服务商拥有用户 App 访问行为数据，推送类服务商拥有消息推送类数据，广告监测类服务商拥有广告曝光和点击类数据，DSP/Adserving 类服务商则可以收集一些曝光请求类、竞价类、广告曝光类和点击类数据。互联网第三方服务商不能采集超出允许范围的数据，其数据范围是其服务的多款 App 内相应业务方向的用户行为信息，与该服务商的市场份额、服务内容、部署方式密切相关，品牌主在选择时需仔细判断。

(3)发展空间

随着 5G 的到来，人与人之间的互联会发展为万物互联，也即物联网会快速兴起。物联网终端和现在的手机终端一样，都是通过应用来连接和管理用户，并最终为用户服务的，因此也会积累大量的用户数据。对于大量的物联网数据，一旦和人的数据相关联，将产生巨大的想象空间。互联网第三方服务商的服务领域也会深入到物联网领域，届时会涌现很多的专门的服务商，这对用户行为数据的范围会有极大提升。

8.1.3 互联网应用平台

互联网应用平台拥有自身的业务系统，因此只要是应用涉及的用户数据在自身应用范围内，其数据就是最深入、最全面的。互联网应用平台的数据开放程度分为几种：

- **私域数据**：这种互联网应用有明确的盈利模式，其开发的应用只是为了顺应消费者触点的发展趋势，方便用户使用，提升客户体验。例如，各大银行、券商等金融公司的应用平台，虽然积累了大量的用户数据，但是不会对外输出和共享，可以理解为纯私域数据。
- **半私域数据**：虽然这些数据是互联网应用自身积累的，但是互联网应用对这部分数据进行了一定处理，可在应用内部开放，品牌主可以利用这些数据帮助自己在应用内找到更准确的用户，提升与用户沟通的成功率。例如，阿里和腾讯的数据都属于这种类型的数据，外卖消费、出行等方面的数据也是属于这一类型。对于这种半私域的数据，由于存在数据＋应用触点的闭环，可以快速迭代和优化，所以数据的应用效果往往很好，优化速度和效率都非常高。但是，这些数据彼此无法打通，只能在各自的生态内应用。
- **开放数据**：有些应用会利用自身在垂直领域的优势，与品牌主合作，为品牌主提供营销相关的数据支持，开放数据是这类应用的主要盈利模式。很多品牌主会与各种垂直领域的开放数据类应用平台长期合作。
- **没有自有商业化布局的数据**：这种往往是小的长尾应用，其主要的商业变现模式是销售广告和会员，对于数据并没有过多积累和应用，这部分应用的数据大部分授权给第三方进行收集、加工和处理。

8.1.4 操作系统插件服务商

这类服务偏操作系统底层，不是以上层可见的具有界面的应用形式存在，可以与操作系统提供的插件服务接口相集成，供各个上层应用调用。一般来说，只要完成简单的配置即可使用。

最常见的操作系统插件是输入法，输入法这样的服务商会收集用户的输入内容，然后发送到服务器端进行分析，发现其中的规律后，可以在用户再次输入类似的词的第一个字时，就准确地预测用户希望输入的完整词语，从而提高输入效率。这些用户输入数据是跨应用的，例如，用户打开电商 App，输入的可能是想购买的物品名称；打开视频应用，输入的可能是最近在追的新剧的名字；打开搜索引擎，输入的可能是希望比较的产品的名称。输入法涵盖的内容非常丰富，可以刻画一个人日常使用 App 的主动行为。

操作系统插件还有很多种，这些服务商都已经开始在大数据领域布局，他们的数据未来除了用于提升自有服务的客户感知外，还会应用到更多的领域。

8.1.5 硬件服务商

硬件厂商其实也可以积累一定的用户数据，一般来说，苹果及其 iOS 操作系统是完全封闭的体系，苹果公司虽然积累了大量的用户使用设备时的行为数据，但是一般不会用来进行商业化应用。Android 操作系统相对开放，有非常多的品牌提供支持 Android 操作系统的硬件产品，随着这部分产品的智能化，以及物联网时代的到来，硬件服务商往往还提供管理自身多个产品的应用，这时候硬件服务商和互联网应用平台其实就没有本质区别了。硬件服务商也可以积累用户使用自身硬件的一些基础行为数据（一般来说，硬件服务商仅有权限采集偏底层的应用列表、内存列表等数据，不会采集应用内的行为数据），而且硬件服务商的数据采集范围仅限于自有品牌，与市场占有率密切相关。

通过上面的介绍我们可以看出，由于消费者的线上需求非常丰富，为了满足其各方面的需求，实际上背后有若干角色在提供服务，这些角色在提供服务的过程中也积累了用户的一些数据。但是无论哪个角色，都不可能采集到用户所有维度的行为数据，只能反映用户一个层面或者一定范围内的特征，有优势也有局限性。

8.2 ID Mapping

数字化营销在营销策略执行上的核心原则：**不要重复影响一个**

受众，也不要漏掉一个本来该影响到的受众。渠道碎片化让数字化营销人除了需要面对原有的搜索、展示广告等广告体系之外，还需要面对自建渠道、社交渠道。客户在不同渠道上动态、随机穿梭，想要在营销策略上做到不漏、不重实在太难了。因此需要依靠数据和算法在异构渠道、碎片渠道上识别同一个客户。

品牌也希望把客户及其交易数据作为自己的数据资产沉淀下来，并进行深入研究，以形成基于数据的私有数字化营销能力。由此催生了建立品牌自有的统一营销策略、客户研究、数据资产管理方面的强烈需求。ID Mapping 曾经是公域平台上建设基础数据不可或缺的能力，如今在私域平台上同样需要。

8.2.1 设备标识与用户标识

ID（Identifier）是指用于识别用户的标识符。ID 大致分两类：标识设备的 ID 和标识客户的 ID。

1. 苹果 iOS 设备标识

- ❑ IMEI（International Mobile Equipment Identity，国际移动设备识别码）：即通常说的手机序列号，用于移动电话网络识别每一部独立的移动通信设备，相当于移动设备的身份证。序列号共有 15~17 位数字。iOS 5.0（2011 年 8 月份）之后被禁止调用。IMEI 写在主板上，重装 App 不会改变。

- ❑ UDID（Unique Device Identifier，苹果 iOS 设备的唯一识别码）：由 40 位十六进制数组成。IOS 5.0 后同样被禁止调用，从 2013 年 5 月 1 日起，试图访问 UID 的程序将不再被审核通过，替代的方案是使用 IDFV 或 IDFA。

- UUID（Universally Unique Identifier，通用唯一识别码）：UUID 基于 iOS 设备上面单个的应用程序，只要用户没有完全删除应用程序，这个 UUID 在用户使用该应用程序的时候就一直保持不变。如果用户删除了这个应用程序，然后再重新安装，那么这个 UUID 就会发生改变。用户删除了某一服务商的程序后，该服务商基本上无法再获取之前关联的数据。

- OpenUDID：不是苹果官方提供并且不受苹果控制。UDID 被弃用后，广大开发者寻找的一种替代方案。如果用户完全删除全部带有 OpenUDID SDK 包的 App（比如恢复系统），那么 OpenUDID 会重新生成，而且与之前的值不同。

- MAC（Media Access Control Address，媒体访问控制地址）：网卡的硬件标识，唯一标识网络设备。

- IDFA（Identifier For Advertising）：iOS 独有的广告标识符。在苹果禁止访问 UDID 后提供的另一套与硬件无关的标识符，用于检测广告效果，同时保证用户设备不被 App 追踪。用户可以重置、还原 IDFA，也可以打开"限制广告跟踪"设置，但这会导致商家没有办法长期跟踪用户行为。

- IDFV（Identifier For Vendor，应用开发商标识符）：是 iOS 6 中新增的，用于应用开发商标识用户。同一个设备在同一个应用开发商的多个应用里，共享同一个 IDFV。在同一个 Vendor 的所有 App 被卸载后，IDFV 会被重置，再重装此 Vendor 的 App，IDFV 的值和之前不同。IDFV 适合分析用户在应用内的行为。

2. Android 设备标识

- IMEI：同 iOS 中的 IMEI。Android 6.0 以上的系统需要用户授予 read_phone_state 权限，否则用户无法获得 IMEI。
- MAC（Media Access Control Address，媒体访问控制地址）：网卡的硬件标识，唯一标识网络设备。Android 6.0 之后被禁止，若有应用尝试获取则会被判定为有害应用。
- ANDROID_ID：Android 特有的 ID，是一组在设备首次启动时系统随机生成的 64 位数字，并把这个数字以十六进制数字保存下来，这个十六进制数字就是 ANDROID_ID，当恢复出厂设置时会重置。
- ADID（Google Advertising ID）：功能跟 iOS 的 IDFA 相同，允许用户禁用和重置，由用户决定是否被追踪。通过 Google Service 可以获取 ADID，如果没有通过 Google Service，则获取不到 ADID。

3. Web 标识

客户在 PC 端和移动端的 Web 浏览器上通过 HTTP 或者 HTTPS 协议访问网站时，网站服务器可以在用户允许的情况下得到浏览器的 Cookie 信息。

Cookie 是浏览器与服务器保持活动状态同步的信息，是为了辨别用户身份、进行 Session 跟踪而存储在用户本地终端上的数据。Cookie 通常会经过加密处理。

从时效性来看，目前大多数 Cookie 是临时的。临时的 Cookie 只在浏览器上保存规定的时间，一旦超过规定的时间，该 Cookie 就会被系统清除。如果用户清除了浏览器的浏览数据，Cookie 也将被清除。

4. 用户标识

除了设备标识之外,用(客)户在与品牌交互过程中,可通过注册、登录、微信授权、支付等操作获取客户标识。

- 邮箱地址:客户注册、登录、咨询、开发票等操作可获取邮箱地址。
- 电话号码 Phone_Number:客户注册、登录等操作可获取电话号码。
- 微信 OpenID:在微信体系中,客户授权或微信支付可获取 OpenID。只要获得 OpenID 就可以获得用户的一些信息,如所在城市、省份、国家,以及用户性别等。
- 微信 UnionID:同一客户在同一个微信开放平台下的不同应用上 UnionID 是相同的。
- 客户支付宝账号:通过用户支付宝进行支付,企业可得到客户支付宝账号。
- 买家的支付宝唯一用户号:2088 开头的 16 位纯数字,客户通过支付宝进行支付,企业可得到买家的支付宝唯一用户号。

8.2.2 ID Mapping 的 3 种方法

客户在不同渠道与品牌交互的过程中会留下不同标识。ID Mapping 的主要目的是把客户不同渠道上的标识拉通以此来识别同一客户,消除数据孤岛,提供客户的完整信息视图。这样一方面可以全方位了解客户旅程;一方面可以针对同一客户在不同渠道接触品牌时,精准地与客户进行互动。

ID Mapping 的方法有如下三种。

1. 基于统计学的 Mapping 方法

对客户出现在不同触点时的 ID 进行关联，可形成一个客户的统一 ID 视图，进而得到一个全局的 Global_ID，以标识一个唯一的客户，并由此建立 Global_ID 与 IMEI、MAC、Phone_Number、IDFA、OpenUDID、OpenID 等 ID 的相互映射关系。

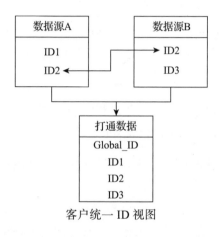

客户统一 ID 视图

有的数据源会同时具备多种 ID 类型，其中一种是该数据源的主 ID 类型。例如，在微信 OpenAPI 中，可以获取到用户的 OpenID，如果用户注册为品牌主的会员并且进行了授权，则还可以获得用户的手机号。在这种情况下，如果某两个数据源同时具备某个 ID，则它们之间可以通过这个 ID 关联起来，如下图所示。

这种直接打通方式对技术的要求并不高，在了解清楚各数据源的字段表结构之后，一般只需要做数据源的清洗、去重和关联即可将其打通。

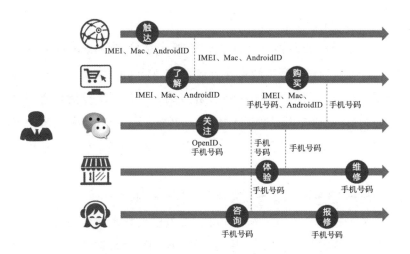

通过不同 ID 打通用户在各个渠道的信息

2. 借助第三方数据能力进行 ID Mapping

在某些情况下，仅凭借品牌主的第一方数据源是很难实现 ID 打通的。例如，品牌主投放了大量的媒体广告，产生了曝光和点击数据，这些数据通过 DeviceID 来标识客户，在广告投放的同时，品牌主的天猫旗舰店产生了很多订单，通过 DataBank 和用户授权，品牌主获取到了用户的手机号码。但是，如果要分析具体是哪些广告曝光让用户最终在天猫产生了购买，就需要把广告曝光的 DeviceID 和购买的手机号打通，而品牌主一般没有某个第一方数据源同时具备手机号和 DeviceID 的关联关系，在这种情况下就需要借助第三方的数据能力。

目前市场上可以提供第三方数据并辅助品牌主进行 ID Mapping 的服务商鱼龙混杂，在考核该类服务商时，除了打通率和准确性等技术指标外，非常重要的考虑因素是合法性和合规性。

3. 模糊 ID Mapping

刚才介绍的两种 ID Mapping 都属于精确 ID Mapping 的解决方案。一般通过第三方数据能力进行 ID Mapping 需要产生额外的费用。在没有充足的 Mapping 预算、第一方数据源只能打通一定比例的 ID 且存在大量数据无法打通的情况下，需要有补充解决方案以满足上层业务的需求。模糊 ID Mapping 一般就应用于这样的场景。

模糊 ID Mapping 通常需要借助数据挖掘和建模能力。例如，借助某些弱关联关系（例如 IP 地址）判断消费者的行为模式。如果在某一规定的延时内，同一 IP 在不同的两个数据源产生的两次行为，经过判断具备相同的消费者行为模式，则可以在一定置信度下判断为是同一个消费者。以上仅是一个模型判断的逻辑举例，为了提高判断的准确度，可以继续为模型添加其他的判断维度。一般来说，纳入的判断维度越多，准确度就越高，但能够关联打通的数据比例会越低。具体的维度数量需要品牌主和服务商共同协商和测试来确定。

8.2.3 ID Mapping 的 6 个注意事项

1. 区分不同的打通层次

在某些情况下，我们会看到一些品牌主在沟通需求的语境中总是把消费者作为一个目标。我们知道，消费者和设备并不能直接对等，一个消费者往往具有多个设备，例如在办公的时候使用笔记本电脑，在休闲娱乐的时候使用手机，在家中看剧的时候使用平板电脑，甚至有些人因为业务需要会同时使用多部手机。

ID Mapping 首先打通的是同一设备在使用不同的应用时

的不同 ID，例如浏览各种 App 时的设备 ID、使用浏览器时的 CookieID、使用微信时的 OpenID、打电话时的手机号等，其次才是对消费者所拥有的若干设备进行识别，并关联到同一个消费者身上，即设备关联打通，这是比 ID 打通更深层次的需求。

设备关联打通一般有 2 种解决方案：

（1）通过账户体系可以将同一用户的不同设备进行打通

如果用户在不同设备上都登录过该账户，则可以将两个不同的设备打通，一旦打通一次则长期有效。可以利用品牌主第一方账户体系进行打通，或者借助第三方的服务进行打通。如果第三方宣称自己可以做该类型的设备关联打通，则需要判断该服务商是否具备庞大的账户体系，并且是否对不同类型的设备和操作系统都有采集能力。

（2）模糊打通的解决方案

通过建模的方法和行为模式等判断不同设备是否属于同一消费者，但这种方法还处在理论层面。消费者在不同终端类型上往往处于不同的场景中，其行为特征是有显著差异的，因此这种判断的准确度需要进一步验证，品牌主需要有自己的判断。

打通层次关系示意如下所示。

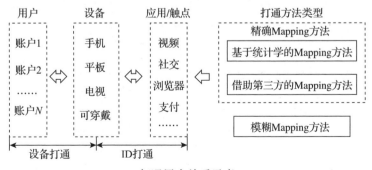

打通层次关系示意

2. ID 之间是多对多的关系

很多品牌主认为 ID 是一对一的关系，实际并不是，ID 之间往往是多对多的关系。以最常用的手机号和设备号的对应关系为例，手机号和设备 ID 是多对多关系。

- ❏ 手机号是与 SIM 卡相关的，如果你到电信营业厅办了一张新的 SIM 卡，其中会存储你的手机号，某些消费者会由于优惠套餐的推出而更换手机号。
- ❏ IMEI 号是和手机关联的，如果换了手机号但没有换手机，则不同的手机号会对应相同的 IMEI 号。
- ❏ 用户的换机周期是 1~2 年，换机后手机号没有改变，则相同手机号会对应不同的 IMEI 号。
- ❏ 如果考虑一些异常情况，例如，"羊毛党"会用同一手机更换不同的手机号来获取品牌主的活动优惠，这也就产生了同样的 IMEI 对应不同手机号的情况。
- ❏ 一些双卡双待的机型也存在同样的 IMEI 有两个不同的手机号的情况。
- ❏ 一些非正规的手机的 IMEI 号是相同的，这些手机卖出后，就会产生同样的 IMEI 对应大量不同手机号的情况。

我们做过统计，平均一个手机号对应的 IMEI 号的个数见下表。

手机号与 IMEI 号的对应比例

手机号对 IMEI 的个数	占比
1 对 1	76.72%
1 对 2	15.94%
1 对 3	4.13%
1 对 4	1.26%
1 对更多	1.95%

对于品牌主来说，肯定希望用相同的广告预算购买到更多 UV 的曝光机会。在实际操作中将曝光给了不同的 DeviceID，而这些 DeviceID 背后却可能是同一个消费者。通过上表我们看到，一般来说会有 20% 的曝光机会因重复浪费了。如要解决这个问题，就需要维护多对多的 IDGraph 关系，并维护不同 ID 之间的关联关系权重，广告曝光时，选取用户最常用的设备进行曝光，这样不仅可以保证触达率，还可以避免因为重复曝光造成的浪费。

3. ID 持久化有一定期限

对于品牌来说，如果希望和一群消费者保持持续沟通，并从 AIPL 生命周期的认知 A 阶段，逐步推进到购买 P 阶段，甚至产生多次的复购并持续产生价值，那么品牌肯定不希望用来标识该消费者的 ID 是经常变化的。如果持续沟通无法通过某个标识来维系，那么对消费者持续运营的价值就会打折扣。

在实际情况下，ID 确实是不稳定的：Cookie ID 的有效期一般是 1 个月；DeviceID 的持续性相对好一些，但是也会存在改变的情况，这在前面介绍过。

一些大数据公司也在尝试做一些用户 ID 持久化的工作，比如在用户设备中植入某个持久 ID，这样可将改变后的 ID 关联到持久 ID 下，从而维护一个稳定的客户关系。但是，随着 Android 和 iOS 操作系统对数据获取的把控越来越严，对非硬件厂商来说，ID 持久化的难度在加大。

品牌主一般来说主要通过第一方账户体系实现消费者 ID 的持久化。这也是营销领域开始重视会员体系，并对客户进行持续运营的原因。一般来说，当客户生命周期价值（LTV）和消费频次达到一定门限时，就有必要建立长期账户体系来进行客户运营了。

4. CookieID 的打通

Cookie 不仅有效期比较短,在使用时也有非常多的限制,如果没有考虑到这些,将导致打通率比较低。主要限制包括:

- 不同浏览器(如 Internet Explorer、Chrome、Firefox 等)对 Cookie 的处理不一致,如果同一消费者通过不同的浏览器访问官网,则会产生不同的 CookieID。
- 用户如果禁止 Cookie,则 Cookie 不能建立。在客户端,一个浏览器能创建的 Cookie 数量最多为 300 个,并且每个不能超过 4KB,每个 Web 站点能设置的 Cookie 总数不能超过 20 个。
- Cookie 具有不可跨域名性。

扩展阅读: 很多网站都会使用 Cookie。例如,Google 会向客户端颁发 Cookie,百度也会向客户端颁发 Cookie。那浏览器访问 Google 会不会也携带上百度颁发的 Cookie 呢?或者 Google 能不能修改百度颁发的 Cookie 呢?答案是否定的。

Cookie 具有不可跨域名性。根据 Cookie 规范,浏览器访问 Google 只会携带 Google 的 Cookie,而不会携带百度的 Cookie。Google 也只能操作 Google 的 Cookie,而不能操作百度的 Cookie。

Cookie 在客户端是由浏览器来管理的。浏览器能够保证 Google 只会操作 Google 的 Cookie 而不会操作百度的 Cookie,从而保证用户的隐私安全。浏览器判断一个网站是否能操作另一个网站的 Cookie 的依据是域名。Google 与百度的域名不一样,因此 Google 不能操作百度的 Cookie。

需要注意的是,虽然网站 images.google.com 与网站 www.

google.com 同属于 Google，但是域名不一样，二者同样不能互相操作彼此的 Cookie。

5. 微信 OpenID、UnionID 的打通

OpenID 是微信中与用户身份唯一对应的标识，开发者可对此 ID 进行存储，便于用户下次登录时辨识其身份，或将其公众号/小程序中的原有账号绑定。

对于一个品牌主有多个子品牌公众号的情况，同一个用户，在不同子品牌的公众号中被分配了不同的 OpenID，如果需要把用户的数据打通，则需要通过 UnionID。UnionID 是为一个企业分配的，消费者在同一个企业下的不同公众号中具有相同的 UnionID。

对于开发团队而言，在接入微信并登录之初，往往会忽视用户的 UnionID，只记录 OpenID。这会导致后期账号打通时需要用户重新授权，运营成本增高，遇到此类问题的团队不在少数。

OpenID 和 UnionID 只能在品牌主第一方微信触点内打通，无法和第三方的 OpenID 和 UnionID 进行打通，这一点需要注意。微信体系还是一个相对封闭的体系。

6. 微博 UID 的打通

相对来说，微博的体系更加封闭，微博对于品牌主通过 OpenAPI 接口将自己官微的用户数据导回第一方平台的限制是比较多的，免费接口除了每日有数据条数的限制之外，还不提供导回指定范围的用户数据的能力。但是微博为付费接口提供了相应的服务，品牌主可以通过谈判获取一定的增值服务。微博 ID 无法和其他 ID 打通。

8.3 常见的增值数据模型

8.3.1 数据挖掘算法模型

很多介绍机器学习和数据挖掘的书并不适合业务人员看,这类书往往直接深入建模细节,而不是从业务场景和要解决的问题入手,比较晦涩难懂。所以本小节主要为业务人员梳理基本概念,帮助其了解如何选择和评估具体的模型。

1. 机器学习

机器学习本质上是一种数据分析技术,与传统的统计分析一样,不同之处是其借助了计算机来进行。机器学习模型也借鉴了很多传统的统计分析方法,只不过原来由数据分析人员进行的统计分析改为让机器完成,必然涉及一些算法的设计和改造。

机器学习并不依赖业务人员输入固定的规则,而是通过算法对输入模型的原始数据进行学习,发现其中的规律(知识),并得出相应的结果来解决问题。

机器学习根据学习方式的不同,分为监督学习、非监督学习、半监督学习、强化学习几种。

机器学习这门学科所关注的问题是:计算机程序如何随着经验积累自动提高性能。

2. 数据挖掘

数据挖掘是在大量数据中发现和挖掘我们想要的知识。机器学习是一种手段或者方式,数据挖掘是一种过程或者目的。

既然数据挖掘是一种过程,因此可以包含数据预处理、数据仓库处理、挖掘算法设计、算法评估等。

可以说，数据挖掘是机器学习应用的过程，数据挖掘过程中用到的挖掘算法就是利用机器学习的分析技术来实现的。

最终，数据挖掘是用来解决一系列问题的，要解决的问题可以分为：关联问题、分类问题、聚类问题、回归/预测问题、孤立点分析问题。

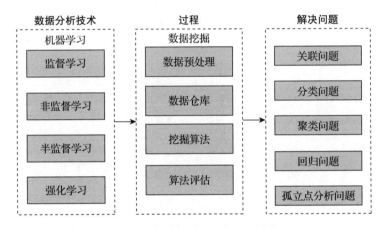

机器学习和数据挖掘的关系示意

3. 监督学习（supervised learning）

所谓监督学习，就是知道结果是什么样的，学习过程不会超出某几种范围。例如，是否购买了商品只有两种结果，即购买了某产品和未购买某产品。

监督学习通过学习不同特征的训练数据将数据划分为不同类别或者产生不同的具有规律性的结果，进而实现对新的特征数据进行分类或者预测不同的结果。

通过上面的描述可以看出，监督学习可以用来解决分类问题或回归问题（即预测问题）。

监督学习算法包括决策树分类法（Decision Tree）、朴素贝叶斯分类算法（Native Bayesian Classifier）、基于支持向量机（SVM）的分类器、神经网络法（Neural Network）、k-最近邻法（k-nearest neighbor，kNN）等。

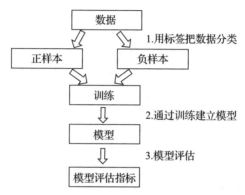

监督学习逻辑示意图

4. 非监督式学习（unsupervised learning）

所谓非监督学习是指结果并不可预知，需要计算机自己发现数据中的规律，把相似的数据归属或关联在一起，从而解决相应的问题。我们在日常生活和工作中经常遇到这样的问题。

例如，经典的啤酒和尿布问题。超市的数据分析人员发现，在用户的购物篮中，啤酒和尿布往往被同时购买，这是因为新爸爸们去超市为宝宝采购尿布的时候，顺便也会买几瓶啤酒。超市把啤酒和尿布放到相邻的货架后，啤酒的销量有显著提升。

如何知道哪些物品该摆放在一块？用户在购买了某一个商品的情况下会购买另一个商品的概率有多大？这就要利用关联数据挖掘的相关算法来解决。而哪些商品之间存在关联性是事先不知道的，所以这是一种典型的非监督式学习问题。

再例如，品牌不知道自己从广告和营销中新获取的客户都属于什么类型，现在希望把他们区分出来，即按相似性把客户分为几类，后续可以针对不同人群来推送不同的产品。这是一个聚类问题，也属于非监督式学习问题，因为人群分为什么类型事先也是不知道的。

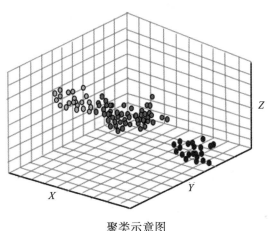

聚类示意图

通过上面的描述可以看出，非监督学习可以用来解决关联问题或聚类问题。

常用的关联挖掘算法包括 Apriori、FP-Growth 及 Eclat 等。

常用的聚类挖掘算法包括 K-Means；属于划分法的 K-MEDOIDS 算法、CLARANS 算法；属于层次法的 BIRCH 算法、CURE 算法、CHAMELEON 算法等；基于密度的 DBSCAN 算法、OPTICS 算法、DENCLUE 算法等；基于网格的 STING 算法、CLIQUE 算法、WAVE-CLUSTER 算法等。

5. 半监督式学习（semi-supervised learning）

在现实世界中，我们处理问题的时候，往往没有大量完全被标注的训练数据，训练数据比较混杂，可能部分被标识，而另一部分没有被标识。在这种情况下要解决分类和回归（预测）问题，就需要在原来监督学习算法的基础上进行一定的改进，即首先对未标识数据进行建模，在此基础上再对有标识的数据进行分类或预测。

半监督学习主要用来解决分类和回归（预测）问题。

常用的半监督学习算法包括图论推理算法（Graph Inference）和拉普拉斯支持向量机等。

6. 强化学习（Reinforcement Learning）

在这种学习模式下，输入数据是对模型的反馈，而不是像监督模型那样，输入数据仅作为一个检查模型对错的方式。在强化学习下，输入数据直接反馈到模型，模型必须对此立刻做出响应。

我们在现实生活中经常会遇到没有大量历史数据来进行监督式模型训练的情况，此时需要在模型应用中根据反馈结果随时迭代和优化模型。强化学习采用的就是边获得样例边学习的方式，在获得样例之后再更新自己的模型，利用当前的模型来指导下一步的行动，在下一步行动获得反馈后再更新模型，如此不断迭代，直到模型收敛。

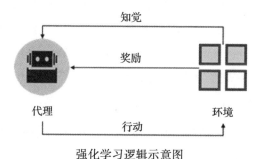

强化学习逻辑示意图

强化学习常见的应用场景包括动态系统及机器人控制。

强化学习常见算法包括 Q-Learning 和时间差学习（Temporal Difference Learning）。

8.3.2 第一方标签构建及模型

随着流量焦虑的逐渐升级，越来越多的企业开始追求对存量用户进行精细化运营，以尽可能延长客户的生命周期，并且在客户生命周期中尽可能产生商业价值。

在创建产品的早期，定义客户是第一要义，需要明确的是产品定位：目标客户是谁？他们的痛点是什么？他们有什么需求？我的产品怎么解决他们的需求？

在产品运营方面则要思考：目标客户是谁？他们的痛点是什么？我们要怎么打动他们？他们为什么要在竞品中选择我们？在一般运营活动中，怎么深入到客户使用产品的日常场景中并提高转化率？

给客户贴标签、为客户画像是大数据背景下做客户研究常用的方法。在数据→信息→知识这个转化过程中，客户标签将抽象的数据相对具象地应用在精准运营的各环节。研究并了解客户是日积月累的过程，技术埋点、问卷调查、第三方数据的支持都有助于运营人员对用户进行全面了解及研究。通过收集和分析用户的社会属性、生活习惯、消费行为，抽象出用户的商业全貌，能够让企业快速找到精确用户群体及场景中用户的需求。

合理准确的标签背后是企业对客户信息的全方位深入理解和认知，通过深入的数据分析和挖掘，洞察客户行为、喜好，给客户打上各种类型的标签，可以准确勾勒用户的立体画像。基于全方位的客户画像,可发现哪些潜在客户对营销活动响应度高、哪些客户并不是新产品的受众、哪些客户存在欺诈风险。

1. 标签的分类

标签体系由标签组织而成,标签可从三个维度进行分类。

(1) 标签值的组织形式

标签通常由标签及标签值构成,标签值从组织形式上可以分为单值标签、单权值标签、多值标签、多权值标签。

标签值组织形式举例

序号	标签值组织形式	标签	标签值
1	单值标签	性别	男
2	单值标签	年龄	23
3	单值标签	体重	60.13
4	单值标签	购买能力	高
5	单权值标签	预测性别	[1:0.99]
6	单权值标签	预测年龄	[23:0.99]
7	单权值标签	电视剧-喜爱度	[星际迷航:9.8]
8	多值标签	三围	[100,100,100]
9	多值标签	喜爱电视剧	[星际迷航,破冰行动,是的,大臣!]
10	多权值标签	闹钟设置概率分布	[1:0.98, 2:0.75, 3:0.75, 4:0.5, 5:0.3]
11	多权值标签	网站浏览偏好标签	[问答类: 0.55,交友类: 0.75]

通常预测类标签存在权重倾斜的情况。权重表征指数,可能表征用户的兴趣、偏好指数,也可能表征用户的需求度,可以理解为可信度或概率。在应用标签时需要结合标签评估情况考虑权重值如何选取。

(2) 标签值的类型

一般标签值的类型有枚举型、连续型、区间分桶型。

标签值类型举例

序 号	标签类型	举 例
1	枚举型	性别：（男，女）
2	连续型	体重：60.13
3	区间分桶型	年龄："0-18" "18-35" "35-60" "60-100"

（3）标签的时效性

从标签数据的时效性看，可将标签分为：

- ❏ **静态标签**：长期甚至永远不发生变化的标签，比如性别和出生日期。
- ❏ **动态标签**：存在有效期，需要通过数据更新来保证标签的有效性，比如用户购买力、用户活跃情况。

动态标签的调度方式可以分为计算周期、单次计算、实时。

- ❏ 标签计算调度周期可以分为日、周、月等；
- ❏ 单次计算通常是一次性调度任务；
- ❏ 实时标签是通过实时数据给用户打实时标签，常用于实时营销活动。

（4）标签计算方式

从标签计算方式来看，标签数据可以分为事实标签、模型标签、预测标签、衍生标签（又称组合标签）。

- ❏ **事实标签**：既定事实，从原始数据中提取。比如通过用户设置获取性别，通过实名认证获取生日、星座等信息。
- ❏ **模型标签**：需要通过定义规则或建立模型来计算得出标签数据，比如支付偏好、产品偏好。
- ❏ **预测标签**：参考已有事实数据来预测用户的行为或偏好。比如使用协同过滤算法做 Look-alike 人群扩散的商品推荐。

也会有用户留有实名认证信息是男性,但从以往购物行为看经常购买连衣裙、化妆品等产品的情况,从而推断其实际性别为女性。

❑ **衍生标签**:基于事实标签、模型标签、预测标签,根据营销活动或主题目标用规则定义并存储。

(5)标签数据结构

从标签数据结构存储看,标签可分为结构化存储和图形存储。

1)**标签结构化存储**:简而言之就是标签结构以结构化存储,以典型的 K-V(Key-Value)的方式进行标签及标签值存储。

标签结构化存储举例

标签分类	标签实例	标 签 值
客户人口属性	性别	男、女
	年龄	13、40、55
	生日	YYYY-MM-DD
	地区	北京、上海、南京
会员属性	会员等级	钻石会员、金牌会员、银牌会员
	是否付费	是、否
	入会途径	门店、微信公众号、航空联名
	会员忠诚度	高、中、低
客户行为	活跃状态	新客户、活跃客户、沉睡客户、流失客户
	用户价值	重要价值、重要唤回、重要深耕、重要挽留、潜力、新客、一般维系
	终端类型	iOS、Android
	是否关注小程序	是、否
	是否关注公众号	已关注、未关注、已取关

2)**标签图形存储**:标签结构以图方式存储,典型的存储方式是家庭圈、朋友圈、交往圈。其中,家庭圈示意如下图所示。

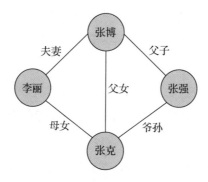

图数据库存储标签结构

在对此类客户进行研究及洞察时,通常以群体为研究对象,在群体标签的基础上再丰富个体关系,最终达到用群体洞察群体营销的目的。

2. 第一方标签体系构建方法

第一方标签体系构建方法如下图所示。

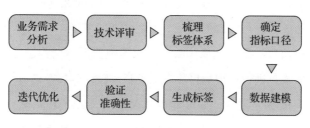

第一方标签体系构建方法

首先强调以业务目的为导向来设计标签体系,由业务需求来推导标签体系的设计,以客户的场景、运营的策略驱动对需求框架的梳理。如果业务需求以客户运营为目的,那么标签体系将从潜客培育、新客促活、存量留存、客户价值提升、沉默唤醒、流失预警、客户感知等方面来建立。如果业务需求以做个性化推荐为目的，那么标签体系将从消费能力、品类偏好、产品偏好、权益偏好、内容偏好、地域属性等方面来建立。

在明确业务需求后，可以找到对业务需求最有价值的客户观测方向，有针对性地根据业务需求梳理标签需求。

针对标签需求进行技术可行性评审，并梳理出标签体系及标签策略。明确标签计算的口径，需要与业务部门确认业务口径，与IT部门确认技术口径。然后进入标签开发阶段，由数据科学家完成数据建模。数据科学家完成建模准确性验证及性能调优后，标签便可上线了。

最后上线的标签需要在实际生产过程中进行效果评估并不断迭代优化，以保证标签的有效性。

3. 第一方标签体系构建

第一方标签体系因为行业或业务的不同也存在差异，具体划分需要结合业务进行。

一般而言，用户画像体系都是以类似树形的结构进行设计的，故可根据业务进行一级类目、二级类目、三级类目等进行划分。

梳理标签分类时，尽可能遵从 MECE 原则，相互独立，完全穷尽。确保每一个子类目组合都能覆盖到父类目所有数据。标签类目深度控制在四级比较合适，第四级就是具体的标签实例，比如性别标签。

下图所示是标签体系的举例。该标签体系一共分三个层级：

第 8 章 Martech 实战进阶——大数据生态的深度解读

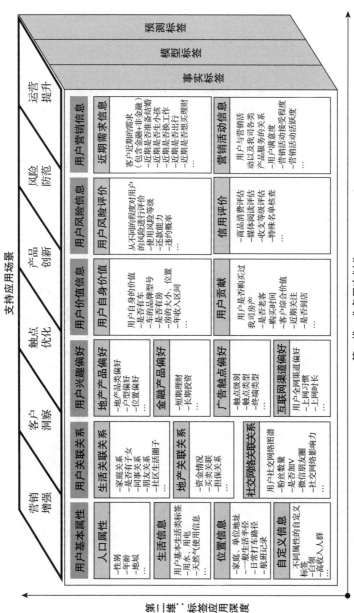

标签体系举例

- 第一层级：按业务层次划分，包括用户基本属性、用户关联关系、用户兴趣偏好、用户价值信息、用户风险信息、用户营销信息。
- 第二层级：按标签应用类别划分，包括人口属性、产品偏好、用户价值、用户风险评价等。
- 第三层级：具体的标签实例。

一般而言，标签体系应从业务角度进行划分，每个层级类目中都会包含事实标签、模型标签和预测标签。

4. 算法模型解读

一般而言，在用户研究领域常用的算法主要分六大类。

（1）分类方法

分类方法的目的是通过类标签对训练集建立一个分类函数或分类模型（常称为分类器），再使用分类模型对目标数据集的类标签未知的数据进行归类。

分类在数据挖掘中是一项重要的任务，分类是过程，预测才是目的。在客户研究方向上分类方法比较典型的应用场景是通过输入的样本数据集找到客户特征，使用模型训练的特征在输入的目标数据集中找到与特征匹配的潜在客户。

分类方法的典型应用有：客户流失预警、潜客获取、客户偏好预测、客户信用分析、潜在风险识别、垃圾邮件识别、疾病识别。

分类方法的典型算法有：朴素贝叶斯、KNN、支持向量机、决策树、逻辑回归、线性回归、神经网络、随机森林、梯度提升树。

（2）聚类方法

"物以类聚，人以群分"，聚类的用途非常广泛。在生物学中，聚类可以辅助动植物分类方面的研究，通过对基因数据的聚类，找出功能相似的基因；在地理信息系统中，聚类可以找出具有相似用途的区域，辅助石油开采；在商业上，聚类可以帮助市场人员对消费者的消费记录进行分析，从而概括出每一个消费者的消费模式，实现客户分群。

聚类方法就是将数据对象分成多个类或簇，划分的原则为在同一个簇中的对象之间具有较高的相似度，而不同簇中的对象差别较大。与分类不同的是，聚类操作中要划分的类是事先未知的，类的形成完全是数据驱动的，属于一种无监督的学习方法。

聚类方法的典型应用：客户细分、文本分类、基因分类。

聚类方法的典型算法：K-平均（K-means）、K-中心点（K-medoids）。

（3）时间序列预测方法

时间序列挖掘是数据挖掘中的一个重要研究分支，有着广泛的应用价值。研究时间序列的主要目的是进行预测，根据已有的时间序列数据预测未来的变化。时间序列预测的关键是确定已有的时间序列的变化模式，并假定这种模式会延续到未来且不考虑事物发展的因果关系，仅通过时间序列数据描述现象随时间发展变化的特征。

时间序列预测通过对历史行为进行客观分析，以揭示其内在规律，比如波动周期、振幅、趋势的种类等，进而完成预测未来的工作。人们希望通过对时间序列的分析，从大量的数据中发现和揭示某一现象的发展和变化规律，或从动态的角度刻画某一现象之间的内在数量关系，以掌握和控制未来行为。

时间序列通常被应用于宏观的经济预测、市场营销、客流量分析、客单价预测、月降水量、河流流量、股票价格波动。时间序列的研究需要依据合适的理论和技术进行。时间序列的多样性表明，其研究需要结合序列特点来找到合适的建模方法。

时间序列预测的典型算法：ARIMA、指数平滑法、线性预测线性预测（linear prediction）、加法模型（additive model）、乘法模型（multiplicative model）。

（4）关联推荐方法

关联推荐有两种算法分类：

- **关联规则挖掘**：关联规则挖掘是数据挖掘中最活跃的研究方法之一。最初是针对购物车分析提出的，目的是发现不同商品之间的联系规则，即在大量的买家交易记录中获得有关客户购买模式的一般性规则。这些规则刻画了客户的购买行为模式，可帮助找到客户的共同特征，即消费者常会同时购买哪些产品（例如游泳衣、防晒霜），从而帮助商家对客户进行交叉销售。关联规则挖掘的典型算法为 Apriori、FP-growth。这两个算法在处理大数据时都存在缺陷。

- **协同过滤算法**：推荐系统可以根据与你有共同喜好的人的数据来给你推荐、根据你喜欢的物品找出与此物品相似的物品给你推荐、根据你搜索的关键字来给你推荐、通过场景化的条件组合给你推荐，以上推荐场景通常使用协同过滤算法（Collaborative Filtering）完成。所谓协同过滤，就是借鉴与你相关的人群的信息来进行推荐。在实践中，基于用户的协同过滤算法和基于 Item 的协同过滤算法是最常用的两种协同过滤技术。

总结来说，协同过滤是推荐系统中实际应用的名称，其理论基础之一是数据挖掘中的关联规则。关联规则直接从数据中挖掘潜在的关联，与个人的偏好无关，忽略了个性化的场景，适用于超市购物、汽车导航和交通规划等。协同过滤的过程是先协同，找到相似的人或物，再过滤，使用户注重个性化的场景，如音乐电影之类。具体一点说就是，基于用户的协同过滤适用于物品数量大于用户数量的情况，如新闻、博客等信息类推荐系统；基于物品的协同过滤适用于用户数量远大于物品数量且物品数量相对稳定不会频繁更新的情况，如电子商务等在线网站。

（5）综合评价方法

综合评价方法的目的是利用多个指标对某个评价对象的某种属性进行定性、定量评估。当然也可对多个评价对象的属性进行定性、定量评估，可按优劣进行排序。

通常使用的场景：客户满意度评价、客户标签贡献度计算、客户资产评估、城市/公司综合实力评价。

综合评价方法的典型算法：主成分分析法、模糊评价法、熵权法、变异系数权重法。

（6）神经网络

在现实生活中，许多输入和输出之间的关系是非线性的、复杂的。比如在对客户进行研究时，真实的客户购买决策的影响因素是复杂的，其中有许多潜在因素，包括一些已知的和未知的。

神经网络有能力学习和构建非线性的复杂关系的模型，在对初始化输入及其关系进行学习之后，它也可以推断出未知数据之间的未知关系，从而使得模型能够推广并且预测未知数据。与许多其他预测技术不同，神经网络不会对输入变量施加任何限制（例如：如何分布）。此外，许多研究表明，神经网络可以更好地模拟异方差性,即具有高波动性和不稳定方差的数据,因为它具有学习数据中隐藏关系的能力,而不在数据中强加任何固定关系。这在数据波动非常大的金融时间序列预测(例如,股票价格)中非常有用。

神经网络在客户研究领域较常用的场景有:客户金融风险预测、客户销售线索评估等。

5. 标签评估

第一方搭建标签体系后需要对标签进行评估,针对评估效果不好的、使用率低的标签要进行调整或下线处理。针对标签的评估有两个层面:

1)**基于数据的评估**:通常使用准确率、查准率、查全率三个指标对标签进行评估。

- **准确率**:分类正确的样本数与样本总数之比。
- **查准率**:被正确检索的样本数与被检索到的样本总数之比。
- **查全率**:被正确检索的样本数与应当被检索到的样本数之比。

2)**根据业务使用情况进行评估**:不参与营销的标签可以从使用者的角度进行评估,比如利用使用频次、收藏次数等进行评估;参与营销的标签可以从转化率各环节进行评估。

8.3.3 客户运营领域的几个关键模型

除了可以通过数据挖掘和机器学习构建算法模型外,还可以通过一些业务模型来帮助企业进行客户认知,从而辅助完成对客户的数字化运营。

1. 利用 RFM 模型对客户进行价值分层

RFM 模型实际上属于客户价值模型中的一种。客户价值模型有两个方向：

- 基于客户生命周期，也就是基于时间周期和客户的成长路径进行生命周期模型的构建。
- 基于客户行为进行客户价值模型的构建，其中的典型代表就是 RFM 模型。

RFM 由 Recency、Frequency、Monetary 三个单词的首字母组成。

- R：最近一次消费，代表用户最后一次消费距离当前的时间，这个时间越短越好。
- F：消费频次，用户在一段时间内消费产品的次数，重点是我们对"一段时间"的定义。
- M：消费金额，代表用户的价值贡献。

由 RFM 模型得出最近一次消费、消费频次、消费金额这三个衡量客户价值的标准。每个衡量标准可以定义多个档位，随着档位增加，客户价值分类的个数也会增加。

客户价值档位及分类数

档位数	价值分类个数
两档位	8
三档位	27
五档位	125
……	……

以两个档位为例，如下图所示。

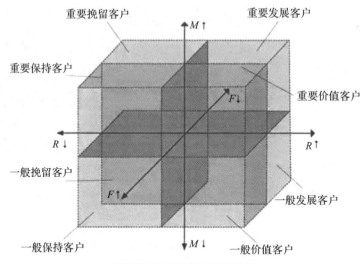

两档位用户价值分类示意图

通过对价值分类的定义，我们可以将客户映射为价值分类中的一类，进而有针对性地制定客户的运营、营销策略。

当然 RFM 模型并不仅适用于消费类领域，其他领域同样可以使用，只要我们可以找到与 R-F-M 相对应的关键业务指标。比如：

- R：最近一次登录时间、最近一次发帖时间、最近一次投资时间、最近一次观看时间。
- F：浏览次数、发帖次数、评论次数。
- M：充值金额、打赏金额、评论数、点赞数。

构建 RFM 模型的步骤：

（1）定义 R、F、M 三个维度下的指标。

（2）定义 R、F、M 的评估模型与中值。

（3）进行数据处理，获取 R、F、M 的值。

（4）参照评估模型与中值，对用户进行分层。

（5）针对不同层级用户指定运营策略。

2. 留存曲线

留存曲线是最简单的衡量用户增长的模型，它将留存率（或者留存数）按照时间线性排列。

绘制留存曲线需要考虑如何衡量留存，这涉及时间和事件两个因素。

根据产品形态，我们可以将时间粒度定义为日、周、月、季度等。比如，电商和旅游产品的留存衡量周期不同、餐饮和物业留存周期衡量周期也不尽相同。

另外，需要考虑如何定义留存的客户事件。每天访问一次、登录一次、一个月5分钟通话、购买、ARPU大于20元都可以作为定义客户留存的事件。

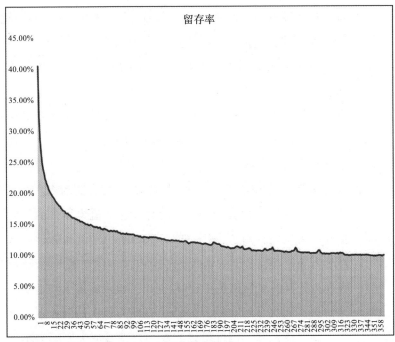

用户留存曲线

时间颗粒度、时间周期、由事件定义的留存指标，构成线性的留存曲线。同时，留存曲线也可以进一步根据品类、产品、渠道等进行拆解绘制。

针对留存曲线我们可以有以下这些分析思路和角度：

- **单日不同客户生命周期内留存变化曲线**：通过统计某日新增、活跃、产生特殊行为、满足特定条件的用户在未来一段时间内的留存变化曲线，总结客户从新增到流失的时间周期，并找到留存率明显下降的关键环节。同时，通过对比各个渠道、活动、关键行为的客户后续留存变化，发现提升客户留存率的影响因素，例如领取过优惠券的客户留存率比没有领取优惠券的客户留存率更高。

- **特定留存周期不同维度留存人数的对比分析**：通过对比不同统计维度下特定周期的留存人数变化情况，例如渠道 A 和渠道 B 新增的用户在新增第 7 天的留存情况，找出特定周期下的用户变化规律。

- **用户流失节点分析**：可以通过用户行为分析统计用户结束访问的节点，并尝试找出退出率高的访问节点，以针对性地查看原因。

- **典型留存/流失用户分析**：针对流失高或留存高的用户群组进行一对一的用户行为分析，统计留存或流失用户的行为特征，特别是针对流失用户的行为分析总结流失原因，从而提升留存率。例如，新增后次日流失的用户的行为特征表现为打开首页后浏览了 30 秒退出，也没有进入频道页和详情页；而次日留存用户的特征表现为首次访问大于 3 分钟，浏览路径深，因此可以判断用户次日流失原因为不了解产品能力，此时需要加强用户引导。

3. Cohort Analysis

Wikipedia 对 Cohort Analysis 的定义是这样的：Cohort Analysis 是行为分析的子集，针对给定的数据集（如从电商平台、Web 应用、在线游戏等渠道采集的数据），Cohort Analysis 不是将所有客户视为一个独立单元，而是将客户分成相关组进行分析。这些客户群体通常在某一时间范围内具有共同的特征。

Cohort Analysi 还没有统一翻译的名称，常见的翻译版本有：群体分析、分组分析、同类群分析、队列分析、世代分析、队列时间序列分析等。其本质上是对细分群体做时间序列上的指标追踪。当日新增客户按日进行追踪留存 Cohort Analysis 的表格，如下图所示。

Acquisition Date	Users	Day 0	Day 1	Day 2	Day 3	Day 4	Day 5	Day 6	Day 7	Day 8	Day 9	Day 10
Jan 25	1,098	100%	33.9%	23.5%	18.7%	15.9%	16.3%	14.2%	14.5%	13.3%	13.0%	12.1%
Jan 26	1,358	100%	31.1%	18.6%	14.3%	16.0%	14.9%	13.2%	12.9%	14.5%	11.3%	
Jan 27	1,257	100%	27.2%	19.6%	14.5%	12.9%	13.4%	13.0%	10.8%	11.4%		
Jan 28	1,587	100%	26.6%	17.9%	14.6%	14.8%	14.9%	13.7%	11.9%			
Jan 29	1,758	100%	26.2%	20.4%	16.9%	14.3%	12.7%	12.5%				
Jan 30	1,624	100%	26.4%	18.1%	13.7%	15.4%	11.8%					
Jan 31	1,541	100%	23.9%	19.6%	15.0%	14.8%						
Feb 01	868	100%	24.7%	16.9%	15.8%							
Feb 02	1,143	100%	25.8%	18.5%								
Feb 03	1,253	100%	24.1%									
All Users	13,487	100%	27.0%	19.2%	15.4%	14.9%	14.0%	13.3%	12.5%	13.1%	12.2%	12.1%

新增客户按日进行追踪留存 Cohort Analysis 的表格

第一列是分组的维度，细分新增客户为日粒度。

第二列是当日的新增用户数。

其余列为对应分组下的用户留存率。

可以看出，Cohort Analysis 表格就是在制定被观察的客户的细分分组：先定义追踪指标，再定义客户细分分组，最后定义时间粒度。通过 Cohort Analysis 表格可进行可视化展示，找到分组特征。

Cohort Analysis 是一种简单成熟的分析方法，不但能明确客户在什么时候离开了产品，而且能进一步明确客户为什么离开，以帮助我们找到优化产品的方法。

8.3.4 销售线索评估模型

销售线索评估模型是一个系统工具，通过综合分析每条销售线索与成单的距离来综合评估销售线索的质量。从销售漏斗图的角度看，线索评分的目的是确定这些销售线索在漏斗中的位置，评分越高，成交概率就越高，也就越接近漏斗最底端；评分越低，就越接近漏斗的顶端。

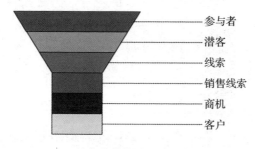

销售线索漏斗示意图

销售线索评估模型通常是依据事先定义的若干指标，从客户的许多交互行为（包括阅读了电子邮件、访问了重要网页、填写了销售线索表单、下载了高价值内容等）中了解潜在客户对产品的兴趣和购买意愿的程度。依据不同指标进行评分，根据评分结果综合制定不同线索的处理方案。

在数字信息时代,企业随时追踪客户与企业的官网、App、邮件、H5 的互动行为,并可以通过数字化手段评估互动结果,销售线索评估还可以帮助提高线索培养的效率。

1. 销售线索评估的维度

销售线索评分可分两个维度进行评估:身份评分和行为评分。潜在线索评估将身份评分和行为评分结合起来确定最优的销售线索。可以根据客户的潜在需求和兴趣等级来确定线索的优先级,帮助销售团队以最高效、最低成本的方式来确定努力方向。

(1)身份评分

身份评分即确定:这个潜在客户是谁?这个潜在客户是否适合?也就是所谓的显性评分。依据通过在线表格或注册等手段收集的显性或共享信息进行评分。可以分为正面(加分项)评分和负面(减分项)评分。

1)正面评分:

- 人口统计信息,包括职位、工作角色、工作年限、经验值、地点等。
- 企业数据,包括公司名称、公司规模、公司位置、营业收入、部门数量、产品或服务数量、服务区域、行业产品或服务数量、投融资情况等。
- BANT 信息:
  - 预算(Budget):线索所涉人员能支付得起你的产品或服务吗?
  - 权限(Authority):线索所涉人群得到授权能购买你的产品吗?

- 需要（Need）：你的产品/服务能解决痛点吗？
- 时间（Time）：线索所涉人群的购买时间线怎样？该时间线与你的销售周期是否一致？

2）**负面评分**：当线索所涉人群的邮箱地址为非官方的、手机号是空号、公司不存在或购买角色有误时，可以为该线索减分。

（2）行为评分

行为评分即确定：这些人是否具备正确的兴趣方向？兴趣程度如何？通常考虑潜在客户都是通过什么渠道与我们进行交互的。也就是所谓的隐性评分。行为评分对于判断真正的购买需求至关重要。潜在客户与企业、产品、服务互动的频率是更有力的行为指标。

2. 构建销售线索评估模型的步骤

构建销售线索评估模型分4个步骤：

（1）构建身份评分模型

首先，确定4~5个显性的身份数据，并用其定义销售合格阶段的资格。

然后，根据重要性为这些身份信息类型赋予分值，如下表所示。

身份评分模型举例

分 类	评 分
痛点、需求、方法	35
职称	30
公司营收	25
线索资源	10
合计	100

最后，在每种身份信息类型中将分值对应到匹配等级，如下表所示。

身份评分等级举例

分　数	评　级
超过 75	A
51～75	B
25～50	C
小于 25	D

（2）构建行为评分模型

首先，确定隐性潜在客户与企业、产品、服务互动的数据类型，以定义销售合格阶段资格。

然后，确定这些显性数据类型的相对重要性。

最后，根据行为分配分值。

（3）综合评分

结合身份评分和行为评分，创建一个表格来展现根据身份匹配程度和行为匹配程度指标对线索的整体评分。

身份匹配程度，给出 1～4 四个数字，表示线索符合参与度评分标准的程度，1 代表最高参与度。行为匹配程度，给出 A～D 四个字母，表示线索与身份评分标准的匹配程度，A 代表最匹配。A1 表示最合格，D4 表示最不合格。

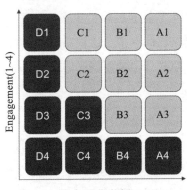

综合评分举例

（4）把销售线索评分结果应用到销售中

打分完成后就可以决定正确的跟进措施了，如将线索送入销售自动化系统进行优化和跟进或接纳其进入长期孵化计划。将评分分为两个维度后，营销和销售团队就可以对评分及后续跟进措施有更深的认识。比如，下表所示为销售线索评分与销售跟进措施的举例。

销售线索评分与销售跟进措施举例

分数	描述	跟进措施
A4	有需求但没兴趣的潜客	优先但需要特定的"为什么要现在购买"的信息提示
B1	匹配度高且有兴趣的潜客	转交给销售并立即跟进
C1	不理想但很感兴趣的潜客	继续培育线索并关注
D4	不合适且没兴趣的潜客	完成要求并排除

8.3.5 风控模型

对于一般金融业务来说，在进行风险判断时，有两个关键维度：用户还款能力和还款意愿。对还款能力的评估为信用评估，对还款意愿的判断为反欺诈评估。相比二者的重要程度，反欺诈评估优先级更高，因为大数据风控目前更多应用于小微互金贷款领域，欺诈风险会比较高，因此更多是还款意愿的控制。

下面分别对反欺诈评估和信用评估进行介绍。

1. 反欺诈评估

反欺诈评估目前一般分四种层次：

- ❑ 规则：根据经验总结规则，形成规则库；基于规则的主要手段是交叉验证，即通过证件、通信行为、GPS定位数据、指纹、面部等信息进行交叉验证，以便保证客户的真实性。

第 8 章 Martech 实战进阶——大数据生态的深度解读

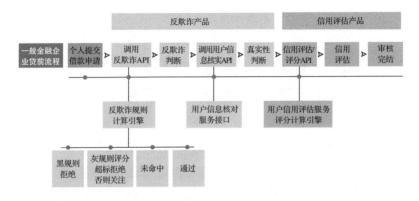

- **黑名单和灰名单**：基于以往发生的行为进行名单匹配，对于黑名单客户需要直接拒绝，对于灰名单客户需要进一步判断。
- **机器学习模型**：利用模型发现过去一些违反常识的用户所具有的规则，再应用于后续的新客户验证。
- **异常检测**：通过对客户发生行为的监测，可以发现异常模式，并识别和进一步排查异常用户。这种检测可以发现新的异常模式，实时性比较强。

下面分别对这四个层次的评估进行展开介绍。

（1）基于规则的反欺诈评估

通过规则进行交叉验证需要调用多方数据源接口，根据这些接口反馈的信息的一致性程度来判断一个客户的欺诈风险高低。一般会通过以下信息进行交叉验证（下述信息查询都需获得用户授权）：

1）**身份信息验证**：身份信息验证主要是进行用户的四要素信息的一致性判断。用户的四要素信息包括姓名、身份证号、银行卡号、手机号。有些平台还需增加手机号验证码。通过四要素信息验证可对用户身份做出基本判断。

- 系统通过将用户姓名、身份证号码与公安系统内的信息做比对，对用户身份是否合法做出判断。
- 通过用户提供的四要素进行银行卡鉴权，查询银联内该银行卡是否有异常。
- 资格认证：调用央行征信查询接口，查询用户征信是否异常。
- 活体解析：开启前置摄像头，按照要求进行活体验证。调用公安系统的 API，与公安系统的网纹照片进行对比。主要是为了判断申请者是否为本人。
- 人脸比对：将身份证照片、活体解析照片、公安网纹照片进行比对。

2）**银行卡信息验证**：调用接口验证是否是要求的卡（借记卡、信用卡），系统是否支持该银行卡、所属银行和该卡是否匹配。

- 银行卡鉴权：银行卡鉴权是指验证用户是否拥有访问系统的权利，目的是验证持卡人姓名、身份证号、银行卡号、银行预留手机号这四项要素是否一致。如果用户注册 App 时使用的手机号码和银行卡预留手机号码不一致，还需要进行修改。
- 存管银行：一些借贷产品需要开通存管银行，由银行管理资金，由平台管理交易，做到资金与交易的分离，使得平台无法直接接触资金，避免客户资金被挪用。

3）**运营商认证**：通过获取设备的通讯录信息、电话往来信息、账单信息、流量等，判断用户提供的手机号所关联的历史行为是否正常。

- 用户话费缴纳是否正常、稳定，可能会关联到对用户收入的判断。如果用户经常性停机欠费，可能会影响评分。
- 通讯录中是否有过多的银行贷款机构及网贷名单，有过多上述联系人，可能会被判断为多头借贷、借款需求旺盛。
- 电话呼入和呼出的时间、节奏是否正常，比如经常性零点之后外呼可能会被判定为不正常。
- 用户入网时长。

4）**移动设备定位**：一般通过三种方式对移动设备的位置进行判断，包括移动运营商基站、手机自带 GPS 或者 App 关联的 GPS 功能、WiFi。

- **用户居住地址**：如果用户填写的居住地址在北上广深这些一线城市，但通过移动设备定位发现过去很长一段时间该用户都不在所填写的地方，则判定该用户可能提交的是假信息，风险较高。
- **用户工作地点**：如果用户填写的是在北京某科技企业上班，但是过去很长一段时间都是在城镇地区，则判定其是有风险的。
- **潜在欺诈风险**：如果同一地点短期内发生大规模借贷请求，需要判断该地点是否为诈骗团伙聚集地。

（2）基于黑名单/灰名单的反欺诈评估

通过黑名单和灰名单机制可以防止原来有过欺诈行为记录的用户进行二次欺诈，或者原来风险较高的用户再次办理业务。

1）**黑名单**：具备多处借贷并且恶意拖欠不还款的用户名单。一方面来自于民间借贷组织、信用卡组织、小额借贷组织等提供的名单，一方面来自于本公司催收团队提供的数据。要真正做好风控,需要各家平台共享黑名单数据,但是很多平台不愿意共享自己的黑名单。目前领先的企业,黑名单覆盖率也不超过30%。因为黑名单反映了企业风控的水平,影响到融资、声誉等。另一方面,黑名单对企业来说是一笔宝贵的财富,也不愿意轻易共享。

2)**灰名单**:灰名单用户大多是有多头借贷,或者目前处于逾期但还未到坏账程度的用户。不同企业对于灰名单的态度是不同的,不像对待黑名单那样坚决,但后续需要加强监控。

(3)基于机器学习模型的反欺诈评估

反欺诈的机器学习模型用来解决分类问题,如果目标是识别欺诈或非欺诈,那么就是一个二分类问题;如果要识别具体的欺诈类型,那就是一个多分类的问题。

分类模型属于有监督的机器学习模型,分类模型一般包括:决策树分类法(Decision Tree)、朴素贝叶斯分类算法(Native Bayesian Classifier)、基于支持向量机(SVM)的分类器、神经网络法(Neural Network)、K-近邻法(K-Nearest Neighbor,KNN)等。

(4)基于异常检测的反欺诈评估

还有一大类识别反欺诈的方法,就是异常检测,即通过对异常行为的识别发现一些不合常规的特征,再做进一步的判断。

异常检测按是否与时间相关可以分为两类:

1)**时序相关(Time Dependent)**。对于时序相关的问题,假设欺诈的发生依赖于时间,通过时间序列分析可以发现有异常的地方。举例,假设一个人的信用卡过去一年每月消费2000元,但这个月突然消费了5000元,此时时间就存在意义了。

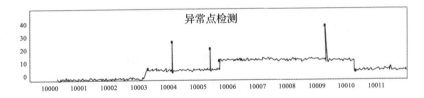

2）**时序独立（Time Independent）**。对于时序独立问题，我们假设每一个欺诈都是独立的，与时间无关。在分析中可以移除时间这个特征。

如果某种异常行为与时间没有关系，则可以通过无监督学习的机器学习模型来解决，包括各类聚类算法：K-Means（K 均值）聚类、均值漂移聚类、基于密度的聚类（DBSCAN）、用高斯混合模型（GMM）的最大期望（EM）聚类、凝聚层次聚类、图团体检测（Graph Community Detection）等。在这些聚类模型的基础上，还提出了若干改进的聚类算法，例如 Density Based 的聚类方法（CBLOF）、各种以 K 近邻（KNN）为原型的检测方法、拓扑聚类方法等。

2. 信用评估

传统信用评估体系主要通过五大因素评估信用值：

- **债务历史（权重35%）**：包括各种信用账户的还款记录；公开记录及支票存款记录，主要包括破产记录、丧失抵押品赎回权记录、法律诉讼事件、留置权记录及判决；逾期偿还的具体情况，如果曾经发生违约，则会对个人今后借款能力产生重大影响。
- **未偿债务（权重30%）**：对于贷款方来讲，少量的债务并不意味着这个客户的信用风险高。但是，如果一个客户有限的还款能力被用尽,则说明这个客户存在很高的信用风险。

- 信贷时长(权重15%):即有信用数据的时长,如果有甲乙两个人,甲在10年之前就有过一张信用卡,而乙直到今年才有第一张信用卡,则甲在此维度上的得分会更高。
- 新开立的信用账户(权重10%):每一次买房、买车都会产生新的信用账户。在很短时间内开立多个信用账户的客户具有更高的信用风险,尤其是那些信用历史不长的人。
- 正在使用的信用类型(权重10%):分析客户的信用卡账户、零售账户、分期付款账户、金融公司账户和抵押贷款账户的混合使用情况。具体包括持有的信用账户类型和每种类型的信用账户数。

以上五个方面构成了传统的信用评分体系。传统信用评分体系有几个缺点:

第一,传统的信用评估服务无法覆盖全体人群,特别是弱势群体。即使在金融体系发达的美国,也约有15%的人群因为信贷记录缺失或不完整而无法获得常规的金融服务,或者需要付出很大的代价才能获得常规的金融服务。

第二,传统信用评估模型的信息维度比较单一。随着信贷业务的进一步开展,传统信用评分因单一的标准、严苛的门槛和片面的评估结果而饱受诟病。

第三,传统信用评估模型时间上比较滞后。由于评估模型所用的数据更新频度较低,且主要考虑被评估人的历史信息,对现状纳入较少,因此预测风险的能力比较低。例如,传统信用评估模型在2008年金融危机中的表现就饱受指责。

由于传统的评估体系纳入的信息维度有限，因此，现在很多大数据风控模型中加入了更多的数据维度来评估申请人的信用违约风险。这些数据维度包括：传统信贷数据、第三方机构数据、互联网行为数据等。

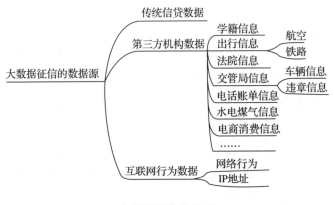

大数据征信数据源

- **传统信贷数据**：大数据信用评估也会优先采用传统信贷数据，在传统信贷数据不足的情况下，再采用其他的数据补充。
- **第三方机构数据**：第三方机构开放的数据查询服务，在得到消费者授权的情况下，可查询相关数据，判断借贷人历史信用情况。
- **互联网数据**：通过借贷人在互联网上的行为来判断潜在风险，例如，是否安装多款借贷类 App 并频繁使用、IP 地址是否有频繁/异常变动的情况、用户在互联网平台上的足迹是否更多发生在深夜等。

基于以上的信息维度，通过一些模型对被评估者的信用进行评分，常用的模型包括 ABC 评分卡（A 为申请评分卡，B 为行为评分卡，C 为催收评分卡）。

- **贷前环节**：A 卡（Application Score Card，申请评分卡），主要应用于融资类业务中对新用户的主体评级，通过对用户个人的历史信用记录、资产经济状况等进行评估得出相应的信用评分；
- **贷中环节**：B 卡（Behavior Score Card，行为评分卡）则是在贷中业务经营期间对存量客户，进行风控管理，预测未来客户可能出现的逾期或违约概率，避免贷款延期或坏账产生。
- **贷后环节**：C 卡（Collection Score Card，催收评分卡）适用于贷后的催收管理，对已经逾期或违约的客户进行催收评分，涵盖还款率模型、账龄滚动模型和失联模型。

信用评分模型最常使用的就是 LR 模型，现在大数据风控在此基础上补充了 XGboost、FFM 等模型来尝试新的方向。不过目前还是 LR 模型最稳定和常用，新的机器学习模型还需要一段时间的实践和迭代。

信用评分模型建立的一般过程如下图所示。

信用评分模型建立流程

对于信用评估模型，前面介绍过的模型评估方法都可以采用，除此之外，比较常用的评估指标还包括如下几种。

(1) K-S

作为一个模型，我们当然希望这个模型能够帮我们挑选到最多的好客户，同时不要放进太多坏客户。K-S 值就是顺应这个思路产生的指标。比如，在完成一个模型后，将测试模型的样本平均分成10 组，以好样本占比由高到低、从左到右进行排列，其中第一组的好样本占比最大，坏样本占比最小。将这些组别的好坏样本占比进行累加后得到每一组对应的累计占比。好坏样本的累计占比随着样本的累计而变化（如下图中所示的好、坏两条曲线），而两者差异最大时就是我们要求的 K-S 值（如图中比较长的直线箭头的位置）。

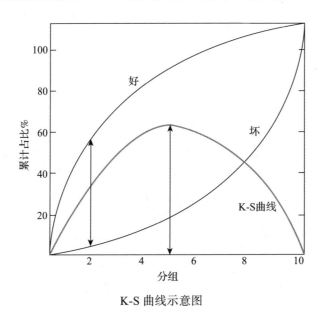

K-S 曲线示意图

K-S 值的取值范围是 [0，1]。通常来说，值越大，表明正负样本区分的程度越好。一般，K-S 值大于 0.2 就可认为模型有比较好的预测准确性。

（2）GINI 系数

经济学中的 GINI（基尼）系数可以衡量一个国家的贫富差距。将一个国家所有的人口按最贫穷到最富有进行排列，随着人数的累计，这些人口所拥有的财富的比例也逐渐增加到 100%。按这个方法得到下图所示的曲线，称为洛伦兹曲线。基尼系数就是图中 A/B 的比例。可以看到，假如这个国家最富有的那群人占据的财富越多，贫富差距越大，那么洛伦茨曲线就会越弯曲，基尼系数就越大。

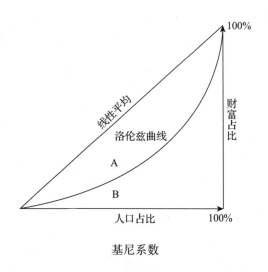

基尼系数

假设我们把 100 个人的信用评分从高到低进行排序，以横轴为累计人数比例，纵轴为累计坏样本比例，随着累计人数比例的上升，累计坏样本的比例也在上升。如果这个评分的区分能力比较好，那么坏样本的比例越大，曲线就会越偏向低分数区，整个图像形成一个凹下去的形状。所以洛伦兹曲线的弧度越大，基尼系数越大,这个模型区分好坏样本的能力就越强。

(3) PSI

PSI(Population Stability Index,群体稳定性指标)用于衡量两组样本的评分是否有显著差异。

PSI = sum((实际占比 − 预期占比) × ln(实际占比 / 预期占比))

举个例子,假设在训练一个评分模型时,我们将样本评分按从小到大排序分成 10 组,那么每组会有不同的样本数量占比 P1;评分模型制作出来之后,我们用这个模型去预测新的一组数据样本,按上面的方法同样按评分分成 10 组,每组也会有一定的样本数量占比 P2。PSI 可以帮助我们量化 P1 和 P2,即得到预期占比与实际占比的差距。

8.4 6 大模型:应用场景和案例分析

很多品牌主在营销和运营中都应用了大量的数据挖掘模型,下面介绍一些主要应用场景和案例,以供参考。

8.4.1 高价值客户挖掘模型

金融企业客户具有典型的帕累托效应,即 20% 的客户贡献了 80% 的业务收入。通过数据分析发现,移动端 8% 的银行理财客户拥有银行 75% 左右的资产。利用 DMP 平台找到这些高资产客户,利用聚类算法计算出高资产客户的主要特征。

银行在 DMP 平台上,将分析出的 3 万高资产用户作为种子用户,以高资产客户相关的变量作为输入,通过 Look-alike 算法,在几百万的移动设备中计算出与这些高资产设备相似的设备。利用 DMP 平台的 IDmapping 对照表，将客户编号与设备对应，找到这批客户的联系方式。利用 CDP 营销自动化模块中的推送功能和 SMS 功能，推送专属营销活动，激活这些客户的购买行为。

总体步骤如下：

1）找到拥有 80% 资产的那 20% 客户；

2）分析这些客户的特征；

3）从 80% 的客户中找到相似人群，进行定向营销，提升 20% 的总人数；

4）对 20% 的客户进行定向营销，提升其活跃度；

5）将营销费用从不起作用的客群转向 20% 的客群。

采用多个维度的客户数据（包含设备聚集点、App 应用名称、设备型号、交易信息、客户信息等）作为高净值客户挖掘模型的输入变量。在几百万用户的数据库中，将 3 万种子用户作为学习样本，机器学习的时间低于 3 个小时，解决了银行大规模数据计算的效率问题。

8.4.2 客户营销响应模型

某证券公司每年都会投入巨大的营销费用，包含投向所有客户的红包激励。但公司发现，客户利用红包购买理财产品的转化率很低，一般红包带动销售的转化率都低于 1%，浪费了大量的激励红包和营销时间。

将响应红包的客户作为种子用户，在已有的客户信息大库中进行机器学习，从百万设备中找到与这些种子用户相似的设备信息，定位潜在会利用红包购买理财产品的人群。

通过 App 的消息推送对这些目标设备进行营销，以提高红包激励的转化率。借助数据分析和机器学习的精准营销，可以将红包激励转化率提升 10 倍以上，进而提高广告投入的 ROI。

8.4.3 客户流失预警模型

银行发现很多客户在理财产品到期之后，不再购买理财产品，理财产品到期的一段时间，客户流失率较高。还有一些客户，购买了 T+0 产品之后，持有时间不长，很快就转走了，银行并不知道这些资金的用途，所以无法进行精准营销。

通过分析转走资金的客户在移动互联网的行为特征，可为这些客户打上相应的标签。银行利用 DMP 可以识别出具有互联网理财特征的客户，针对这些客户发送利率较高的理财产品，提高客户购买率。另外，可以在客户理财产品到期前一周进行精准营销，依据客户需求，提供适合客户的理财产品，降低客户流失率，提高产品销售额。

DMP 还可以将已经流失的客户作为种子用户进行机器学习，在潜在客户中寻找相似客户，对潜在的流失客户进行营销，降低潜在客户的流失率。

8.4.4 休眠客户唤醒模型

根据数据分析，某零售企业的客户中有 30% 以上的流失客户和休眠客户都是高价值客户。这些客户对本品牌的产品比较认可，在过去的几年中贡献了很高的销售额，但是由于不同原因，这批高价值客户成为休眠客户和流失客户，不再购买本品牌的产品或者长期不活跃。

依据客户的设备活跃时间、价值贡献额、高价值客户特征等，再配合机器学习，从几百万的客户中计算出已经休眠的高价值客户。每月计算一次，筛选出已经处于休眠状态的高价值客户，通过CDP的营销模块发送专属激励红包唤醒休眠客户，激活客户购买产品，为品牌带来更多的销售额。

8.4.5 购物篮分析

对客户购物篮数据、交易数据和用户点击等行为数据进行分析，发现某些商品具有高度相关性，相关系数超过了0.85。但是这些商品之间的交易路径很长，很多用户流失在相关商品的选择路径上。

利用关联分析找到相关度较高的商品，将其作为捆绑销售的商品或者在各自的交易页面互相导流，引导客户在选择商品的过程中购买另外的商品。协同销售可降低销售成本，提高销售额。

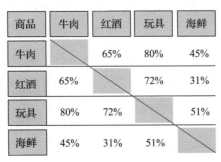

购物篮分析示意图

8.4.6 征信风险控制模型

某大型股份制商业银行的信用卡中心想要降低本行信用卡用户发生违约的概率，并想通过一些方式、方法提升信用卡的进件质量，优化客户来源，从而降低发生不良信贷的风险。

银行方提供的具有风险标识的用户数据与互联网端第三方的设

备属性数据、互联网行为数据进行匹配，以此绘制出高风险客户在移动互联网端的行为轨迹，通过拓扑聚类模型对高风险客户的行为特征值进行主成因分析，再将计算出的结果放入随机森林模型进行机器学习和驯化。与此同时，将全部样本数据输入 softmax 模型中进行处理，对两个模型输出的同一结果进行投票，进而判定结果准确性。

银行方提供 10 万样本量，正负样本的比例为 7:3，以此进行模型驯化，将优化好的模型用随机抽取的 3 万已知标签数据进行验真。输出的结果中标识出了 17 300 条有风险标识的数据，模型准确率超过 82%。

适用模型 & 参数条件：

- 模型名称：拓扑分析、随机森林、softmax。
- 正负样本量：正样本为 7 万；负样本为 3 万。
- 测试数据量：3 万。
- 参数条件：违约数据、设备数据、行为数据、位置数据、应用数据、消费数据。
- 训练时间：20min。
- 准确率：82%。

8.5 数据交易

8.5.1 常见的 3 种大数据交易类型

常见的大数据交易类型主要是三种。

1. 有政府背书的大数据交易所

基于大数据交易所（中心）的交易模式是目前我国大数据交易

的主流模式，比较典型的代表有贵阳大数据交易所、长江大数据交易所、东湖大数据交易平台等。

这类交易模式主要采用国资控股、管理层持股、主要数据提供方参股的混合所有制模式。该模式既保证了数据权威性，也激发了不同交易主体的积极性，而且由于有政府的背书，多方对数据安全的顾虑会小很多，这也是这种模式能够促成多方把数据交易的API接口挂接到大数据交易所的原因。但我们也看到这种方式存在的问题，那就是数据更新频度不是特别高，导致数据鲜活度低，影响了数据的价值。

2. 数据资源企业推动的大数据交易

近年来，国内一些具有数据资源的企业开始推动数据交易，也渐具市场规模和影响力。区别于政府主导的大数据交易模式，数据资源企业推动的大数据交易带有盈利目的。由于这些企业的主业并非数据交易，只是因为基于原有的主业积累了大量的数据，因此对于这些企业来说，大数据交易是一种商业模式的创新，所以在企业得到的重视程度往往不够。

另外，由于这些企业多数是传统企业，在数据安全制度上的把控更严格，因此这部分企业中的数据往往仅有非常小的比例可以拿出来进行交易。

3. 互联网行业的大数据交易

互联网应用平台本身，以及服务这些平台的第三方服务商，也在开展大量的大数据交易活动。前者的数据交易往往仅限于自身平台范围内的应用，作为自有客户服务的增值价值提供给客户，后者的主要目的是商业变现，以实现盈利目标为主。

通过前面对数据源的介绍可以看出，前者可以通过数据使自身业务实现高效的闭环迭代，让数据发挥比较高的价值，但是无法与其他互联网企业的数据打通；后者的数据更加开放，也可以进行多方融合打通，但是因为这些服务商自身业务的特点，导致其数据只能刻画消费者的一个侧面，需要融合多家数据才能实现对消费者的全面洞察。而融合多家数据操作难度很大，这也导致目前这种数据交易模式只被零散应用，并没有形成体系化和规模化。

8.5.2　大数据交易与多方安全计算

数据是一种非常特殊的商品，与人类有市场交易以来所面临的所有商品的特性都不同。例如，从公用品和私用品的角度来看，数据属于公用品，即并不限制使用者的数量，一个人对数据的使用并不妨碍另外一个人的使用，因此数据被独占肯定不利于社会效益最大化；从易耗品和耐用品的角度看，数据介于二者之间，即数据既可以支持瞬时的场景，如商品推荐、风控等，又可以支持长期的场景，如城市规划、政策决策等，数据在短期和长期上都存在价值；数据使用权的界定也非常复杂，数据的产权属于消费者，但是个人消费者很难使数据发挥价值，按社会效益最大原则，数据应该交给最会使用的角色去使用，因此数据的产权和使用权必定是分离的，但是如何清晰地对责权进行界定，目前还没有详细的法规和案例可以借鉴。

事实上，大数据的核心价值并不在于数据本身，而在于大量数据连接整合后挖掘出的价值。例如，单独的天气数据，如果与位置数据整合，可以给用户提供当前所在街区的天气预报；如果与交通数据整合，可以根据天气情况疏导交通。

很多企业自有的数据其实都是"小数据"，价值非常有限，需要与其他来源和维度的数据打通才能产生大数据的价值,因此,数据共享是未来的趋势。同时,由于上述所说的大数据交易的现状和存在的若干问题,也出现了一些解决技术,在可以预见的未来,这些技术可能推动数据交易和共享。

对于大数据交易和共享来说,主要的问题不是技术层面的而是非技术层面的,例如,国家法律法规对消费者个人隐私信息的保护、各方共享数据的信任关系如何解决、收益的分配问题如何解决等。基于以上问题,提出了多方安全计算理论(MPC:Secure Muti-Party Computation)。

多方安全计算理论是姚期智教授(2000年图灵奖获得者,开创了多方安全计算领域)于1982年通过提出和解答著名的百万富翁问题而创立的。后经 Oded Goldreich、Shafi Goldwasser 等学者开展的众多原始创新工作,安全多方计算逐渐发展成为现代密码学的一个重要分支。

所谓百万富翁问题就是:两个百万富翁都想比较到底谁更富有,但是又都不想让别人知道自己有多少钱。在没有可信第三方的情况下如何进行?在如今以区块链为先导的一系列可信(Trustless)架构中,多方安全计算是建立机器信任的关键技术之一。

下图中,通过协议执行期间发送的消息不能推断出各方持有的私有数据信息,关于私有数据仅可以推断输出结果 Z。

输入数据 x

函数 $f()$ 为计算逻辑
$Z=f(x, y)$

输入数据 y

多方安全计算逻辑图

多方安全计算中常用的密码学理论包括:

1) **混淆电路(Garbled Circuit)**:将电路进行加密并打乱,根据双方各自的输入依次进行计算,解密方可得到唯一的正确结果,而无法得到结果以外的其他信息,从而实现双方安全计算。

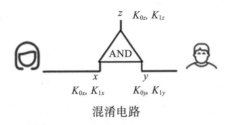

混淆电路

2) **秘密分享(Secret Sharing)**:一种秘密保护的密码技术,将数字以适当的方式拆分成不同的随机数,拆分后的每一个随机数由不同的参与者管理,并且不同的参与者可以在对彼此保密的前提下进行安全计算,并得出正确结果。

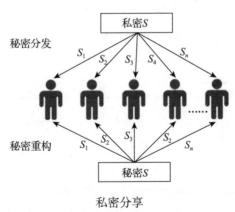

私密分享

3) **不经意传输(Oblivious Transfer)**:这是一种可保护隐私的双方通信协议,能使通信双方以一种选择模糊化的方式传送消息。不经意传输协议是密码学中的一个基本协议,它使得服务的接收方以不经意的方式得到服务发送方输入的某些消息,这样就可以保护接受者的隐私不被发送者所知。

不经意传输

- A 每次发送 2 个信息 m_0 和 m_1,B 每次输入一个选择 b;
- 当协议结束时,A 无法获得关于 b 的任何有价值的信息,而 B 只能获得 m_b,对于 m_{1-b},B 也一无所知。

4)**同态加密**(Homomorphic Encryption):同态加密是一种密码学技术,对经过同态加密的数据(密文)进行计算得到一个输出,对这个输出进行解密,其结果与明文计算的结果是一致的。

由下图可知,直接在密文上进行和明文一样的计算:

$$\text{Enc}(a) \oplus \text{Enc}(b) = \text{Enc}(a + b)$$
$$\text{Enc}(a) \oplus \text{Enc}(b) = \text{Enc}(a \times b)$$

同态加密

5)**同态承诺**(Homomorphic Commitment):承诺是一种允许一个人向其他人提交任何选定数值而又不泄露该值的密码协议,承诺提交后不能更改,且事后可公开验证。同态承诺允许在提交的承诺上进行计算而不失去承诺的保密、不可更改及事后可验证的特征。

$$C = g^x h^r$$

其中，r 为随机数，只有数据拥有者和对应的机构持有；g, h 是常量。

$$C_1=g^{x_1}h^{r_1},\ C_2=g^{x_2}h^{r_2},\ C_3=g^{x_3}h^{r_3},\ C_4=g^{x_4}h^{r_4}$$

$$C=C_1\ C_2\ C_3\ C_4=g^{x_1+x_2+x_3+x_4}h^{r_1+r_2+r_3+r_4}$$

当得知 C 和 $h^{r_1+r_2+r_3+r_4}$ 后，可得到 $g^{x_1+x_2+x_3+x_4}$，在 $x_1+x_2+x_3+x_4$ 确定的情况下，任何 C_i 的修改都会导致指数和不一致，从而保证了 x_i 前后的一致性。

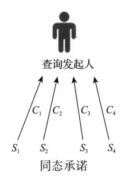

同态承诺

6）**零知识证明（Zero-Knowledge Proof）**：零知识证明是由 S. Goldwasser、S. Micali 及 C. Rackoff 在 20 世纪 80 年代初提出的。它指的是证明者能够在不向验证者提供任何有用信息的情况下，使验证者相信某个论断是正确的。

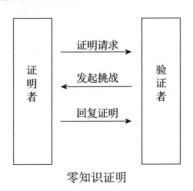

零知识证明

上述理论和技术使实现多方数据融合的计算成为可能，同时并不需要多方相互信任及数据共享。多方计算技术与区块链相结合，利用区块链的不可篡改、去中心化等特性，在保护隐私的情况下，解决了链上节点之间的信任问题，同时也可以为区块链上交易的去中心化清算提供隐私保护。已经有公司在从事类似的研究，并推出了商业化的平台类产品，相信这是区块链技术未来5~10年一个非常重要的应用领域。感兴趣的读者可以做进一步的了解。

第 9 章

说在后面的话

9.1 关于 Martech 的 9 个预测

Martech 作为一个技术栈,其诞生、发展、高潮、衰退、成熟基本符合 Gartner 技术成熟度曲线所描述的路径规律。在路径的发展阶段上,大部分 Martech 技术还处在沿着陡峭的成熟度曲线迅速攀升的阶段,但还没有到达影响力的峰值,部分 Adtech 技术则已经经历了峰值过后的沉寂期,进入了成熟应用的阶段。我们知道,通常一个技术的第一次影响力峰值来到的时候,大多还停留在概念层面,并没有过多的落地场景,类似 2000 年前后的互联网泡沫阶段,随着泡沫散去,技术的核心价值才被重视,才逐渐落地到越来越多的应用场景中,最终迎来第二次峰值。

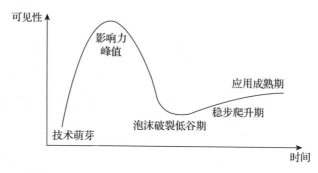

Gartner 技术成熟度曲线

根据目前我国所处的宏观经济周期，伴随着 Martech 在营销领域的应用，可以预见营销行业将会有以下几个发展趋势。

1. 从增量时代转化到存量时代

作为营销基石的流量面临着增量放缓且存量向头部集中的问题。伴随着后流量时代的到来，营销对效果的需求将逐步提升，如何通过技术、工具、数据等手段提高效果、降低成本成为追求的方向。流量红利需要转化为技术红利和数据红利，只有掌握了先进技术，有了数据资产积累，并且能够应用好，企业才能迎来下一阶段的高速发展。

基本上，只要开始注重存量用户的运营，比较注重基于数据来了解消费者的行业就一定会用 Martech，所以 Martech 将会迎来发展的黄金时期。

2. Martech 和 Sales 的结合会越来越密切

Martech 的发展会促使企业在营销内容、品牌渠道、销售转化、忠诚度管理这几个环节快速实现闭环和融合，这将是 Martech 创造价值和提升效率的下一个机会点。未来市场营销和销售会结合得越来越紧密，企业的考核指标也会趋向于端到端的考核，原来的部门割裂、各自为政的局面将逐渐被打破，所有的部门的最终目标只有一个：企业的效益。在最近几年，其实我们已经可以强烈感受到企业的这种变化。

3. 传统企业的数字化转型成为普遍需求

传统企业已经普遍意识到数字化转型的必要性，一些比较领先的企业已经在过去的 2 年开始尝试，并取得了一些经验和成效。可以说，数字化转型已经过了讨论必要性的阶段，进入了研究战术和落地实现的阶段，在这方面也必将出现越来越多的行业最佳实践。未来 2～5 年将是企业数字化转型集中爆发的阶段。

企业的数字化包含四个层面：

- 第一层是数字化、透明化，保证所有要素可追踪，可优化。
- 第二层是可视化、策略化，通过对数据的深入分析，可以输出辅助决策的策略，并可以通过数据验证业务人员的策略。
- 第三层是自动化、智能化，进入这一层级的企业，算法模型将会在很大比例上承担起日常营销和运营的策略优化任务，并且所有的流程是自动化完成的，效率极大提升。
- 第四层是知识化、资产化，经过第三层后会形成针对品牌不同营销场景的最优实践，并沉淀为企业的资产和知识，甚至可能进行知识输出和行业内的变现。

目前企业的数字化转型才刚刚起步，大部分仍处在第一层和第二层。

4. 洞察消费者的维度会更丰富

随着企业逐渐意识到了解消费者并紧跟消费者的变化是企业

营销不可或缺的环节，企业会投入更多的预算和精力进行消费者洞察。同时，随着基于 5G 技术、物联网技术和 AI 技术的成熟，对用户实现精准洞察的数据维度将会更加丰富。可以说，未来消费者生活的方方面面都将被数字化，通过跨平台的大数据整合，可对用户的行为数据实现精细分类，针对不同用户实现自动化标签，并通过持续运营这些用户标签来不断丰富和完善每个用户的画像，最终实现不同产品对不同标签的用户进行精准营销和个性化服务。

5. 洞察的频度和深度增加

随着 Martech 技术的发展，数据洞察的深度将有显著增加，大数据的概念刚提出来的时候，有一个非常主流的说法："大数据分析的目标是发现事物之间的关联关系，而不是因果关系。"之所以这么说，不是说因果关系不重要，因果关系是人们理解和解释世界的最重要的关系，但是由于事物之间的彼此影响关系是非常复杂的，世界一旦进入微观层面，又是模糊和测不准的，所以对于目前的计算能力来说，很难针对大数据找到合适的模型以洞察事物之间的因果关系。但是在营销过程中却真实存在探究因果关系的场景，例如，当消费者没有购买自己的产品却购买了竞争对手的产品时，品牌自然想挖掘出消费者深层次的动机和原因，这也是对品牌营销非常有价值的洞察。这在过去是很难做到的，但是利用新的 Martech 技术，有望对消费者心理层面洞察得更深些。

数据的意义实际上是帮助品牌重新洞察消费者。品牌想要做更精准的营销，还需进一步把传统经验和数据技术结合在一起，以更加科学的方式还原真实的消费人群和消费需求。数据挖掘和机器学习在分析消费者上的客观性和全面性将使得它们成为众多品牌深入了解新一代消费者的必备工具。

另外，对洞察频度和速度的要求也会越来越高，现在的OLAP型系统往往对实时性的要求不是特别高，那是因为通过分析指导营销决策的全链条还没有高效整合，优化的频次不可能很高。随着Martech技术的发展，全链路的高效整合和自动化迭代优化必将成为现实，依赖人工运营操作的环节将会越来越少，解放出的营销人员的人力将会投入到更深层次的模型调优和算法解读方面，以最大化发挥营销人员的价值。

6. 从多级销售到扁平模式，更注重客户体验

在品类越来越精细化的趋势和背景下，消费者希望得到个性化服务的需求日益凸显，这也为品牌营销带来了更大的挑战，品牌需要更好地了解和找到自己的受众群体，链接每一个消费者的行为路径，通过有效整合打通数据资源，做到跨屏幕、跨场景营销，精准地把握每一个消费者的需求，为消费者提供真正个性化的产品和服务。在技术驱动下，营销的智能化、大规模的个性化定制将逐渐成为现实，品牌将会更多地与消费者直接沟通并为其提供个性化的服务。

品牌需要不断推进数据的优化，突破全链路营销透明度，这不仅是利用数据做广告，更是将数据应用从广告提升到服务，透过数据去洞察和理解用户背后的需求，从而为其提供更符合需求的服务内容。

7. 多触点和多渠道的用户运营将是一项挑战

我们可以看到，在公域流量侧实际上有两个比较对立的趋势：一个趋势是流量在汇聚，大的流量平台在集中化，并形成自有的生态系统；一个趋势是新的流量形式层出不穷，并快速发展和变化。

在私域流量侧，随着技术的发展，品牌和消费者保持长期有效沟通的渠道也在飞速增加。在这样的流量生态中，多渠道的消费者沟通将成为关键。流量平台和企业产品的精准对接，用户运营的细致化和针对性都是企业的核心能力。

随着 5G 时代的到来，通过大量硬件设备的物联化，以人工智能为引擎的第四次技术革命正将我们带入一个万物感知、万物互联、万物智能的世界。物联网将是全新的流量平台。在不久的将来，我们将从这里获取巨大的流量，这背后将有比互联网更广阔的市场空间和更多的商业机会。

8. 创意

品牌营销的核心在于提升消费者体验，而消费者体验是来自多方面的。虽然技术可以解决其中一部分问题，但营销是有温度的，对于另外一部分问题，还是要依赖创意传递企业价值观和文化，让更多用户和品牌凝聚在一起。在统一价值观的指导下，品牌可以着手构建内容体系。

创意是营销人心中非常神圣的一块领地，这也是人类全面胜于机器和算法的领域，但是即便如此，我们还是可以看到，Martech 技术在未来也会为创意带来一些技术化的趋势。例如，采用了大数据、视觉识别、语义分析等技术的营销工具可以帮助创意生产团队提升创意的生产效率和效果。真正的创意是不可能离开人的，人永远是创意的主体。

9. 行业的规范化和透明性将逐步提高，数据安全和数据真实达到平衡

虽然拥有的受众的信息维度越多，越有利于广告投放的精准

性,但所有的一切都需要建立在用户隐私安全的基础上。从另一角度看,对隐私管控的加强将倒逼营销行业变革,提升行业规范性,促进广告手段创新与技术升级,从而带来新的理念和模式。未来不符合用户隐私安全的营销手段或将被淘汰。

目前企业对数据的应用,已经慢慢从简单粗暴地获取单用户详细行为数据,演变为在符合法律法规的前提下,基于数据来增强企业的内容创作、客户体验和渠道管理等能力,并达到数据安全和数据真实的有效平衡。

Martech 在未来营销领域的全面应用,也对营销人提出了更高的要求,营销人需要接受这种变化,努力提升自己多方面的素质和能力,构建自己的核心优势和竞争力。未来所有行业都需要终身学习,营销领域也不例外,这是责任也是使命。营销人需要把握时代发展的脉搏,为祖国的发展做出自己的贡献。

9.2 Martech 领域从业者职业规划策略

9.2.1 职业规划原则

如果你是一个营销领域的新人,正打算步入这个领域,那么本节会给你一些比较中肯的建议。

1. 选择甲方还是乙方?

在进入行业之前,我们首先需要思考一个问题:到底是在甲方可以获得更大的发展还是乙方?答案是,这两者锻炼的能力是不同的。

甲方由于本身就是品牌方，因此会离生意更近。虽然甲方的不同部门之间还会有不同的分工，有的是直接的销售部门，有的是为销售服务的部门，但是作为一个在充分竞争的市场中存活的企业，必然以盈利（包含短期盈利和长期盈利）为目标（不以盈利为目标的企业不在我们的讨论范围内），所以这个目标也必然会经过层层拆解，落实到不同部门的不同岗位上，因此甲方工作的目标性很强。

甲方的另一个特点是行业视角将会更广。例如，如果甲方启动一个企业数字化转型项目，甲方的项目经理就会有机会了解整个企业数字化转型所涉及的各个方面，最终在各个供应商的辅助下完成项目。可以说，甲方在这个过程中起到了统领全局、把握方向、评估结果的作用。通过这种大型项目，能锻炼统筹规划、组织协调、项目管理、汇报、沟通等方面的能力，同时也可以和乙方一起探讨技术的细节，进行解决方案的评估。

同样，站在广度和宽度的视角，乙方的岗位可以分为几类。

（1）本企业聚焦的专业领域的技术专家岗位：特点是分工清晰，在每个专业范围内需要研究更深入的内容，进而成为技术专家。但每个人不可能同时深入了解多个细分的技术领域。

（2）更突出工作广度的工作岗位：这样的职位往往起到将企业内部的技术语言转化为客户或业务人员能够理解的业务语言并进行双向沟通的作用。因此，在行业视角上，乙方的工作岗位的视角可能会更宽，因为他们有机会接触到跨行业客户，了解不同行业客户，或者了解同一行业内不同规模、不同特点的品牌的个性需求和玩法。但是这种宽度和甲方的行业专家的宽度不同，一个公司往往不可能提供Martech技术栈中所有端到端的解决方案，只是提供全局解决方案的一部分，所以，乙方的解决方案顾问会把自身公司专注的领域的解决方案吃透，了解其在各个行业客户内的应用方式，但要建立起端到端的视角很难。

通过上面的介绍我们可以知道，广度和深度是不可兼得的，同时业务端到端的视角和跨行业的视角往往也是很难兼得的。在个人精力有限的情况下，必须做出选择。按照经济学的原理，职业规划是长期的，因此要追求整个职业生命周期中的收益最大化。

2. 职业规划的5条原则

总结下来，职业规划中需要把握的原则包括：

（1）了解商务逻辑、客户，以及营销的本质和目标

我们在做一件事情的时候，首先需要清楚目标，也就是所谓的以终为始。掌握了这个原则后，我们可以思考一下，如何才能快速明白营销问题的核心和目标。如果要理解这个目标，首先要理解商业逻辑，也就是要清楚：企业的主要盈利模式是什么？它遇到了什么困境或挑战？营销需要解决的问题是什么？其次才是需要一个点一个点地积累对技术的理解，然后串接成自己的知识体系。所以，笔者建议年轻人先投身到甲方，多了解各个部门和环节的运转逻辑，并争取独立负责一个大型营销项目。同时，不建议选择的第一个公司是小公司，虽然小公司会有更好的上升空间和将自己锻炼成多面手的机会，但是这意味着管理的缺位及标准的缺失。

当然，在甲方有时也会存在问题，例如流程比较复杂，在推动某个项目落地的过程中，难免产生很高的内部消耗。但是因为你的目标已经比较明确，这些都可以看作为了达到目标必须付出的代价，也就比较容易保持良好的心态。

当你在甲方具有了比较全局的视野，并明白商业运转逻辑之后，接下来还是需要规划后续的职业道路，这时候笔者建议你评估一下自身的长处和短板。虽然一个木桶能够装多少水是由最短的木板决定的，但是在分工高度细化的现代社会，一个人能取得的最大成就往往是由长板决定的，前提是不要有特别突出的短板。也就是说，在没有特别偏科的情况下，要着重发展自己的优势方向。

（2）拥抱变化

变化是职业生涯中的常态，不管是市场营销的方法论，还是Martech的技术栈和理论框架，都不是一成不变的，一旦你选择了营销行业，就注定进入了一个日新月异、充满挑战和创新的行业，保持空杯心态，时刻保持好奇心和求知欲，将是职场成功的另外一个必要条件。

你需要养成终身学习的习惯以及高效学习的能力，通过一些必要的体系化培训和碎片化时间了解一些行业的最新动态，同时在日常工作中加以应用，使自己的知识体系常用常新，最终融会贯通。

（3）勇于批判

学习知识非常重要，但是我们现在所处的是一个知识爆炸的年代，痛点不是知识不足，而是知识太多，很多时候良莠不齐的信息会铺天盖地向你涌来，而你的时间是有限的。那么，如何区分各种不同来源的信息并识别出其中的高价值信息呢？笔者建议用批判的心态去理性接受知识的输入。当然这是需要培养的，当你有了一定的行业经验，建立了自己的知识体系后，会逐步具备分辨真假信息、优劣信息的能力，对各种事物也会有自己的观点和想法。

（4）持续积累

前面建议你从甲方开始，然后根据自己的特点选择不同的职业类型进行尝试，具体选择时也需要把握一个原则：前一份职业积累的经验最好能够被下一份职业所利用。也就是说，你总是站在上一份职业的基础上开始下一份职业的积累，不是每次都是从头开始，只有做到这一点，你的职业生涯才有连续性，你的成长和进步才会更快，起点才会逐步提高。

（5）以投资的心态看待一份工作

现在很多人往往会因意气用事而离开一家公司，与某个同事相处不愉快、对领导的指手画脚不满意、公司产品竞争力不足、公司管理混乱，这些都可以成为离开一家公司的理由。这样的心态其实是不可取的，因为你在这家公司遇到的情况，换一家公司同样可能会遇到，甚至会出现更多问题。在这种情况下，你需要思考一下当初吸引你来这家公司的原因是什么，只要这个原因还成立，那你就没有离开的理由。

这个和投资的逻辑是一样的，当你考虑是否卖出一项资产的时候，需要考虑你买入这个资产的原因是什么，只有当买入的理由不再成立的时候，才是你选择卖出的最佳时机。

一定要着眼于长远的，不能只看目前的薪资回报，而是要看这个平台本身是不是能够给你带来价值，能够使你成长，能够让你获取知识，让你得到更好的能力提升。当你得到足够的成长时，你就会得到更大的回报。

9.2.2 Martech 领域的岗位要求

Martech 只是招聘的大类，并没有某个岗位叫 Martech，它涵盖了营销、技术与管理交叉的多个岗位，在国内还没有非常明确的专门针对 Martech 的岗位，但是在国外我们已经可以看到这样的职位了。通过这些岗位的描述可以发现：对工作资历的要求普遍较高，超过八成岗位要求 Martech 工作者的工作年限超过 6 年，有六成更是要求在 10 年以上；美、英等国家需求最为旺盛；在专业要求上，更偏向拥有计算机、管理、金融和营销背景的复合型人才。

目前国内 Martech 领域比较常见的职位包括如下几种。

1. 甲方职位

（1）市场部门和运营部门

甲方中直接负责市场营销的部门，负责整体策略方案的制定，为营销目标负责，也是业务需求发起的部门，日常工作中须由 IT 部门和数据分析部门提供需求支撑。要求较多的能力是商业和市场意识，以及分析问题和解决问题的能力、资源整合能力、业务推进能力和团队管理能力。随着 Martech 技术被应用在市场营销领域，市场和运营部门也需要对 Martech 技术有足够的理解。

（2）IT 部门

甲方 IT 部门的岗位要求对各种 Martech 技术都有了解，但是不需要精通，仅需要具备评估能力。主要的工作内容和岗位包括项目经理（计划、协调、总结、进度）、架构师（企业级、IT 项目规划级、系统设计级）、各种业务（财务、供应链、生产、营销）需求分析专家或顾问、日常运维人员（DBA、主机、网络）、部分二次开发或小型系统开发的程序员。

（3）数据分析和数据挖掘部门

甲方自己建立分析团队，主要是为了将分析和业务更好地整合。数据分析工作的价值最终要靠改善业务决策来体现，所以需要更了解业务。甲方的数据分析部门的主要职责包括负责和生成各部门相关的报表、建立和优化指标体系、监控数据的波动和异常、优化和驱动业务、推动数据化运营、找出可增长的市场或产品优化空间、输出专题分析报告。

2. Martech 技术类公司

这类公司是负责 Martech 技术创新并和品牌甲方共同发现应用场景，辅助甲方达成营销目标的公司。在这类公司中，可以沉淀包括宽度和深度两方面的能力。很多新型 Martech 技术公司规模不大，公司的发展速度非常快，因此更容易得到深度参与公司内部各个岗位的机会，有利于个人能力的快速成长。

Martech 技术类公司也包含多种岗位：

（1）销售类

该岗位主要要求沟通和协调能力，同时销售类岗位属于边际效益递增的一个岗位。因为对于销售人员来说，客户资源往往是其核心竞争力，这个能力不是与具体公司绑定的，而是与其自身绑定的，所以具备多年经验的、口碑良好的销售人员会产生复利效应，收益会逐步扩大。另外，Martech 技术类公司的销售与传统的依靠关系的销售不同，前者属于价值型销售，需要了解客户的业务和自身的产品，找到其中共同的利益点，最终实现价值的增值。因此销售类岗位也需要学习专业知识。

（2）解决方案类

此类岗位前面也有介绍，属于广度和深度平衡较好的一类岗位。一般来说，可以在完成广度覆盖的基础上，再通过重点的学习，实现对重点领域的深度加强。解决方案类的岗位最终会成为多个领域内的专家，拥有 Martech 全局视野，可为不同行业的客户解决深度的问题。这也是很多解决方案专家最后转型到咨询公司或者知识输出领域的原因。

（3）产品经理类

根据 Martech 公司特点的不同，产品经理可以分为 2B 和 2C 两大类。这两类产品经理积累的能力也是不同的。2B 类产品在大的分类上会和品牌客户有更多接触，并分析其需求，还要为客户提供定制化内容。产品经理需要梳理 80% 的共性需求，并设计为通用产品，还要分出大量精力研究个性化需求，并思考是否可以通过标准产品的设计来满足。2C 类产品经理追求的是产品设计的简单，舍弃了 20% 的个性化需求，只做 80% 的共性需求，设计复杂度会显著降低，产品追求的是客户体验、易用性等。

（4）开发类

开发类岗位是负责产品设计落地的岗位，该岗位的特点是比较专注，可以在某个行业持续积累经验。当然，达到一定程度后，由于边际效益的递减，若还继续深入研究则为自身带来的收益会降低。所以很多开发经理在一定年龄之后要转到管理岗位。

（5）运营类

有了平台和产品，客户在产品的实际使用过程中还是会发现不能满足其所有需求，这时需要运营的岗位。该岗位需要通过人力弥补产品的不足，同时需要将重复的日常运营工作抽象为标准化的流程，输出给产品经理，辅助其设计出标准化的产品。未来，运营类岗位会越来越多地被自动化的流程和算法取代，但是运营的角色不可能完全消失，而是会从现在从事大量重复性劳动的低级运营变为对问题进行监控、分析及辅助实现流程标准化的高级运营。

3. 数据公司

只要是一个独立的公司，就会有销售、解决方案、产品经理、研发这样的岗位，数据公司也不例外。但是由于数据公司的产品是数据和模型，因此这类公司中有一个非常重要的岗位是数据科学家。数据科学家需要把公司的数据通过模型固化为一个模型类的产品，解决某个特定的业务问题。数据科学家需要具备数学、统计学等基础知识，还需要了解一些基本的数据库操作语言和编程语言。

通过前面章节我们了解到，通常一个公司不可能具备关于消费者行为的所有角度的数据，只是会有某个角度和方面的数据。对于一个数据科学家来说，数据是原料，模型是菜谱，没有高质量的数据，就会出现巧妇难为无米之炊的困境。所以，如果致力于成为数据科学家，需要考核一家数据公司所具有的数据质量、数据范围，有了这个良好的基础，你才会有更好的用武之地。

4. 媒体公司

媒体公司掌握着与消费者沟通的触点，也就是说，其是具备流量的公司（从这个角度考虑，传统的线下渠道也是一种触点类公司，这些公司也在积极转型，也就是所谓的新零售。未来将没有明确的线上线下之分，所有的触点都是综合的）。

此类公司的特点是距离落地端最近，也最需要把所有的Martech技术整合在一起。因此，这里是Martech技术真正应用的地方，也最有机会了解到进入应用阶段的所有Martech技术。这些公司中有与客户或代理沟通营销目标的岗位，也有根据流量特点设计产品的岗位，还有大量的运营类岗位。这些公司的产品虽然也是2B类的，但往往采用的是SaaS平台，其定制化程度较低，而且由于定位的不同，产品设计的目的是实现流量价值的最大化，并非直接解决客户的营销问题。

如果希望了解线上和线下生态的实际应用现状及多方利益点的交叉、平衡，媒体类公司是最好的选择。在媒体类公司，可以让你的领域知识更具落地性。但与此对应的,仅具备概念性质的超前技术,在这类公司中是不会被马上应用的,仅会分出一定的精力进行跟踪,等到技术成熟并具备大规模商用价值时,这类公司才会真正应用。这是这类公司技术选型的一个原则(技术不是越领先越好,而是够用就好)。

所以,你如果想时刻站在行业前端,想研究最新的技术,还是选择 Martech 技术类公司更加合适。